Heinz Knopp

Zwischen Rheinbrücke und Golden Gate Bridge

Ein deutsches Kriegskind in den USA

Autobiografie

Das vorliegende Buch beruht auf Tatsachen. Zum Schutz der Persönlichkeitsrechte wurden Namen und einige Details geändert.

1

Der schrille Klang des Weckers riss mich aus einem tiefen Schlaf. Montagmorgen, fünf Uhr. Ich hasste Montage. Denn in Koblenz wartete meine Lehrstelle als Bäcker auf mich. Fünf Kilometer lagen zwischen dem Dorf meiner Kindheit, Arzheim, und der Hölle. In Koblenz würde ich die ganze Woche verbringen. Zehn bis zwölf Stunden Drecksarbeit am Tag, dafür bekam ich „Kost und Logis", eine Mark pro Woche und reichlich Prügel. Hunger war der Hauptgrund, warum ich diesen Beruf gewählt hatte. Obwohl der Krieg schon seit acht Jahren vorbei war, mangelte es immer noch an Nahrung. Mit meinen vierzehn Jahren wog ich gerade mal siebenundvierzig Kilo.

Schon war ich mit dem Rad den Berg hinunter und kam in Ehrenbreitstein an. Vor mir lagen der Rhein und links die Pfaffendorfer Brücke, die zu meiner Arbeitsstelle führte. Auf der rechten Seite des Rheins ging es nach Bonn, Köln, hinaus in die weite Welt, die Freiheit.

Es war zwanzig nach fünf, um sechs musste ich beim Bäcker sein. Da schoss mir ein Gedanke durch den Kopf, begeisterte mich, gab mir Mut, war meine Erlösung. Ich hatte mein Vaterland-Fahrrad und konnte fahren, wohin immer ich wollte. Vielleicht sogar nach Bremerhaven. Dort würde ich mich auf ein Schiff schleichen und als blinder Passagier nach Amerika fahren, wie es meine Helden in den Abenteuerbüchern taten. Heute könnte endlich mein eigenes Abenteuer beginnen. Und schon wäre ich ein Held. Ich bog nach rechts ab.

Mit dem kühlen Morgenwind im Rücken begleitete ich den Rhein. Der Fluss war ein Teil von mir. In den vierzehn Jahren meines Lebens hatte ich ihn oft gesehen, seinen Geruch in der Nase und mehr als genug von seinem Wasser geschluckt, wenn ich mal wieder von Ehrenbreitstein zum Deutschen Eck geschwommen war. In meinen Adern floss Rheinwasser.

Es war bereits Nachmittag, als ich in Bonn ankam. Ich hatte Hunger und Durst. Dass ich mich mit Essen und Trinken versorgen musste auf meinem Weg, diese Kleinigkeit hatte ich total vergessen. Ganze vierzig Pfennig hatte ich in meiner Hosentasche, das reichte für eine Cola. Was tun? Ich konnte mich noch gut an die Zeit direkt nach dem Krieg erinnern, als mein Vater und ich hamstern gegangen waren bei den heimischen Bauernhöfen und die Brotkrusten einsammelten, welche die Bauern für uns aufbewahrten, weil sie diese nicht kauen konnten. Betteln kannte und konnte ich. Nur drei Haustüren weiter kassierte ich ein doppeltes Brot mit Margarine von einer älteren Frau, die mich an meine Oma erinnerte.

Gesättigt und mit frischen Kräften strampelte ich weiter. Mein nächstes Ziel war Köln, dann Münster, Osnabrück, Quakenbrück. Diese Strecke war ich schon einige Male mit dem Zug gefahren, wenn es in den Sommerferien zu meinen Tanten Mia und Emma ging. Sie waren eine gute Anlaufstelle, denn bei ihnen in Quakenbrück wollte ich übernachten, mich satt essen und am nächsten Morgen weiter Richtung Bremerhaven radeln. Ich war überzeugt von meinem Plan. Bald würde ich in Amerika landen.

Die Dunkelheit kam früher, als es mir lieb war. Das Radfahren wurde jetzt gefährlich. Köln war noch in weiter Ferne, also entschloss ich mich, die Nacht auf der Rheinwiese zu verbringen. Die Kälte und den harten Boden nahm ich kaum zur Kenntnis. Meine Jacke diente als Kopfkissen. Ich fühlte mich so frei, das erste Mal in meinem Leben. Trotzdem dachte ich an meine Eltern und den Lehrmeister. Würden sie mich vermissen? Bekäme ich Prügel, wenn meine Flucht nicht erfolgreich sein würde? Oder noch schlimmer: Musste ich zurück zur Lehrstelle bei dem verhassten Bäcker? Nein, ich würde nie wieder dorthin zurückgehen, da war ich mir sicher. Amerika war mein Ziel und ich würde es schaffen, genauso wie meine Bücher-Helden.

Das Tuckern eines vorbeifahrenden Schiffes riss mich aus einem tiefen Schlaf. Die Sonne zeigte sich auf der anderen Seite des Flusses. Mein lieber Rhein! Bevor ich meine Reise fortsetzte, wollte ich ihn noch einmal so richtig erleben. Ich ging zum Ufer und wusch mich. Das kühle Wasser fühlte sich gut an auf meiner Haut, es erfrischte mich und gab mir Kraft. Also auf nach Köln. Dort würde ich den Rhein verlassen und mich Richtung Münster halten.

Kaum hatte ich nach ein paar Betteleinheiten Brot und Wasser gefrühstückt, machte ich gute Fortschritte auf der Strecke. Köln war für mich schon immer eine tolle Stadt gewesen, mit dem Dom und der Altstadt, und dann war da auch noch der 1. FC Köln mit dem Nationalspieler Hans Schäfer. Ich sah in der Stadt den großen Bruder von Koblenz. Aber jetzt war ich auf einer Mission und hatte Eile. Es würde keine Zeit sein, durch die Straßen zu bummeln.

Am Abend landete ich in der Nähe der Domstadt und verbrachte die Nacht in einem Schrebergarten. Zu meiner Freude gab es hier eine Bank und freigiebige Apfelbäume. Es war meine Lieblingssorte: Augustäpfel. Sie waren saftig und hatten einen etwas säuerlichen Geschmack. Am folgenden Morgen unternahm ich wieder erfolgreich meine Betteltour und radelte anschließend an Köln vorbei Richtung Münster. Über den Autoverkehr machte ich mir keine Gedanken, denn ich war Profi mit dem Rad. Als Bäckerlehrling war es eine meiner täglichen Aufgaben, mit dem Fahrrad Brot und Brötchen an die Kunden zu liefern. Im Stadtverkehr von Koblenz war das nicht einfach. Mittlerweile hatte ich ziemlich viel Übung.

Am dritten Abend erreichte ich den Rand von Remscheid. Von der Stadt hatte ich noch nie gehört. Mitten in einer idyllischen Landschaft stand ein Bauernhof. Als die Bäuerin mir die Tür öffnete, fühlte ich sofort ihre Wärme. Ihr gutmütiges Lächeln gab mir Mut und Sicherheit. Ich wusste sofort: Sie ist Mutter. Eine lange Kittelschürze mit einigen Flecken verhüllte ihren etwas beleibten Körper. Sie war mittleren Alters und hatte ihre grauen Haare zu einem dicken Knoten geflochten. Ich sagte, dass ich auf dem Weg sei, meine Tanten in Quakenbrück zu besuchen, und fragte, ob es möglich sei, in der Scheune zu übernachten, und ob ich etwas Essen haben könnte. Sie schaute mich etwas irritiert an und musterte mich von oben bis unten, als ob sie sagen wollte: „Was will denn dieser kleine Kerl in der großen weiten Welt?" Zu meiner Überraschung lud sie mich aber dann zum Abendessen mit ihrer Familie und den Hofarbeitern ein.

Ich saß an einer langen Tafel, zusammen mit zwölf fröhlichen, hungrigen Seelen, wie eine große

Familie. Sie gaben mir das Gefühl, als ob sie mich schon ewig kennen würden und ich dazugehörte. Wir genossen Kartoffelsalat mit hausgemachter Blut- und Leberwurst. Diese kleinen Ringwürste hatte ich bis jetzt nur in Schaufenstern von Metzgerläden gesehen. In der Koblenzer Gegend nannte man sie Heinzelmännchen, ich vermute, weil sie so klein waren. Ich konnte es kaum glauben. Noch nie in meinem ganzen Leben schmeckte mir ein Essen so gut. Die nächste Überraschung war, dass sie mir das Zimmer ihres Sohnes anbot. Sie erklärte mir, dass er in einer anderen Stadt lebe, dort zur Schule gehe und nur am Wochenende nach Hause komme. Dann gab sie mir ein Handtuch und Seife und zeigte mir, wo der Waschraum war.

Ich war total erschöpft, als ich im Bett lag, doch mein Kopf war wie ein Karussell. Ich dachte an meine Eltern, an die Kollegen und an meinen Chef. Vermissten sie mich? Ich war in Remscheid, allein auf weiter Flur.

Es hätte auch ganz anders werden können. Keine Bäckerei, kein prügelnder Chef. Denn als meine Berufswahl anstand, wollten meine Eltern nicht, dass ich zum Bäcker ausgebildet werde und außer Hause lebe. Sie beschlossen, ich sollte Autosattler erlernen. Es war eine der wenigen Lehrstellen im Handwerksbereich, die zur Verfügung standen. Ich wusste gar nicht, was ein Autosattler machte. Post- oder Bahnbeamter wäre ihnen am liebsten gewesen, aber diese Berufe waren reserviert für Kinder, deren Väter im Krieg gefallen waren, und außerdem war mein Abgangszeugnis nicht gut genug. Wenn schon nicht Beamter, dann wenigstens ein guter Handwerksberuf, lautete ihr Credo.

Die Autosattlerfirma befand sich in Koblenz in der Nähe der Friedrich-Ebert-Straße und bestand aus einem Meister sowie zwei Gesellen. Der Besitzer, Mr. Coney, ein großer, imposanter Mann mit einer fetten Zigarre im Mund, erklärte meinen Eltern und mir die Bedingungen: zwei Wochen Probezeit und sechs Mark die Woche. Ich könne sofort anfangen.

Schon mein erster Tag war ein Desaster. Die große Wanduhr ging einige Minuten nach und ich bekam den Auftrag, die Zeiger richtig zu stellen. Ich stand auf einem Stuhl, als ich versuchte, die Zeit zu korrigieren, verlor meine Balance und die Uhr plumpste zu Boden. „Über zehn Jahre hängt sie an der Wand", schimpfte Meister Strack, „und du berührst sie nur einmal, und schon ist sie kaputt!"

Stifte nannte man uns abschätzig statt Lehrjungen, und so wurde ich auch behandelt. Disziplin und Gehorsam sollte ich haben, und so nebenbei diente ich auch als Blitzableiter, wenn in der Firma irgendetwas schiefging. Nur ein paar Tage später passierte schon das nächste Missgeschick. Ich wurde in den Keller geschickt, um Klebestoff zu holen. Das Licht funktionierte nicht, darum formte ich eine Fackel aus einer alten Zeitung, strich ein Streichholz an und zündete die Fackel an. Ich brauchte freie Hände, deshalb legte ich die Fackel auf den Boden, nicht wissend, dass eine Spur von getrocknetem Klebematerial zu einem vollen Fass mit flüssigem Klebestoff führte. In dem Moment, als die trockene Spur Feuer fing, kam einer der Gesellen in den Keller und zusammen löschten wir das Feuer, bevor es seinen Weg zum Fass fand. Es waren noch viele andere Fässer mit Farbe und Klebstoff im Keller, auch ein großes Fass mit Benzin, halt alles, was man in einer Autosattlerei brauchte. Dank des

Gesellen hatte ich Glück im Unglück, sonst wäre das Gebäude samt allen Personen in die Luft geflogen. Natürlich war der Vorfall Thema Nr. 1.

Am letzten Tag meiner Probezeit wurde ich beauftragt, die Fensterscheiben der Werkstatt zu putzen. Mit dem Sattler-Beruf hatte das nichts zu tun und als Vierzehnjähriger hatte ich keine Erfahrung mit dem Reinigen von Fenstern. Als Meister Strack, ein ehemaliger Offizier der Wehrmacht, meine Arbeit untersuchte und eine nasse Staubschicht auf der Scheibe entdeckte, rieb er mit seiner Handfläche über das schmutzige Glas, dann nahm er meinen Kopf zwischen seine Hände und verteilte den Schmutz auf meinem Gesicht. Ich hatte genug, riss mich los und lief zur Tür. Dort drehte ich mich um und brüllte: „Du verdammtes Arschloch!" Dann rannte ich, so schnell ich konnte.

Ich hatte große Angst und erzählte meinen Eltern von dem Ereignis und von Meister Strack. Und von meiner Absicht, nie wieder dorthin zurückzugehen. Am folgenden Tag erstattete mein Vater der Firma einen Besuch, um Meister Strack daran zu erinnern, dass die Nazi-Zeit vorbei wäre und dass man Menschen und besonders Kinder nicht so erniedrigen und schikanieren könne. Ich glaube nicht, dass Meister Strack sich das damals zu Herzen genommen hat.

Jedenfalls hatten meine Eltern nach diesem Vorfall keine Einwände mehr gegen eine Bäckerlehre. Für mich waren „Kost und Logis" maßgebend. Es bedeutete, genügend Essen zu haben und weg zu sein aus Arzheim. Damals gab es keine große Auswahl für einen Beruf mit Kost und Logis, nur Bäcker und Metzger, und Metzger wollte ich auf keinen Fall werden. So landete ich in Koblenz bei der Bäckerei Hirschfeld.

Als es hell wurde, hatte ich immer noch nicht geschlafen. Trotzdem war ich voller Drang, meine Reise fortzusetzen. Am Morgen, wieder am großen Tisch, gab es Rührei, Wurst, Käse, Brot und Kaffee. Für die Bäuerin war es selbstverständlich, dass auch ich am Frühstück teilnahm. Als ich mich bedankte und verabschiedete, drückte sie mir zwei Wurstbrote in die Hand. Ich hatte noch nicht erlebt, dass fremde Menschen so lieb sein konnten, und weinte.

Die Strecke durchs Münsterland war angenehm flach und verlief ohne Hindernisse. Mir gefiel diese ländliche, malerische Gegend, die weitläufigen, üppigen Felder und die roten Dächer der Bauernhöfe. Betteln konnte ich jetzt ohne jegliche Hemmungen. Und dann waren da noch die Milchkannen am Rand der Landstraße, ein Manna vom Himmel. Frühmorgens, nachdem die Bauern ihre Kühe gemolken hatten, brachten sie die vollen Milchkannen an die Straßen, wo sie von LKWs der Molkereien eingesammelt wurden. Für mich war es wie eine Einladung, aber wie sollte ich die Milch trinken? Ich hatte keine Schöpfkelle und die Kannen waren so schwer, dass ich sie nicht heben konnte. Ich war frustriert. Doch dann hatte ich eine Idee: die Haube der Fahrradschelle! Ich schraubte sie ab und schöpfte mit ihr die Milch aus der Kanne. Was für ein Genuss.

Zwei Tage später war ich schon in der Nähe von Osnabrück. Von dort ging es über Bersenbrück zu meinen Tanten nach Quakenbrück. Diese Strecke hatte mir immer besonders gut gefallen, wenn wir mit der Bummelbahn fuhren, nicht nur wegen der schönen Landschaft, sondern weil wir endlich ans Ziel kamen.

Tante Mia hatte ein leichtes Handicap. Das rechte Bein war kürzer als das linke, also war auch das rechte Pedal an ihrem Fahrrad dementsprechend höher. Meine Eltern sagten, dass dies der Grund sei, warum Tante Emma mit ihr zusammenlebte. Die beiden hatten nie geheiratet. Sie waren ein gutes Team. Tante Emma verwaltete den Haushalt und Tante Mia war Näherin. Sie war sehr beliebt und hatte einen großen Kundenkreis, weit hinaus bis ins Umfeld von Quakenbrück, sogar bis zu den großen Bauernhöfen. Wenn ich meine Sommerferien bei den beiden verbrachte, begleitete ich Tante Mia manchmal mit einem alten Fahrrad, wenn sie die genähte Kleidung zurückbrachte. Ich konnte mich noch gut an die großen Butterbrote erinnern, die mir einige ihrer Kunden gegeben hatten, manchmal mit Mettwurst. Mir lief das Wasser im Mund zusammen. Jetzt könnte ich sie gut gebrauchen, die Brote, denn ich hatte ständig Hunger auf meiner Reise.

Es war schon dunkel, als ich abends vor der Haustür meiner Tanten stand. Sie waren erstaunt. Ich wusste nicht, ob sie meine Erklärung, dass ich eine Rundtour machte und sie mal kurz besuchen wolle, glaubten, aber es war mir egal, ich war hungrig und hundemüde und wollte nur noch etwas essen und dann schlafen. Alles andere würde sich ergeben. Morgen früh würde ich mein Abenteuer fortsetzen, auch wenn meine Tanten widersprachen. Bremerhaven war nicht mehr weit.

Ich wusste nicht, wie lange ich geschlafen hatte, aber als ich aufwachte, drang Tageslicht durchs Fenster. Der Duft von frischem Kaffee lag in der Luft. Ich schlüpfte schnell in meine Kleidung, konnte aber meine Schuhe nicht finden. Während ich eifrig frühstückte, fragte ich Tante Emma, ob sie meine Schuhe gesehen hätte. Ja, antwortete sie, aber die hätten ein paar Löcher in der Sohle gehabt und deshalb habe sie sie zum Schuster gebracht. Am Abend würden sie repariert sein. Außerdem habe sie mein Fahrrad sicher im Schuppen verstaut und abgeschlossen, damit es keiner stehlen könne. Bis zum Abend könne ich ja in der Wohnung bleiben, wir könnten uns ja mal wieder ausführlich unterhalten. Immerhin seien schon zwei Jahre vergangen, seitdem wir uns das letzte Mal gesehen hätten. Ich war enttäuscht und wirkte etwas unbeholfen mit meinem schwachen Protest. Ich bemerkte das Misstrauen meiner Tanten. Sie wollten von meiner Lehrstelle wissen und von unserem Leben in Koblenz. Trotzdem genoss ich den Aufenthalt, denn das Mittag- und Abendessen war gut und reichlich. Es passte in meinen Plan, weil ich viele Kalorien brauchte für die bevorstehende Reise.

Am folgenden Morgen wachte ich früh auf mit frischen Kräften und größter Entschlossenheit. Heute würde es weitergehen mit meinem Abenteuer, ich konnte es kaum abwarten. Noch einmal ein leckeres Frühstück und dann los. Doch schon am Tisch fühlte ich die Anspannung, sie war größer als gestern.

Plötzlich klopfte es an der Tür. Meine Tanten reagierten wie elektrisiert. Tante Emma sprang auf und öffnete. Ein kalter Schauder lief über meinen Rücken, als ich die Stimme meines Vaters hörte. Mein Plan war zerschmettert, kein Amerika, keine Cowboys. Meine Zukunft war ein dunkles Loch. Jetzt machte das komische Verhalten meiner Tanten Sinn, sie hatten mich ausgetrickst mit ihrer Verzögerungstaktik.

Ein Alptraum. Ich wusste, was jetzt kommen würde: ein Donnern, gefolgt von einer Tracht Prügel. Na ja, vor meinen Tanten würde mein Vater mich nicht schlagen. Das käme später.

Die stundenlange Zugfahrt zurück nach Koblenz verlief schweigend. Der Gesichtsausdruck meines Vaters war ernst und seine Augen schauten nachdenklich. Ich wusste nicht, was in ihm vorging, es gab keine Drohungen, keine mahnenden Worte. So kannte ich meinen Vater nicht. Prügel wäre mir lieber gewesen, dann hätten wir wenigstens wieder klare Verhältnisse gehabt.

Als wir in Koblenz-Ehrenbreitstein ankamen, brach mein Vater endlich sein Schweigen und verkündete, dass wir zuerst in die Kapuziner-Kirche gehen würden, ich müsse beichten. Ich war überrascht. Anscheinend war meine Reise eine große Sünde, vielleicht sogar eine Todsünde. Ich hatte etwas Milch gestohlen, hier und da etwas gelogen, aber das war doch nicht schlimm. Hätte ich etwas Unkeusches gemacht, dann hätte ich die Entscheidung meines Vaters verstanden. Das wäre eine schlimme Sünde.

Ich hatte es mit der Religion nie so richtig ernst genommen, obwohl meine Eltern und die Bewohner im Dorf streng katholisch waren. Nur eine Familie war evangelisch, auf die schauten alle herab, als ob sie von einem anderen Planeten käme. Für mich war klar: Wenn es wirklich Gerechtigkeit gäbe, wie man uns in der Kirche und im Religionsunterricht vorpredigte, warum hatte unsere Familie kein eigenes Haus und keinen Garten wie die Einheimischen? Warum hatte der liebe Gott das nicht gerecht verteilt?

Jedenfalls hatte ich mit der Beichte nichts am Hut. Angeblich sollte sie unser „schwarzes" Herz von Sünden reinigen, damit es schön rot würde. Wenn das stimmte, dann musste mein Herz total schwarz sein, denn bei allen bisherigen Beichten, zu denen ich übrigens gezwungen worden war, hatte ich gelogen. Bereits mein erstes Geständnis im Beichtstuhl war eine Lüge gewesen: „Meine letzte Beichte war vor vier Wochen."

Mein Vater hatte mir mal gesagt, dass vor Gott Eltern für die Taten ihrer Kinder verantwortlich seien. Deshalb würden Eltern für die Sünden ihrer Kinder mit bestraft. Also dachte ich, es sieht nicht gut aus für meinen Vater, denn für meine Sünden würde das Fegefeuer nicht genügen, es könnte die Hölle werden. Es war eine Bürde, mit der ich meinen Vater nicht belasten wollte. Und wenn das Fegefeuer die Vorstufe zur Hölle war, warum gab es dann keine Vorstufe zum Himmel? Ich fand das unfair.

Jedenfalls ging ich brav in den Beichtstuhl und machte eine Scheinbeichte, um das Gewissen meines Vaters zu erleichtern. Munter schwindelte ich mich durch alles durch. Am Ende bekam ich nur eine leichte Buße, was natürlich nicht vereinbar war mit meiner anscheinend großen Sünde. Mein Vater kniete auf einer der hinteren Bänke und hatte mich im Blick, als ich aus dem Beichtstuhl kam. Mir war klar: Ich musste eine längere Buße machen. Anstatt vier schnell gesprochene Vaterunser zu beten, verbrachte ich eine halbe Stunde auf der Kirchenbank. Genügend Zeit für eine zweistellige Zahl an Vaterunser. Ich hoffte, dass mein Vater nun etwas erleichtert war.

2

Nach meiner Seelenreinigung gingen wir zu Fuß den Berg hinauf nach Hause. Meine Mutter hatte Tränen in den Augen, als sie mich umarmte. Sie hatte sich große Sorgen gemacht, ich sah es ihr an. Plötzlich begriff ich, was ich ihr angetan hatte. Nun verstand ich auch das Schweigen meines Vaters: Er hatte ebenfalls gelitten. Und schon weinte ich hemmungslos.

Meine Reise war in Arzheim ein großes Thema. Die meisten Einwohner hatten mich vorher schon als Unruhestifter gesehen, wegen meiner Streiche und meines angeblich schlechten Einflusses auf ihre Kinder. Deshalb war mein „Ausflug" für sie eine Bestätigung, dass von mir nichts Gutes kommen könne. „Eines Tages landet der im Knast", bekam ich oft zu hören.

Die Hinterdorfstraße, Unterdorf-, Oberdorf- und Koblenzer Straße waren damals die bekanntesten Straßen in Arzheim. Die Hinterdorfstraße startete am Teebaum und endete am Marktplatz, auch Spillesje genannt. Sie war die längste von allen, führte durchs ganze Dorf und war eine der ersten asphaltierten Straßen im Ort. Sie beherbergte viele Geschäfte: die Bäckerei Masers, Metzger Staufer, das Lebensmittelgeschäft Sommer, Schreiner Hartgeld, die Wäscherei Dorns, die auch als Leihbücherei diente, die Schuhmacherei Kloster und die Metzgerei Dosch mit Restaurant. Das war unsere „Einkaufsmeile". Dort befand sich auch die Schule.

Noch heute dient der Marktplatz als Kirmesplatz. Sonntags nach dem Hochamt trafen sich in meiner Kindheit und Jugend dort die Männer und diskutierten über Fußball, Politik und die Neuigkeiten im Dorf.

Danach gingen sie in die Wirtschaft, tranken Bier und spielten Skat, während ihre Frauen den Sonntagsbraten zubereiteten. Es war nicht selten, dass einige der Männer zu spät zum Mittagessen nach Hause kamen.

Jupp, ein etwa sechzigjähriger und vertrauenswürdiger Einheimischer, war die offizielle Quelle für Informationen. Er war der Ausscheller. Ausgerüstet mit einer lauten Messingglocke kam er einmal in der Woche auf die bekannten Dorfstraßen und verkündete Nachrichten, die für das Dorf wichtig waren. Obwohl er nur der Bote war, machten manche Einheimische ihn verantwortlich für schlechte Nachrichten. Aber manchmal verbreiteten seine Mitteilungen großen Jubel: wenn er beispielsweise bekannt machte, dass ein Kriegsgefangener aus der russischen Gefangenschaft wieder nach Hause kommen würde. Der Vater meines Freundes Willi war einer dieser Gefangenen. Die ganze Nachbarschaft vergoss Freudentränen, als er mit einem Rucksack auf seinem gebeugten, abgemagerten Körper durchs Dorf nach Hause humpelte.

Wir wohnten am Anfang der Hinterdorfstraße, am Teebaum, in einem Haus mit vier Familien. Unsere Vermieterin Frau Klein genoss hohes Ansehen und Respekt bei den Hausbewohnern. Seit einigen Wochen hatte sie wieder einen neuen Ehemann. Im Dorf munkelte man, dass dieser junge Mann sie nur wegen ihres Vermögens geheiratet habe. Hinter dem Haus war eine große Scheune, vollgestopft mit Heu. Die sich daran anschließenden Wiesen und Felder waren ebenfalls das Eigentum von Frau Klein. Obwohl es nicht erlaubt war, spielten einige Freunde und ich gerne in der Scheune. Auf der anderen Seite der Hinterdorfstraße lagen Getreidefelder. Im Herbst wurde das Getreide gemäht und in Büscheln aufgestellt. Sie schauten aus wie kleine Wigwams. Für mich und meine Freunde waren sie die perfekte Bühne für Cowboy-und-Indianer-Spiele.

Arzheim liegt auf einem Berg. Seine engen Gassen und dicht gedrängten Häuser deuteten an, dass hier eine geschlossene Dorfgemeinschaft lebte. Jeder kannte jeden. Die meisten Einwohner hatten einen eigenen Garten, vererbt von Generation zu Generation, oder sie hatten Verwandtschaft mit Garten oder Bauernhof und halfen sich gegenseitig mit Gemüse und Obst. Wir waren die einzigen Neubürger. Was aber noch schlimmer war: Meine Mutter sprach Hochdeutsch. Obwohl ich in Koblenz geboren wurde und in Arzheim aufwuchs, fühlte ich mich dort immer wie ein Fremdkörper, ein Mensch, der nicht dorthin gehörte. Meine Eltern machten alle möglichen Verrenkungen und versuchten sich anzupassen. Ich tanzte aus der Reihe, ich war ein Risikofaktor. Darum bedrängten sie mich immer wieder, ich solle höflich sein, die Leute freundlich grüßen und nicht vergessen, beim Grüßen meine Mütze abzunehmen. Meine Mutter war entsetzt, als ich eines Tages mit einem Igelhaarschnitt nach Hause kam. Einer meiner Kinohelden hatte mich dazu inspiriert. „Du schaust ja aus wie ein Sträfling!", schrie sie. Wieder Wasser auf die Vorurteilsmühlen der Einheimischen.

Unsere Familie war auf die Einheimischen angewiesen, besonders während der Kriegsjahre, aber auch in den Jahren danach. Denn die Bauern waren die Einzigen, die etwas zu essen hatten. Zuerst versorgten sie ihre eigene Verwandtschaft. Wenn dann noch etwas übrig war, bekamen wir die Reste, und zwar jedes Mal mit dem Hinweis, dass diese Wohltat für uns eine besonders großzügige Geste wäre. Wir waren ja schließlich keine Einheimischen.

Für Milch gab es offizielle Rationen. Pro Familie wurde ein Liter täglich zugeteilt, den ich am späten Nachmittag bei einem bestimmten Bauern abholte. Ich kann mich noch gut an den Bauernhof erinnern mit dem Misthaufen vor der Tür, den frei laufenden Hühnern im Hof und einem angeketteten, furios bellenden Hund. In der Küche, direkt neben der Eingangstür, saß die Seele des Bauernhofes, die Oma, und stampfte fleißig im Buttertopf. Dieser Bauernhof gab mir immer ein vertrautes, heimatliches Gefühl. Die Milch war sehr wertvoll, doch ich konnte es auf dem Heimweg trotzdem nicht lassen, die Kanne mit hohem Risiko im Kreis über dem Kopf zu schwingen. Ich hatte Glück und brachte die Milch jedes Mal ohne Verlust nach Hause. Die Milchkanne diente übrigens auch als Behälter für Wurstsuppe, für die wir in langer Schlange anstanden, wenn einer der Bauern schlachtete. Wir standen oft für Essen an, häufig gab es nichts mehr, wenn ich endlich dran war. Dann hatte ich das Gefühl, versagt und meine Familie und besonders meine kleine Schwester im Stich gelassen zu haben. Mehl war damals eines der Grundnahrungsmittel, das man mit Lebensmittelkarten kaufen konnte. Meine Mutter war glücklich, als sie endlich etwas Mehl zur Verfügung hatte und Eierpfannkuchen backen konnte. Es war einige Jahre her, seit sie ihr Lieblingsgericht zum letzten Mal gegessen hatte. Umso enttäuschter war sie: Die Pfannkuchen waren zäh wie Leder. Der Grund: Das Mehl war mit Gips gemischt worden. Meine Mutter weinte.

Manchmal hatten wir keine andere Wahl, als uns selber zu helfen, es war eine Frage des Überlebens.

Ich hatte weniger Hemmungen als meine religiösen Eltern. Oft ging ich etwas hamstern auf den umliegenden Feldern, natürlich ohne die Erlaubnis der Bauern. Gelegentlich waren es Möhren, dann wieder Obst, Gemüse oder Kartoffeln. An Letzteren mangelte es in unserer Küche nicht. Sie waren unsere Grundnahrung und man konnte sie in vielen Variationen schmackhaft zubereiten. Pellkartoffeln, Salzkartoffeln, Bratkartoffeln. Meine Lieblingsgerichte waren Reibekuchen und Dippekuchen, eine Mischung aus geriebenen Kartoffeln und Zwiebeln mit einem oder zwei Eiern. Darum freute ich mich auf die Freitage, denn in einem streng katholischen Dorf wie Arzheim war es Sitte, an Freitagen kein Fleisch zu essen. Man wollte ja ein Opfer bringen. Als ob wir in unserer Familie überhaupt Fleisch gehabt hätten. Der Dippekuchen wurde in einem Bräter gebacken. Weil der Vorgang zwei bis drei Stunden dauerte und man eine schöne, dicke Kruste wollte, brachte man ihn meistens zur Bäckerei. Dort musste ich feststellen, dass viele Einheimische ihre eigene Vorstellung von einem Opfer hatten, denn die meisten Dippekuchen waren belegt mit dicken Speckscheiben. Ansonsten gab es ab und zu auch mal Fisch, Bücklinge und Brathering. Ich kann mich erinnern, dass man den gekauften Fisch in Zeitungspapier einwickelte.

In Arzheim gab es eine Sammelstelle für Obst und Gemüse. Hier konnte man auch Falläpfel hinbringen und damit eine Kleinigkeit verdienen. Leider gab es nicht so viele Falläpfel, man musste lange suchen und am Ende war es die Arbeit nicht wert. Ein paar Freunde von mir hatten versucht, die Äpfel einfach vom Baum zu stehlen und als Fallobst zu verkaufen. Aber das ging schief und sie wurden als Diebe enttarnt, denn die Stiele der Äpfel waren noch frisch und grün. Dieser Vorfall inspirierte mich: Die Falläpfel mussten auch wie Fallobst aussehen. Ich grub also ein Loch unter den Apfelbaum und schüttelte an den Ästen, bis eine für mein Vorhaben ausreichende Anzahl von frischen Äpfeln auf den Boden fiel. Danach grub ich sie in dem Loch ein. Eine Woche später, abrakadabra, schauten sie aus wie Fallobst, sogar mit Würmern. Das Ganze wurde eine gute Geldquelle für mich. Ich konnte mir damit auch manchmal einen Kinobesuch in Ehrenbreitstein leisten, der damals vierzig Pfennige kostete.

Mit dem Kino tauchte ich in eine ganz neue Welt ein. Denn bisher kannte ich meine Cowboyhelden nur aus Büchern, die ich mir in der kleinen Leihbücherei des Dorfes besorgte. Das Angebot konnte meinen Appetit kaum sättigen. Ungeduldig wartete ich, bis wieder eine neue Lieferung kam. Zuerst waren es Cowboybücher wie „Kansas Jack" oder „Oklahoma Joe". Sie kämpften für die Unterdrückten, für Gerechtigkeit, sie waren meine Vorbilder. Meine Eltern schimpften mit mir, wenn ich spätabends noch las, trotzdem verschlang ich heimlich alle Geschichten, die ich finden konnte. Als ich zehn Jahre alt war, durfte ich endlich der Kirchenleihbücherei beitreten. Hier gab es die von mir heiß begehrten Bücher von Karl May mit Winnetou, Old Shatterhand und vielen anderen Helden.

Endlich konnte ich sie auch auf der Leinwand sehen. William Boyd als Hopalong Cassidy mit seinem Freund Larry und der witzige, graubärtige, alte Kumpel mit dem Namen Whiskey, das waren meine Lieblingsfilme. Einmal machte ich einen Abstecher und sah den Film „Marie Antoinette". Sie wurde auf dem

Schafott hingerichtet. Ich konnte eine Woche lang nicht schlafen.

Wenn wir in Ehrenbreitstein waren, gingen mein Freund Friedel und ich zum „Dählern Born", einem Brunnenhaus mit einer Sauerwasserquelle. In der Anlage stand ein Brunnentopf mit vier Wasserhähnen, dazu gab es einen Blechbecher, aus dem alle tranken. Für Friedel und mich war das Quellwasser Ersatzlimonade, denn es schmeckte gut, war immer schön kühl und sollte angeblich vor Krankheiten schützen. Außerdem war es kostenlos.

3

Mit der Schule und den Lehrern nahm ich es nicht so richtig ernst, ich hatte Wichtigeres zu tun. Ich wollte spielen, ich wollte Abenteuer. Mein Zeugnis war durchschnittlich. Rechnen konnte ich gut und schnell, aber mit den anderen Fächern lief es nicht so toll, mit Ausnahme der Aufsätze. Für Aufsätze gab es immer drei Bewertungen: Fürs Rechtschreiben bekam ich meistens die Note 4, für die Schrift eine 3 und für den Inhalt eine 1. Ich hatte eine lebhafte Fantasie. Einige Male nahm unser Lehrer einen meiner Aufsätze und las ihn den anderen Lehrern in der Pause vor.

Insgesamt hatten wir drei Lehrer an unserer Grundschule. Fräulein Haseneier war die Älteste und zählte zu den Einheimischen. Sie war streng und gefürchtet und irgendwie schon immer an der Schule. Viele Ehemalige sprachen mit Ehrfurcht von ihr. Mir fiel sie auf, weil sie einen großen Busen hatte. Lehrer Schnirrkamf und Rektor Gerlach waren Flüchtlinge aus der „Ostzone". Ich kann mich noch gut daran erinnern, dass Gerlach eine gewisse Affinität für Königsberg und Danzig hatte. Ich vermute, dass eine dieser Städte seine ehemalige Heimat war. Er war alleinstehend und nahm seine Mahlzeiten im Restaurant Dosch ein, das zugleich eine Metzgerei war. Er war zugänglich und fair und – sehr wichtig für mich – er schätzte meine Aufsätze. Ich bewunderte ihn.

Lehrer Schnirrkamf war aus einem anderen Holz geschnitzt. Er war förmlich, steif und fand keinen Zugang zu seinen Schülern. Ich fürchtete ihn. Wurde ich mit solchen Autoritäten konfrontiert, hatte das eine unangenehme Erscheinung zur Folge: Ich wurde rot. Es war mir bewusst und ich versuchte es zu verhindern, aber das machte es nur noch schlimmer. Dieser Komplex und die Sturheit von Schnirrkamf sollten mein Verhängnis werden.

Das Drama passierte während einer unserer Schulpausen, als wir mal wieder eifrig Fußball spielten. Mein Schulkamerad Paul verlor während des Spiels einen Geldschein aus seiner Hosentasche. Seine Familie war echt Arzheim, angesehen und reich. Aus irgendeinem Grund war Lehrer Schnirrkamf der Überzeugung, dass einer von uns Mitspielern den Schein gefunden und eingesteckt hatte. Er wollte der Sache unbedingt auf den Grund gehen. Sein Plan war einfach: Jeder Schüler musste nach vorne kommen, wo Lehrer Schnirrkamf wie ein Gott hinter seinem Pult saß und mit drohendem Blick dem Schüler tief in die Augen sah. Dann kam die entscheidende Frage: „Hast du das Geld gefunden?" Einer nach dem anderen gab ihm die Antwort: „Nein." Ich war einer der Letzten und meine Knie wackelten, als ich nach vorne ging. Wie ein Dolch durchbohrte sein Blick meine Augen. „Hast du das Geld gefunden?" Das Blut schoss mir ins Gesicht. Ich antwortete mit einem zögerlichen „Nein." Kurze Zeit später war seine Inquisition zu Ende.

Lehrer Schnirrkamf war zufrieden mit sich, man konnte es deutlich sehen. Er hatte einen triumphierenden Gesichtsausdruck, als er posaunte, den Täter erkannt zu haben. Seine Augen zuckten zu mir. Mit ausgestrecktem Zeigefinger markierte er mich und sagte, dass ich, Heinz Knopp, der Übeltäter sei. Dreißig Augenpaare richteten sich auf mich. Ich wurde feuerrot und meine Stimme versagte fast, als ich ein abwehrendes „Ich war das nicht" stotterte. Wieder mal der Knippy, jetzt war ich auch noch ein Dieb. Diese

Nachricht würde durchs Dorf jagen. Was konnte man denn auch von den Auswärtigen erwarten, würde es überall heißen. Ich dachte an meine Eltern. Würden sie mir glauben oder sich schämen?

Fünf unendlich lange Tage trug ich diese Last auf meinen kleinen Schultern. Ich wäre am liebsten im Erdboden versunken und traute mich nicht mehr auf die Straße, aber ich musste in die Schule. Doch dann kam die unverhoffte Erlösung. Mein Schulkamerad hatte das Geld gar nicht verloren, sondern in eine andere Tasche seiner Hose gesteckt. Seine Mutter hatte den Schein beim Waschen gefunden. Nachdem Lehrer Schnirrkamf mich vor der ganzen Klasse beschuldigt hatte, erwartete ich eine Korrektur von ihm. Aber zu meiner Überraschung passierte nichts. Ich konnte es nicht verstehen, meine Eltern konnten es nicht verstehen. Man hatte Respekt vor Lehrern, auch wenn sie mal einen so belastenden Fehler machten. Na ja, man könnte sagen „Schwamm drüber", aber mich begleitete dieses Ereignis und besonders die fehlende Entschuldigung von Lehrer Schnirrkamf für viele Jahre. Die Sache war mir ein unergründliches Rätsel. Erst als ich schon über fünfzig war, fiel mir die Antwort ein. Schnirrkamf war nicht nur unser Lehrer, sondern auch unser Fußballtrainer. Und er benutzte diese Funktion, um seinen Fehler gegen mich wieder gutzumachen. Anscheinend hatte er begriffen, dass er nicht nur meinen Ruf geschädigt hatte, sondern auch mein Selbstbewusstsein. Vor diesem Hintergrund arrangierte er eine Situation beim Fußball, um mein Selbstwertgefühl wieder aufzubauen.

Es war an einem Freitagnachmittag, wir hatten Training. Bevor wir unsere Übungseinheiten begannen, verkündete Coach Schnirrkamf, dass er heute einen Spielführer nominieren werde. Wir sollten uns alle in einer Reihe aufstellen. Mit resoluter Miene und stechendem Blick platzierte er sich dann fast eine ganze Minute lang vor jeden einzelnen Spieler und schaute ihm tief in die Augen. Die Prozedur dehnte sich aus. Ich konnte den Geruch von Knoblauch riechen, so nahe stand er vor mir. Auch dieses Mal löste seine autoritäre Gestalt meine bekannte Unsicherheit aus: Mein Kopf wurde rot wie eine Tomate. Schließlich verkündete er wie ein General den Namen des Spielführers: Heinz Knopp. Ich konnte es kaum glauben, dass er mich gewählt hatte, und war überwältigt. Ich war zwölf Jahre alt. Von meinem heutigen Blickpunkt aus muss ich sagen, dass es ein fauler Kompromiss war und der Lehrer sich hätte schämen müssen. Doch alles in allem bin ich jetzt versöhnt mit dem Erlebten.

An diesen Lehrer Schnirrkamf musste ich noch manchmal denken. Es ist mir ein Rätsel, warum er auf der Abschlussfeier unserer Grundschule gerade für mich das Gedicht gewählt hatte: „Wer den wuchtigen Hammer schwingt, wer im Felde mäht die Ähren, wer ins Tal der Erde sinkt, Weib und Kinder zu ernähren." Ich war der Kleinste in meiner Klasse und wog gerade mal dreiundvierzig Kilo. Und ausgerechnet ich musste vor der ganzen Schule dieses mächtige Gedicht vortragen.

Einmal pro Woche hatten wir Religionsunterricht, Katechismus. Pfarrer Braun und ich hatten keinen guten Draht zueinander. Ich hatte oft die wichtigen Hochamt-Messen geschwänzt, damit ich das Fußballspiel auf dem Koblenzer Oberwerth sehen konnte. Jedes Mal wartete am folgenden Montag in der Schule eine Tracht Prügel auf mich. TuS Neuendorf mit seinen Spielern Ahlbach und Unkelbach war es wert. Ich musste mich über die Schulbank beugen und mit einem Stock schlug der Pfarrer los. Manchmal stopfte ich ein Heft in meine Hose, aber das konnte er natürlich hören. Des Öfteren musste ich auch den Arm ausstrecken und bekam eine gewisse Zahl von Schlägen auf die Hand. Die Summe der Schläge war abhängig von seiner Bewertung meines Vergehens. Einmal rieb ich meine geprügelten Hände mit Zwiebeln, um eine Schwellung zu verursachen. Aber die Schwellung machte keinerlei Eindruck bei Pfarrer Braun. Ich kann mich noch gut daran erinnern, dass eines Tages sein Stock von der Wucht der Schläge zerbrach. Danach arrangierte er einen Schulausflug in die Natur, und die ganze Klasse musste sich bemühen, einen neuen Stock zu finden. Es solle ein Stück von einer Astgabel sein, sagte der Pfarrer, weil das Holz an dieser Stelle am stabilsten sei. Manchmal gebrauchte er auch seine Hand als Waffe, die ich zu spüren bekam, wenn ich unaufmerksam war. Dann näherte sich der Pfarrer von hinten und verpasste mir mit aller Wucht eine Ohrfeige, was einmal zu einem Bluterguss am Ohr führte. Ich war stolz auf meinen Vater, als er danach dem Pfarrer einen Besuch abstattete und ihn zur Rede stellte. Es war das Ende der Ohrfeigen.

Eine Mandoline war das stolze Erbstück meiner Mutter. Sie selbst konnte das Musikinstrument nicht spielen, aber es war ihr Wunsch, dass ich es lernen sollte. Für mich bedeutete das einen Einschnitt in meiner Spielzeit, weniger Cowboys und Indianer. Meine Hoffnung, dass in Arzheim niemand Mandoline spielen konnte, erfüllte sich nicht. Herr Gänsemann hieß der Virtuose. Er war der anerkannte Intellektuelle im Dorf. Trotz seines hohen Alters gab er Kurse für verschiedene Musikinstrumente und mehrere Fremdsprachen. „Er ist unser Einstein", hieß es. Meine Mutter war froh, als er zustimmte, mich anzulernen. Nun ja, Zustimmung war es eher nicht, sondern ein vorsichtiges „Ich werde es versuchen." Ich hoffte, dass Herr Gänsemann nicht wusste, dass ich einer der Dorfbengels war, der manchmal an seiner Tür klingelte und dann schnell weglief. Allein schon wegen seines Namens war er eine Zielscheibe unserer Jugendstreiche. Wenn wir ihn auf der Straße kommen sahen, versteckten wir uns und imitierten das Schnattern von Gänsen. Darum fühlte ich mich etwas unwohl, als er mir die erste Lektion gab. Ich lernte die Tonleiter und das Lied „Lustig ist das Zigeunerleben" – und dann hatte ich keine Lust mehr. Meine Mutter war enttäuscht, zwang mich aber nicht dazu. Ich jubilierte, denn nun konnte ich wieder öfter Cowboy und Indianer spielen.

Es waren vor allem die Eltern meiner Schulkameraden, die in mir eine Bedrohung sahen, weil ich nach dem Schulunterricht gerne etwas Abenteuerliches spielte. Meine Schulkameraden hatten nachmittags Arbeiten in Haus oder Garten zu erledigen. Deshalb war ich, der Knippy, eine willkommene Ablenkung für sie. Wenn ich auf der langen schmalen Dorfstraße stand und meinen schrillen Indianerschrei losließ, um meine Freunde zu informieren, dass nun Spielzeit war, knallten die Fenster zu. Dann war der Fußball mein einziger Spielkamerad. Ich trat ihn gegen unsere Hauswand, hin und her. Als Pfarrer Braun mich während eines Spaziergangs spielen sah, sagte er mit trauriger Miene: „Fritzchen, Fritzchen, was wird noch mal aus dir werden?" Ich weiß nicht, warum er mich Fritzchen nannte, er kannte doch meinen Namen, aber offensichtlich war mein Spielen in seinen Augen pure Zeitverschwendung. Ein anderes Spiel, mit dem ich mich allein beschäftigen konnte, war Dilldopp. Der Dilldopp ist ein hölzerner Kegel, so groß wie ein kleiner Tannenzapfen, mit ein paar Rillen an der Seite. Man schlägt den Dilldopp mit einer Peitsche, dann tanzt er auf der Straße. Unsere Nachbarn sagten immer zu mir: „Knöppchen spielt Döppchen."

Erst am späten Nachmittag, wenn meine Freunde ihre Pflichten erledigt hatten, konnten wir zusammen Fußball spielen. Der Spielplatz war die Straße direkt vor unserem Haus am Teebaum. Dieser vertraute, stolze Baum war ein Arzheimer, er war ein Denkmal, ein Wahrzeichen. Für uns war er ein Torpfosten, der andere Pfosten bestand aus einem dicken Stein. Statt eines Balls musste irgendein rundes Objekt herhalten, aber damit waren wir zufrieden, solange man das Ding treten konnte. In diesen Stunden waren wir in unserer eigenen Welt, wir waren Weltmeister, Fritz Walter, Ottmar Walter, Eckel usw. Die große Ernüchterung kam immer wie ein Donnerschlag. Meine Mutter rief: „Heinz, Abendessen!"

Besonders die Eltern meines Freundes Wolfgang waren mir gegenüber sehr misstrauisch. Sie machten mich dafür verantwortlich, dass Wolfgang und ich über den Rhein geschwommen waren. Mit zwölf Jahren brachten wir uns das Schwimmen selbst bei, und zwar im Abwasser einer örtlichen Erz- und Bleigrube. Eigentlich sollten wir danach todkrank sein, so viel hatten wir von dem verseuchten Wasser geschluckt. Als wir endlich sicher im Wasser waren, kamen wir auf die Idee, von der Pfaffendorfer Brücke aus über den Rhein zu schwimmen bis zum Deutschen Eck.

Gesagt, getan! Es war herrlich. Einige Male nahmen wir den Weg den Fluss hinunter bis zur Insel Graswerth. Dort gab es reichlich Landwirtschaft, besonders Bäume mit Kirschen, für uns eine überaus leckere Kost. Wenn wir unseren Appetit gestillt hatten, warteten wir, bis ein Frachtkahn mit einigen Schiffen am Tau den Rhein heraufkam. Diese Schiffe waren vollgeladen mit Kohle und anderem Material und lagen tief im Wasser. Da sie gegen den Strom fuhren, waren sie sehr langsam. Umso leichter war es für uns, auf die Schiffe zu klettern und uns zurück zur Brücke fahren zu lassen.

Im Grunde genommen ging ich gerne in die Schule, denn wir bekamen ein Mittagessen. Für den ständigen Hunger war der Marschallplan die Rettung. Jeden Tag gab es etwas anderes. Mein Favorit war der Freitag, Kakao mit süßen Semmeln. Während der Pausen blühte ich auf, weil wir dann Fußball spielten und ich Anerkennung von meinen Schulkameraden bekam, denn ich war ein guter Fußballer. Mein Jahrgang spielte in der C-Jugend, wir waren zwischen zwölf und vierzehn Jahre alt. Am Ende der Saison stand unsere Mannschaft auf Platz eins und wir spielten gegen die Mannschaft von Urbach um die Meisterschaft. Das Endspiel war auf dem Fußballplatz auf der Festung Ehrenbreitstein. Wir waren alle sehr stolz, und ich glaube, dass auch die Arzheimer stolz auf ihre Schülermannschaft waren.

Es war ein großes Event. Die Lehrer beschlossen, dass es einen Schulausflug auf die Festung geben sollte. Der Marsch dorthin dauerte zwei Stunden. Als wir auf der Festung ankamen, waren wir alle erschöpft. Dabei hatten wir doch ein schwieriges Spiel vor uns. Fußballschuhe konnten wir uns damals nicht leisten, ich spielte mit schweren Schneeschuhen, die ich zu meiner Kommunionsfeier bekommen hatte, und dann noch als Mittelläufer, was für ein Handikap. Es war also keine große Überraschung, dass wir das Endspiel verloren, mit 9:0, das war peinlich. Doch die Lehrer besänftigten unsere Enttäuschung und lobten unsere erfolgreiche Saison.

Ich war froh, dass wir jetzt überhaupt eine Schüler-Fußballmannschaft hatten, denn während der Kriegsjahre war Fußballspielen gefährlich gewesen. Meine Mutter hatte mich nur selten aus der Wohnung gelassen aus Angst, dass mir etwas passieren würde. Ich kann mich noch gut an die plötzlichen Bombenattacken erinnern. Wenn wir zufällig draußen spielten, flüchteten wir, so schnell wir konnten, und waren dankbar, wenn wir heil zu Hause ankamen.

4

Unser Nachbardorf Asterstein lag ungefähr fünf Kilometer entfernt. Dort war einer der Hauptstützpunkte für die deutsche Wehrmacht gewesen, während des Krieges waren in dem Dorf viele deutsche Soldaten stationiert. Deshalb wurden Asterstein und seine Umgebung eine Zielscheibe für die Alliierten. Fast jede Nacht heulten die Sirenen und warnten uns vor den Fliegern. Dann sprangen meine Mutter und ich in Panik aus dem gemeinsamen Bett, schlüpften schnell in unsere Schuhe und ergriffen die Tasche, in der alle wichtigen Papiere waren. In dieser Zeit schliefen wir immer in unserer Kleidung, denn jede eingesparte Sekunde konnte unser Leben retten. Der Zeitraum zwischen dem Heulen der Bomben und der Lautstärke der Explosionen war wichtig, er verriet uns, ob wir noch genügend Zeit hatten, in den Wald zum Bunker zu rennen. Wenn nicht, mussten wir uns in unseren Hauskeller retten. „Lichter aus, Lichter aus!", hörte ich immer wieder. Im Keller wurden wir ständig ermahnt, nur keinen Krach zu machen. Als ob die Flugzeuge uns hören könnten. Durch das Kellerfenster sah man den schwarzen Himmel, das ständige Feuerwerk und die Explosionen von deutschen Abwehrkanonen inmitten der Flugzeuge. Zwischendurch hörte ich das Heulen und die wuchtigen Einschläge der Bomben. Unser Haus zitterte. Die Angstschreie und das Wimmern einiger Mädchen höre ich heute noch. Einmal, als ein großer Luftangriff bevorstand, verbrachten wir eine Woche im Bunker im Felsen unter der Festung Ehrenbreitstein.

Der Krieg war überall zu sehen: zerstörte Häuser und kaputte Straßen. Sogar die umliegenden Felder waren von Bombenlöchern durchsiebt. Richtung Koblenz war der Himmel feuerrot, die Stadt stand in Flammen. Ich dachte an meinen Vater. Wo war er, lebte er noch?

Wenn es mal gefahrlos war für uns Kinder zu spielen, dann waren diese Krater auf den Feldern ein tolles Versteck für mich und meine Freunde. Hier fanden wir hin und wieder ausgedientes Kriegsmaterial wie Munition, Patronenhülsen und einmal sogar eine Pistole. Die Eltern warnten uns immer wieder, dort nicht zu spielen.

Direkt nach dem Krieg rollten die amerikanischen Truppen mit ihren Panzern auf kreischenden, großen Ketten, ausgerüstet mit gigantischen Kanonen, durch unser Dorf, gefolgt von mächtigen grünen LKWs, auf denen die Soldaten saßen und mit Angst einflößenden Maschinengewehren bewaffnet waren. Die GIs trugen ihre Stahlhelme tief in die Gesichter gezogen. Es war unheimlich. Überall sah ich Gewehre und Pistolen. Die Befehle der Kommandeure waren kaum zu hören bei dem Lärm der Panzerketten. Alles, was im Weg stand, wurde von den Ketten zermalmt, auch die Zäune der Weide hinter unserem Wohnhaus. Auf dieser Weide bauten die Amis ihre Zelte auf, um zu quartieren. Am folgenden Tag gingen die Soldaten von Haus zu Haus und durchsuchten die Wohnungen der Dorfbewohner. Alles, was Sympathie für Nazis andeutete, war verdächtig, auch Fotoalben oder Uniformen. Meine Mutter hatte unser Album bereits verbrannt. Ich kannte den Inhalt nicht. Manchmal nahmen die Soldaten auch wertvolle persönliche Sachen mit, obwohl das verboten war.

Damals, ich war gerade mal sechs Jahre alt, sah ich zum ersten Mal in meinem Leben schwarze Menschen. Ich konnte meinen Augen kaum glauben. Sie waren genau wie wir, sprachen, lachten und bewegten sich wie wir. Der einzige Unterschied war die Hautfarbe. Ich konnte kaum abwarten, das meiner Mutter zu berichten. „Sie stammen aus Afrika", erklärte meine Mutter. Die Schwarzen bemerkten, dass sie für uns Kinder eine Besonderheit waren. Sie waren sehr nett zu uns und schnell hatten wir eine gute Beziehung zu ihnen. Zwischen ihnen und uns Kindern entstand ein lebhaftes Tauschgeschäft. Wir brachten ihnen frische Kirschen, die wir vom Bauern geklaut hatten, und die Soldaten gaben uns Kaugummi und manchmal auch Kuchen, den es bei ihnen zum Nachtisch gab. Es dauerte nicht lange, bis die Amerikaner in unser Dorf integriert waren. Ich glaube, in dieser Zeit entstand meine große Sympathie für Amerika. Leider blieben die Amerikaner nur kurze Zeit. Nach ihnen kamen die Franzosen. Von nun an wehte ein strenger Wind, denn die Franzosen hatten noch eine offene Rechnung mit den Deutschen, weil die deutsche Wehrmacht in Frankreich viel Unheil angerichtet hatte. Es war Schluss mit Kaugummi und Kuchen.

Soviel ich weiß, war mein Vater kein regulärer Soldat. Er war Maurer von Beruf und man hatte ihn an der Westfront eingesetzt. Ich glaube, sie mussten dort eine lange Abwehrmauer bauen. Später war er bei der Feuerwehr in Koblenz. Kurz nach dem Krieg war er einer von wenigen Männern, die wieder zu Hause lebten. Wir waren dankbar, dass wir eine komplette Familie waren. Einige meiner Schulkameraden hatten ihren Vater im Krieg verloren oder er war noch in Gefangenschaft. Mein Vater konnte uns in dieser schwierigen Zeit helfen. Er züchtete Kaninchen, die er dann später leider auch schlachtete. In der Winterzeit war er als Maurer arbeitslos, dann gingen wir zusammen hamstern und durchforsteten den Wald nach Brennholz. Das Abschneiden von gesunden Bäumen war verboten, darum mussten wir kranke oder dürre Bäume finden. In Sachen Bäume war mein Vater geschult, denn in seiner Jugendzeit hatte er im Wald gearbeitet. Unser kleiner Leiterwagen war manchmal so beladen, dass wir beide ihn kaum noch ziehen konnten. Besonders in der Winterzeit, wenn die Straßen mit Schnee und Eis bedeckt waren, war das Transportieren schwierig. Manchmal versorgten wir auch unsere Nachbarin mit Brennholz. Ich kann mich noch gut an ihre Butterbrote erinnern, die sie mir zum Dank gab.

5

Aber das war Vergangenheit. Ab jetzt musste ich mich für meine eigenen Taten verantworten. Was würde mein Chef über meine Ausreise sagen, wie würde er reagieren? Wir hatten schließlich einen Lehrvertrag. Ich war nervös und hatte Angst.

Schon am Tag nach meiner Rückkehr lieferte mein Vater mich wieder auf der Lehrstelle ab. Er redete noch kurz mit meinem Chef und danach war ich wieder allein der bedrückenden Situation ausgeliefert. Was hatten die beiden wohl vereinbart?, fragte ich mich.

Zu meiner Überraschung war meine Flucht kein Thema. Alle verhielten sich, als ob ich nie weggewesen wäre, nicht einer meiner Kollegen stellte mir Fragen. Immerhin hatte ich zehn Tage gefehlt. Stattdessen bekam ich mehr Rücksicht und Anerkennung. Ich nahm beides dankbar an, verlor aber ebenfalls kein Wort über die ganze Sache.

Als Bäckerlehrling hatte ich jeden Morgen die Aufgabe, mit dem Fahrrad die frisch gebackenen Brötchen zu den Kunden zu bringen. Schon um sechs Uhr in der Frühe sauste ich durch Koblenz und musste meine Stellung im Verkehr behaupten. Das schwere Eisenrad mit dem großen Korb über dem Vorderrad, vollgepackt mit verführerisch duftenden Tüten und Säckchen, ohne größere Unfälle zu manövrieren war eine tägliche Herausforderung. Mein Chef betonte immer wieder, der Kunde sei König, auch wenn ich zwei Brötchen vier Stockwerke hochtragen musste. Es war lustig, denn es waren die kleinsten Bestellungen, deren Auftraggeber oft im obersten Stock wohnten.

Die meisten Kunden lebten in Oberwerth in prächtigen Häusern auf nach Künstlern benannten Straßen: Goethe-Straße, Schiller-Straße usw. So jagte ich in Schweiß gebadet von Kunde zu Kunde, Treppe rauf, Treppe runter, damit die Herrschaften gemütlich an frischen Brötchen knabbern konnten. Trotzdem waren es meine besten Stunden, weil ich allein war und mir niemand über die Schulter schaute, mich anbrüllte oder verprügelte.

Was das Verprügeln anging, war Bruno, einer der Gesellen und der Neffe des Chefs, der Schlimmste von allen. Regelmäßig hatte er seine Wutausbrüche und gebrauchte mich als Blitzableiter. Am Freitag vor meiner Flucht hatte er mich mit einem Hieb die Kellertreppe hinunter befördert. Dort unten war die Backstube und zu meinen Pflichten gehörte es, die fertigen Brote über die enge, unebene Kellertreppe hinauf ins Geschäft zu transportieren. Es war Schwerstarbeit und ich hatte ständig Rückenschmerzen. Auf dieser engen Treppe, meine Arme beladen mit Broten, begegnete ich Bruno. Kein Platz für uns beide, einer musste weichen. Bruno hatte eine Antwort, indem er mir mit seiner flachen Hand auf die Stirn schlug und ich samt den Broten die Treppe hinunterflog. Ich dachte, ich sterbe, so sehr tat mir danach alles weh. Ich wollte Bruno nie mehr sehen, einer der Hauptgründe für meine Reise.

Während der kalten Wintermonate waren die morgendlichen Lieferungen besonders anstrengend. Zu dieser Zeit besaß ich nur ein Paar Schuhe, und die hatten auch noch Löcher in den Sohlen. Meine Füße wurden so kalt, dass ich weinend meine Runden machte. Zurück in der warmen Backstube bemerkte der Geselle: „Dann musst du halt schneller die Treppen klettern, wenn du die Brötchen lieferst." Als ich einmal eine Erkältung hatte und unter Halsschmerzen litt, hatte ich nicht den Mut, der Arbeit fernzubleiben. An diesem eisigen Morgen auf dem Fahrrad schmerzte jeder Atemzug. Hals und Lunge fühlten sich an, als ob sie verbrennen oder explodieren würden.

In meinem zweiten Lehrjahr musste ich auch nachmittags Lieferungen machen. Die Ladung mit Broten war sehr schwer, sie wog fast einen halben Zentner. Wegen der Breite und des Gewichts des Korbes war es besonders schwierig, im dichten Stadtverkehr zu fahren. Mein größter Feind waren die Straßenbahnschienen. Als ich einmal mit dem Rad in die Rille geriet, purzelte ich auf die Straße, samt Korb und Broten. Glücklicherweise konnten die Autos noch stoppen und warteten geduldig, bis ich meine Brote wieder aufgesammelt hatte. Zu meinem eigenen Schutz und zum Leidwesen des restlichen Verkehrs fuhr ich von nun an mitten auf der Straße, was einige Autofahrer in Rage brachte. Ich verursachte ein munteres Hupkonzert und war richtig stolz. Zweimal die Woche musste ich zu Kunden in Neuendorf. Wenn ich dann über die Moselbrücke fuhr, hatte ich immer eine lange Reihe nervöser Autofahrer hinter mir. Welch ein Genuss.

Einmal, es war an einem Regentag, kam ich in Neuendorf an. Als ich vom Rad abstieg und aus Versehen das Hinterrad etwas anhob, kippte das Rad durch das Übergewicht des vollen Korbes nach vorne. Mein mageres Gewicht von fünfzig Kilo war nicht genug, um den Sturz aufzuhalten. Alle Brote lagen im Dreck. In meiner Panik versuchte ich, die Brote zu reinigen. Mit wenig Erfolg. Aber es reichte aus, dass die Kunden den Dreck nicht sofort bemerkten. Noch am selben Abend kamen die Beschwerden. Für den Chef war das Ganze eine Katastrophe. Ich erklärte ihm den Vorgang. Er begriff, aber fragte, warum ich diese Brote überhaupt ausgeliefert hätte. Ich hatte keine Antwort. Trotzdem erhielt ich mehr Verantwortung und damit wuchs auch mein Interesse am Bäckerberuf. Ich lernte endlich die handwerklichen Feinheiten. Ein neuer Lehrling wurde angestellt, sodass ich nicht mehr allein die Drecksarbeiten und Lieferungen machen musste. Eine meiner Aufgaben war nun, den Lehrling anzulernen.

Jetzt hatte ich auch etwas mehr Freizeit und konnte ab und zu mal ins Kino gehen, natürlich Cowboyfilme, mit Richard Widmark oder Errol Flynn, Glenn Ford usw. Ein Kinobesuch kostete mittlerweile eine Mark. Wenn ich mal nicht genug Geld hatte, dann bat ich einen der Gesellen um Vorschuss.

In dieser Zeit standen auch Filme über Fremdenlegionäre hoch im Kurs. Anders als in den Cowboyfilmen waren die Helden Soldaten, Dschungelkämpfer. Ich sah mich schon selbst als Dschungelkämpfer. Diese Filme hatten definitiv einen zu starken Einfluss auf mich. Es war bekannt, dass es in Koblenz Rekrutierungsbüros für Fremdenlegionäre gab, und ich hatte gehört, dass sie sogar Vierzehnjährige anwarben. Man musste nur unterschreiben und brauchte nicht die Erlaubnis der Eltern. Ich glaube, es war an einem dieser Tage, als mit mir alles schief lief: Der Chef war unzufrieden mit mir und ich hatte Streit mit einem der Gesellen. In meiner Fantasie gab es an diesem Tag etwas Besseres als den Bäckerberuf, nämlich Dschungelkämpfer. Mein Freund Georg, der in einer benachbarten Bäckerei arbeitete, spielte mit dem gleichen Gedanken. Er wusste auch, wo das Büro war. Wahrscheinlich war es die Hitze in der Bäckerei, die unseren Verstand aufgeweicht hatte, aber an diesem Tag entschieden wir, Fremdenlegionäre zu werden. Wir standen vor dem Büro in der Castrostraße, überlegten und überlegten, zögerten, nur noch zehn Schritte und wir wären Dschungelkämpfer, das Ende der langweiligen Lehrlingstage. Aber in diesem Moment dachte ich an meine Mutter. So wie mein Vater es mit seiner Verantwortung vor Gott sah, um mich damit zu beeinflussen, hatte meine Mutter ihre eigene Waffe, es war ihr Herz. Ich wusste, dass sie in ärztlicher Behandlung war, sie hatte mir immer gedroht, dass meine verwegenen Aktionen bei ihr eines Tages einen Herzschlag verursachen würden. Jetzt stand ich vor dem Büro und sah meine Mutter im Sterben liegen. Klar, es war ein beschissener Tag gewesen, aber das Leben meiner Mutter war mir wichtiger. Wir blieben also Bäcker.

Im Sommer spielte ich Fußball mit Freunden auf der Rheinwiese. Wir spielten barfuß, und bei einem Zusammenprall mit dem Gegner verstauchte ich mir den Fuß. Er wurde so dick, dass kein Schuh mehr passte. Trotzdem gab es kein Krankfeiern deswegen. So humpelte ich mit aufgeschnittenem Schuh und großen Schmerzen durch die Bäckerei, aber auch das ging vorbei.

Das dritte Lehrjahr kam schneller als erwartet. Jetzt bekam ich ganze acht Mark die Woche und erlaubte mir sogar zwei Kinobesuche und ab und zu eine kleine Tüte geröstete Erdnüsse in der Schale. Sie waren ganz neu auf dem Markt. Man konnte sie knacken und essen, während man spazieren ging, und es machte mir Spaß, die Schalen durch die Gegend zu werfen. Ich hatte eine klare Vision für meine Zukunft:

Ich wollte die Lehre zu Ende machen, dann die Gesellenprüfung und danach auswandern in die USA.

Das Essen in der Bäckerei war gut und reichlich, und dementsprechend entwickelte ich mich körperlich sehr gut. Mit meinen sechzehn Jahren wog ich jetzt ganze sechzig Kilo. Ich wollte so stark sein wie meine Helden in den Büchern und Filmen. So wie Karl Mays Old Shatterhand, als er in einer Grube arbeitete, war ich der Überzeugung, dass viel Arbeit stark mache, der Grund für seine Schmetterfaust. Das wollte ich auch und suchte mir die schwierigsten Arbeiten aus. Ich freute mich zu sehen, wie meine Muskeln wuchsen. 100 Kilo wog ein Mehlsack. Sie mussten vom Hof, wo der Lieferant sie ablud, eine enge, steile Treppe hinaufgetragen werden in die Mehlkammer. Meine Knie zitterten, wenn ich den Sack der Länge nach über meinen Rücken legte und nach oben in die Kammer schleppte. Meine sechzig Kilo gegen einen 100-Kilo-Mehlsack, und dann noch die schwierige Treppe. Am Anfang zog mich das Gewicht mehrere Male die Treppe wieder hinunter. Aber ich gab nicht auf, bis ich die korrekte Gewichtsverteilung hatte und fast auf meinen Knien die Treppe hinaufkroch. Rückenschmerzen folgten, aber sie wurden ignoriert, denn sie passten nicht in mein Selbstbild.

Ich fing an zu rauchen, genauso wie meine Helden in den Filmen. Mir war es egal, ob meine Eltern damit einverstanden waren oder nicht, ich fühlte mich unabhängig und dieses Gefühl beeinflusste unsere Beziehung. Wenn ich am Wochenende nach Hause kam, war ich nicht mehr das Kind, sondern ich fühlte mich erwachsen und selbstständig. Mein Vater hatte ein Problem mit meiner neuen Einstellung. Nachdem ich ihm eine freche Antwort gegeben hatte, griff er zum

Gürtel. Mit geballter Faust stellte ich mich vor ihn, sah ihm in die Augen und drohte: „Wenn du mich schlägst, schlage ich zurück." Er war schockiert und sprachlos. In diesem Moment las ich in seinem Gesicht die Erkenntnis, dass sich in unserer Beziehung etwas fundamental geändert hatte. Er akzeptierte es. Ich war davon überzeugt, dass meine Eltern mich liebten und glaubten, ihre Erziehungsmethoden wären das Beste für mich. Auch ich und meine Schwester Gertrud liebten unsere Eltern. Man konnte die Liebe fühlen.

Leider hatte ich meiner kleinen Schwester Gertrud kein gutes Erbe hinterlassen. Die Einheimischen erinnerten sich immer noch an meine Eskapaden und Gertrud musste oft darunter leiden. Sie war damals zehn Jahre alt.

1956 waren meine Lehrjahre vorüber und ich machte mit sechzehn Jahren meine Gesellenprüfung. Mein Lehrmeister schrieb mir ein gutes Abgangszeugnis und gab mir Ratschläge mit auf den Weg. Jetzt war ich gerüstet für die große Welt und neue Abenteuer.

Frankfurt war mein Ziel. Die Stadt übte eine große Anziehungskraft auf mich aus, sie war bunt und aufregend und außerdem war dort das amerikanische Konsulat. Zu meiner Freude hatten meine Eltern keine Einwände gegen meinen Plan, nach Amerika auszuwandern, und meine Mutter versprach, mit ihrer Schwester in den USA zu reden. Meine Tante Agnes lebte in Philadelphia, und ich pflegte bereits einen eifrigen Briefverkehr mit ihr. Sie und ihr Mann, ein gebürtiger Bayer, hatten keine Kinder. Vielleicht würden sie meine Sponsoren sein. Für den Notfall hatte ich noch eine zweite Tante in Seattle, aber sie war nicht verheiratet und meine Eltern dachten, dass ich bei ihr weniger Halt hätte. Jedenfalls war ich sicher, dass eine der beiden Tanten meinen Traum erfüllen würde. Onkel Alois, der Bayer, war auch Bäcker von Beruf und hatte erwähnt, dass man in den USA in diesem Beruf immer Arbeit finden könnte. Jetzt war ich froh, dass ich dieses Handwerk gelernt hatte. Doch bis es soweit war, blieb mir Frankfurt.

In der Ausgabe einer monatlichen Bäckerzeitung fand ich eine Stellenanzeige für Jügesheim bei Offenbach. Ich war glücklich, als der Bäcker meine Bewerbung annahm. Leider kam ich nicht näher an Frankfurt heran. Aber für den Einstieg ins Berufsleben war es gut, denn so konnte ich zumindest an meinen freien Wochenenden nach Frankfurt fahren.

Jügesheim war ein Städtchen mit ungefähr 10.000 Einwohnern. Ich hatte das Gefühl, in einer anderen Welt gelandet zu sein, denn das Plattdeutsch verstand ich kaum. Die Bäckerei war ein alter Familienbetrieb, Meister, zwei Söhne – und dann kam ich. Das Grundstück machte den Eindruck, als ob es mal ein Bauernhof gewesen war, mit Backstube, Laden, Wohnhaus, angrenzender Scheune, daneben ein Toilettenhäuschen, davor ein großer Hof mit Pflastersteinen. Das alles war umgeben von einer hohen Mauer und einem großen eisernen Tor. Mein Schlafzimmer war direkt über dem Toilettenhäuschen.

Von Anfang an fühlte ich mich unwohl, denn nicht nur musste ich den ganzen Tag die niedrigsten Arbeiten machen, die normalerweise ein Lehrling erledigte, mein Arbeitstag dauerte auch von vier Uhr morgens bis drei Uhr am Nachmittag. Außerdem musste ich mit der gesamten Familie an einem Tisch essen. Sie taten so, als ob ich gar nicht vorhanden wäre. Es war ein Alptraum. Zum Glück gab es zwei Wochen Probezeit. Auf keinen Fall würde ich dort bleiben.

„Du bist doch noch viel zu jung, um so eine Entscheidung zu treffen", lautete die Reaktion meines Chefs, als ich ihm die Kündigung gab. „Ich nehme die Kündigung nicht an", versuchte er mich zu beeinflussen. „Ich weiß, was am besten für dich ist." Ich protestierte, aber er hörte mir nicht zu. „Hier in meiner Bäckerei ist der beste Platz für dich, und außerdem, wo willst du hin?"

Ich war geschockt und konnte seine Ablehnung kaum glauben. Noch am gleichen Abend packte ich meine zwei Koffer, verließ mein Zimmer und ging zum Tor. Es war abgeschlossen. Hinter mir ertönte die Stimme meines Chefs. „Ich hatte es mir schon gedacht", sagte er in einem triumphierenden Ton und begleitete mich zurück zu meinem Zimmer. Hier musste ich meine Koffer auspacken. „Die behalte ich mal", lachte er und nahm die Koffer mit. Ich war im Gefängnis.

Die ganze Nacht war ich wach, grübelte und plante meine Flucht. Keine Koffer für meine Kleidung und kaum noch Geld. Es war mir egal, ich war entschlossen, ich musste sofort hier weg. Ich dachte an meine Bücher-Helden. Wie würden sie mit dieser Situation umgehen? Bevor der Morgen kam, hatte ich einen Plan, ich würde diese Sippe überlisten. Statt der Koffer nahm ich zwei leere Hefekartons, die auf dem Hof lagen, füllte sie mit meinem Hab und Gut und versteckte sie griffbereit hinter der Tür meines Schlafzimmers. Es war ein Mittwoch, der Tag, an dem das Mehl geliefert wurde. Dafür musste das Hoftor geöffnet werden. Das war meine Chance, meine Rettung.

Wie gewöhnlich entfaltete sich eine lebhafte Unterhaltung zwischen den Lieferanten und den Bäckern, während die Säcke in der Bäckerei gestapelt wurden. Ich gab an, ich müsse auf die Toilette, lief zu meinem Zimmer, nahm die zwei Kartons, sprang die Treppe hinunter und rannte über den Hof durch das große Tor hinaus in die Freiheit. Erst jetzt wurde mir klar, dass ich noch meine Bäckerklamotten trug, sogar die schmutzige Schürze hatte ich noch an. Es war mir egal. Ich hatte gerade noch genügend Geld, um mit dem Zug nach Frankfurt zu fahren.

Frankfurt Hauptbahnhof. Ich war überwältigt, ein siebzehnjähriger Knirps inmitten eines Strudels von fremden Menschen. Immerhin war ich jetzt in der Stadt, in die ich schon immer gewollt hatte. Doch das komische Gefühl im Magen blieb. Was sollte ich nun tun? Alles, was ich zu bieten hatte, waren zwei gebrechliche Kartons, vollgestopft mit Klamotten, aber kein Geld. Zum Glück sah ich ein Büro vom Roten Kreuz in einer Bahnhofsecke. Ich hatte gehört, dass sie Menschen in Not halfen. Und ich brauchte eindeutig Hilfe. Nachdem ich ihnen mein Leid erzählt hatte, gaben sie mir ein Straßenbahnticket, sodass ich mit der Bahn zu einem Jugendheim am Rand von Frankfurt fahren konnte. Das Heim war eine große Kaserne, in den Zimmern befanden sich lange Reihen mit übereinander gestellten Doppelbetten. Im Büro musste ich einen Fragebogen ausfüllen und danach hatte ich ein Gespräch mit dem Direktor des Heims. Viel Platz hätten sie nicht mehr, sagte er, aber sie würden mir vorübergehend eine Unterkunft geben. Ich müsse mich aber bemühen, eine Arbeitsstelle und eine andere Unterkunft zu finden. Er könne mir ein Bett und zwei Mahlzeiten am Tag anbieten, als Gegenleistung müsste ich mich wie alle anderen an der Straßenreinigung in Frankfurt beteiligen.

In der gemeinsamen Aufenthaltshalle war ein buntes Gemisch von Dialekten zu hören. Schnell hatte ich Kontakt mit einem Berliner, der nicht aufhörte, mir seine Geschichten zu erzählen. Sein Name war Horst. Er war Ostflüchtling und schon vier Wochen im Heim. Sein Vater war im Krieg gefallen, und die Mutter hatte wieder geheiratet. Er hasste seinen Stiefvater. Alles sei scheiße, klagte er, darum sei er abgehauen.

Abends um sechs gab es Essen in einer großen Halle mit langen Tischen und Bänken. In meiner Aufregung hatte ich meinen Hunger vergessen, aber als ich das Essen sah, langte ich tüchtig zu. Es gab Kartoffelpüree, Erbsen und zwei Bratwürste. Zum Trinken gab es Kaffee und Milch. Nach der Abendmahlzeit konnten wir in einem gemeinsamen Waschraum duschen und um zweiundzwanzig Uhr wurden alle Lichter gelöscht.

Die Dunkelheit war für Horst kein Hindernis, er berichtete mir weiter mit Begeisterung von seinen Erlebnissen. In Berlin sei das Leben sehr schwierig, hauptsächlich weil man keine Freiheiten hatte wegen der Stasi und der russischen Besatzung, lautete sein Urteil. Bis spät in die Nacht erzählte er mir von seinen Streichen, und ich war ein fleißiger Zuhörer, denn ich brauchte einen Freund. Erst als einige Nachbarn sich wegen des Lärms beschwerten, war unser Gespräch zu Ende. Aber ich konnte noch nicht schlafen, zu viel war am Tag passiert, erst meine Flucht, und nun war ich in diesem Heim mit wenigstens hundert anderen jungen Männern.

Die Streiche von Horst waren keine Streiche mehr, sondern schon kriminell. Das musste ich erst mal verdauen. Schwule hätten sie bedroht und dann ausgeraubt. Er selbst sei Opfer eines Schwulen gewesen und als Kind vergewaltigt worden. Auch ich hatte schon einige Witze über Schwule gehört, aber ich kannte keine Schwulen. Man nannte sie Hundertfünfundsiebziger, gemäß dem Paragrafen 175. Nur einmal, als ich im Kino war, setzte sich ein junger Mann neben mich und legte seine Hand auf mein Knie. Ich fragte ihn mit lauter Stimme, was denn mit ihm los sei. Er stand sofort auf und setzte sich woanders hin.

Am nächsten Morgen um Punkt vier wurden wir von einer lauten Stimme aus dem Schlaf gerissen. „Auf und an die Arbeit!" Nachdem wir uns angezogen hatten, wurden ungefähr zwanzig von uns auf einen LKW geladen und dann ging es Richtung Innenstadt. Hier wurden wir in Paaren an Straßenecken ausgeladen, bewaffnet mit Besen und Schaufel. Horst war mein Partner. Er zeigte mir die Feinheiten des Straßenfegens. Auf jeden Fall nicht zu schnell arbeiten, das war seine Devise. Zuerst musste ich meinen Stolz überwinden, denn öffentliches Straßenfegen stand nicht sehr hoch auf meiner Werteskala. Einige Stunden später war die Arbeit vorbei und wir wurden wieder aufgesammelt und zurück zum Heim gebracht. Nachdem wir uns etwas gewaschen hatten, bekamen wir endlich Frühstück, bestehend aus Mischbrot, Brötchen, Käse und Wurst, dazu Kaffee und Milch. Wir hatten es verdient. Den restlichen Tag verbrachten wir mit Kartenspielen und Fußball auf dem Bolzplatz hinter dem Heim.

Manfred und Thorsten waren die Kumpels von Horst, und jetzt gehörte auch ich dazu. Sie waren ebenfalls Ostflüchtlinge. Beide waren kräftiger gebaut als ich. Ich hatte das Gefühl, als ob ich in einer Familie aufgenommen worden wäre, vier gegen die Welt.

„Heute Abend lassen wir es mal wieder krachen", verkündete Horst. Um achtzehn Uhr fuhren wir zum Frankfurter Bahnhof. Der Plan war einfach: Horst würde der Lockvogel sein und wir sollten ihn nie aus den Augen verlieren. So paradierte er mit einem Lächeln im Bahnhof herum und versuchte, mit Männern, die seiner Meinung nach schwul aussahen, Augenkontakt herzustellen. Es dauerte nicht lange und schon war er im Gespräch mit einem Kandidaten. Es war ein älterer Mann, vielleicht fünfzig Jahre alt, nicht groß oder kräftig. Wie geplant folgten wir Horst und seinem Opfer in eine abgelegene Gasse. Dort brüllten wir den Mann an, beschimpften ihn und drohten ihm mit Polizei und Schlägen. Schließlich verlangten wir sein Portemonnaie. Der Mann zitterte, man konnte die Angst in seinen Augen sehen. Er hatte gar keine andere Wahl, immerhin war Homosexualität damals strafbar, und Prügel wollte er auch nicht. Er gab uns seine Geldbörse. Wir lachten ihn aus und machten uns auf den Weg. Für uns war es ein erfolgreicher Abend. Ganze achtzig Mark waren unsere Beute, für jeden zwanzig. Wir gingen zurück in die Baracke und feierten mit ein paar Flaschen Bier. Dies wurde nun unsere tägliche Routine, morgens Straßen fegen und abends im Bahnhof fegen. So formulierte es jedenfalls Horst. Trotzdem, ich konnte die ängstlichen Gesichter unserer Opfer nicht aus meinem Kopf wischen. Sie erinnerten mich an meine Ängste. Wie konnte ich nur so rücksichtslos sein? Außerdem war mir klar, dass es irgendwann mal schiefgehen und ich im Gefängnis landen könnte.

Ich hatte ein unangenehmes Gefühl, als Horst uns vorschlug, mit ihm zu einem Privatclub zu gehen. Er habe einen reichen Mann kennengelernt, und der habe uns alle eingeladen. Es sei ein respektabler Club und wir könnten dort gut verdienen. Der Club befand sich in einer Nebenstraße nicht weit vom Bahnhof. Laute Musik und eine dicke Rauchwolke kamen uns entgegen, als wir die mit Leder gepolsterte Tür öffneten.

Als sich meine Augen an den Rauch gewöhnt hatten, fiel mir auf, dass in diesem Club nur Männer waren, manche etwas komisch angezogen, aber keine Frauen. Mein Misstrauen wurde bestätigt, als Horst uns seinen Bekannten vorstellte. Es war ein Schwulenclub. „Ihr braucht nur mit einem dieser Typen für zehn Minuten rauf auf ein Zimmer zu gehen und schon habt ihr zwanzig Mark verdient, so leichtes, schnelles Geld könnt ihr nirgendwo verdienen", sagte Horst. In den Gesichtern von Thorsten und Manfred sah ich Skepsis, aber es kam kein Widerspruch, Horst war ihr Anführer. Vergeblich versuchte ich, sie zu überreden, mit mir den Club zu verlassen. Ich fuhr allein zurück zur Baracke.

Für mich waren sie keine Kumpel mehr und ich wollte sie nie mehr sehen. Zum zweiten Mal packte ich meine Kartons und verließ die Herberge. Um diese Zeit war das Verwaltungsbüro geschlossen, deshalb konnte ich mich nicht abmelden. Von unserer Beute hatte ich 120 Mark gespart. Das würde für ein paar Tage reichen. In der Zwischenzeit würde ich mich um einen Bäckerjob bemühen.

In der Nähe des Bahnhofs fand ich ein billiges Hotel. Zwei Tage später las ich in der Zeitung eine Annonce für einen Bäckerjob in Frankfurt-Sossenheim, mit Kost und Logis. Ich hatte sofort ein gutes Gefühl, als ich mich dem Inhaber vorstellte. Er und seine Frau waren Flüchtlinge aus Schlesien und erst seit zwei Monaten im Geschäft. Fünfunddreißig Mark die Woche könne er mir zahlen und die Kost sei sehr gut, versprach er mir. Wir waren ein Drei-Personen-Betrieb, seine Frau arbeitete im Laden.

In kurzer Zeit entwickelten wir eine sehr gute Beziehung, die Arbeit machte mir Spaß. Mein Chef kannte die schlesische Backart und ich die rheinische, beides zusammen brachte dem Geschäft Erfolg. Ich wusste nicht, dass man so viele Backwaren mit Mohn machen konnte. Zum ersten Mal wurde ich anerkannt und konnte aktiv an einem Geschäftserfolg teilhaben. An meinen freien Sonntagen fuhr ich in die Innenstadt von Frankfurt und sah mir Filme an. Doch auch der Trubel der Stadt lockte mich, hier fühlte ich mich mitten im Abenteuer, hier konnte ich träumen.

Meinen Eltern hatte ich nichts von meinen unangenehmen Erlebnissen erzählt. Sie hatten sich Sorgen gemacht und waren froh, endlich von mir zu hören.

8

Ich träumte weiter von Amerika. In der Zwischenzeit hatte ich schon einige Briefe an meine Tante Agnes in Philadelphia und an meine Tante Anneliese in Seattle geschrieben, in denen ich den Wunsch äußerte, dass ich gerne in die USA auswandern würde. Obwohl meine Eltern mich unterstützten, waren sie von meinen Ausreiseplänen nicht begeistert. Sie hatten Angst, ihren Sohn zu verlieren, wenn ich so weit weg war, auch wenn wir dort Verwandte hatten. Aber sie kannten mich und hatten mein Ausreißen als Vierzehnjähriger noch gut in Erinnerung. Ich war jetzt siebzehn Jahre alt, hatte einen Beruf erlernt und bewiesen, dass ich auf eigenen Füßen stehen konnte. Sie stimmten meinem Wunsch zu. Ich ging zum amerikanischen Konsulat und beantragte ein Einreisevisum. Wie lange es dauern würde, konnten sie mir nicht sagen, vielleicht ein Jahr, wenn alles gut lief.

Die Hoffnung, bald nach Amerika zu kommen, gab mir frischen Lebensmut. Vor mir lag das Land meiner Träume, das Land meiner Bücher- und Film-Helden. Es sollte ein großes Abenteuer werden. Ich wollte ein wichtiger Geschäftsmann sein und viele Dollar verdienen. Alle meine Fantasien würden sich verwirklichen. Aber wie schon oft in meinem Leben musste ich Geduld haben. Und ich lernte: Je mehr man etwas herbeisehnt, desto länger dauert es. Bisher war mein Leben immer mit Angst verbunden gewesen. Der Krieg, die Flugzeuge und die Flucht vor den Bomben, danach die Schule und die Prügel der Lehrer. Letztendlich auch die Angst, wenn ich mich zu Hause für die Prügel in der Schule rechtfertigen musste, und dann manchmal noch eine zusätzliche Tracht

Prügel bekam. Danach kamen die drei Lehrjahre, in denen man nicht zimperlich mit mir umging. Die erste Gesellenstelle in Jügesheim war ein Alptraum gewesen. Konnte ich überhaupt ohne Angst leben? Konnte ich. Denn jetzt, mit dem Einreisevisum vor Augen und meinem Ziel so nah, hatte ich ein überwältigendes Gefühl von Hoffnung, es war kein Platz für Angst.

Bevor ich in die USA auswanderte, wollte ich aber noch Köln erleben. Ich hatte die Stadt noch in Erinnerung von meiner Flucht mit dem Fahrrad. Mit schwerem Herzen informierte ich meinen Chef über mein Vorhaben. Ein Jahr lang hatten wir zusammengearbeitet. Immerhin hatten sie mich aus der Not gerettet und waren fast wie meine eigene Familie gewesen. Natürlich würde ich warten, bis sie einen neuen Bäcker gefunden und angelernt hatten.

In der Bäcker-Zeitung fand ich eine Stelle in Köln-Kalk. Einen Monat später, nachdem mein Chef einen Ersatz für mich eingestellt hatte, nahm ich den Job an. Es war ein kleiner Betrieb, nur der Meister und ich. Mein Lohn betrug vierzig Mark pro Woche und ich hatte Kost und Logis frei. Die Spezialität der Bäckerei war Pumpernickel. Die Kölner Mentalität gefiel mir, die Leute waren locker und lebenslustig und ich hatte sofort einen guten Draht zu meinem Chef und seiner Familie.

Mein Zimmer war im Erdgeschoss, direkt neben der Bäckerei. Im selben Haus wohnte oben Familie Gomez. Tochter Helga ging zur Universität und war achtzehn Jahre alt. Fast täglich, wenn sie aus der Uni kam, stattete sie uns eine kurze Visite in der Bäckerei ab. Das Mädel gefiel mir, immer mehr, ich träumte von ihr, sie war in meinem Kopf, Tag und Nacht. Ich war siebzehn Jahre alt und hatte noch nie eine Freundin geschweige denn ein sexuelles Erlebnis gehabt. Ich konnte mich noch gut an meine ehemaligen Kollegen in Koblenz erinnern, wie sie von ihren sexuellen Eroberungen schwärmten. Ich begann an mir zu zweifeln, vielleicht stimmte etwas nicht mit mir. Ich dachte an unseren alten Pastor, wie er auf uns eingeredet und gepredigt hatte: „Unkeuschheit ist eine Todsünde." Meine Eltern hatten mich nie über Sex aufgeklärt. Doch jetzt war ich in Helga verliebt. Klar, sie hatte Abitur und lebte in einer anderen Welt. Aber ich konnte nicht anders, ich musste den Mut fassen und sie fragen, ob sie sich mit mir verabreden würde. Ich hatte mich schon auf eine Absage eingestellt. Umso glücklicher war ich, als sie zustimmte.

Die folgenden Tage und Wochen waren die schönsten, die ich bis jetzt erlebt hatte. Wir machten Spaziergänge, erst Hand in Hand, dann eng umschlungen, schließlich der erste Kuss. Ich war berauscht. Es dauerte ungefähr einen Monat, bis ich Helga überredet hatte, oder vielleicht sie mich, mit auf mein Zimmer zu kommen. Wir waren so verliebt. Wir nutzten jede Gelegenheit, um uns in meinem Zimmer zu sehen. Ich hatte nicht gewusst, dass das Leben so schön sein konnte.

Köln-Kalk wurde zu meinem Lieblingsviertel, alles war toll, die Menschen, der Dialekt, das Kölner Bier, die Buden mit ihren Reibekuchen, drei Stück mit Apfelmus für eine Mark. Ich hatte sogar ein Stammlokal, das ich regelmäßig besuchte. Ein Würfelspiel mit einem Lederbecher hatte uns in seinem Bann. Der Verlierer musste die nächste Runde zahlen. Ich kann mich noch gut an das dumpfe, wohlklingende Geräusch erinnern, wenn die Würfel im Lederbecher herumtanzten. An den Wochenenden gingen Helga und ich meistens ins Kino, ausgestattet mit einem Stück Fleisch, Blutwurst und Brötchen. Mein Gehalt reichte kaum, um über die Runden zu kommen, und am Ende der Woche war ich immer blank.

Es war wie eine kalte Dusche, als ich die Anweisung vom Konsulat in Frankfurt bekam, ein Gesundheitszeugnis zu bringen. Damit stand meiner Auswanderung nicht mehr viel im Weg. Doch wie würde Helga reagieren? Was würde aus unserer Beziehung? Als ich ihr davon erzählte, waren wir beide in Tränen aufgelöst. Aber ich überzeugte sie davon, dass ich diese einmalige Chance nutzen müsse und dass ich sie so bald wie möglich nachkommen lassen würde. Den letzten Abend verbrachten wir mit Tränen und einem Eid auf ewige Treue.

9

Mein Gesundheitszeugnis war gut, ich brauchte nur noch ein paar Impfungen. Nach der ärztlichen Behandlung fuhr ich nach Frankfurt, um mein Visum vom amerikanischen Konsulat abzuholen. Anschließend fuhr ich zu meinen Eltern nach Koblenz und wir verbrachten einige Tage miteinander. Ich meldete mich in der Kreishauptstadt Vallendar ab. Wir buchten meine Überfahrt bei dem englischen Anbieter Lloyd, die Schiffsreise sollte von Bremerhaven nach New York gehen. Tante Agnes hatte mir das Geld dafür vorgestreckt, ich sollte es dann später, wenn ich Arbeit in den USA gefunden hatte, abzahlen.

Ich habe immer noch das Bild im Kopf, wie meine Eltern auf der Hinterdorfstraße vor unserem Haus standen, in Tränen aufgelöst, und mir nachwinkten, als ich mit meinen zwei Koffern zum Bus ging. Ich hatte ihnen versprochen, dass ich spätestens in zwei Jahren wieder zurückkommen würde, aber natürlich war das eine lange Zeit. Doch meine Sehnsucht nach dem Land meiner Freiheitsträume war größer als meine Traurigkeit. Und trotz allem waren meine Eltern stolz, denn in Arzheim war es ein Ereignis, wenn jemand in die USA auswanderte. Die Einheimischen hatten vielleicht ihre Häuser und Gärten, aber eine Ausreise nach Amerika konnten sie ihren Kindern nicht bieten. Ich nahm mir vor, meine Eltern nicht zu enttäuschen.

Von Koblenz fuhr ich mit dem Zug nach Bremerhaven. Im Hafen angekommen, war ich überrascht. Noch nie hatte ich ein so großes Schiff gesehen, es hieß „Berlin" und war ausgestattet mit unzähligen Kabinen und sehr viel Komfort. Ich teilte meine Kabine mit einem Sechsundzwanzigjährigen, der die Fahrt schon mehrmals gemacht hatte. Sein Vater hatte eine Firma in Köln und er war auf Geschäftsreise. „Was will denn so ein junger Mann wie du in Amerika?", fragte er mich. Ich fand die Frage nicht lustig.

Als wir den Hafen verließen und Bremerhaven immer kleiner wurde, bis es schließlich ganz verschwand, wurde ich doch etwas wehmütig. Adieu Deutschland, auf ins Ungewisse. Hatte ich so viel Glück überhaupt verdient? Das erste Mal in meinem Leben fühlte ich mich bevorzugt. War ich ein Auserwählter? Aber schon am folgenden Tag, als wir auf hoher See waren mit einem blauen, unendlichen Horizont vor uns, hinter dem eine neue Welt auf mich wartete, kam meine Abenteuerlust zurück. Ich konnte es kaum abwarten, bis wir endlich in New York sein würden. Ich war entschlossen, meine Chance zu nutzen, und würde arbeiten bis zum Umfallen, dabei jeden Pfennig sparen, ich wollte schließlich reich werden.

Die Verpflegung und die Bedienung auf dem Schiff waren hervorragend. Beim Abendessen saßen wir zu sechst an einem runden Tisch, zwei ältere Paare, die auf einer Urlaubsreise waren, ein Geschäftsmann und ein achtzehnjähriger Abenteurer aus Arzheim. An diesem Tisch fühlte ich mich etwas verloren. Daher schloss ich Freundschaften mit gleichaltrigen Reisegenossen. Tagsüber vergnügten wir uns mit Tischtennis, spielten Karten oder schwammen im Pool. Wir tauschten unsere zukünftigen Adressen aus, auch wenn sie in ganz USA verstreut waren.

Ich hatte schon mal etwas von der Seekrankheit gehört, wusste aber nicht, dass sie so heftig sein konnte. Am dritten Tag hatten wir raue See und ich wurde von unbeschreiblicher Übelkeit überfallen. Ich dachte, ich würde sterben. Es dauerte drei Tage, bis ich mich etwas besser fühlte. Die frische Seeluft war mein Retter, sie wirkte wie Medizin, als ich sie tief einatmete. Jetzt waren meine Gesundheit und Abenteuerlust wiederhergestellt. Am siebten Tag wurde über einen Lautsprecher bekannt gegeben, dass die Freiheitsstatue bald in Sicht kommen würde. Ich konnte sie kaum wahrnehmen, ich war wie in Trance vor Glück. Sie erschien mir wie eine Göttin. Ich hatte schon einiges über sie gelesen, dass sie ein Symbol für Freiheit und Gerechtigkeit sei. Direkt hinter ihr lag die Skyline von New York, sie hatte ich bisher nur im Kino gesehen.

Bevor wir im Hafen andockten, kamen zwei Beamte vom Immigrationsbüro an Bord und prüften meine Einwanderungspapiere und mein Gesundheitszeugnis. Ich hatte Angst. Hätte ich Englisch gekonnt, wäre alles leichter, dachte ich. Dann präsentierten sie mir ein Dokument, das mich zum Militär verpflichtete, wenn man mich benachrichtigte. Ein Passagier, den ich kannte, übersetzte mir das Formular. Ich unterschrieb es ohne Zögern, denn die GIs gehörten zu meinen Helden. So war es zumindest in den Filmen gewesen. Aber auch die GIs nach dem Krieg in Arzheim waren mir in guter Erinnerung geblieben. Außerdem hätte ich in diesem Moment alles unterschrieben, um einreisen zu können.

Nach dem Besuch der Beamten durfte ich das Schiff verlassen und kam ohne weitere bürokratische Hindernisse durch den Zoll. Tante Agnes aus Philadelphia wartete schon zusammen mit einer Freundin am Ausgang. Wir kannten uns nur von Fotos, aber sie sah mich sofort. Die beiden umarmten mich und sagten mir ein herzliches Willkommen. Ich fühlte sofort ihre Zuneigung und Wärme. Wir nahmen ein Taxi zur Grand Central Station und fuhren von dort mit dem Zug nach Philadelphia. Während der Fahrt erzählte ich von meiner Schiffsreise und sie berichteten von Philadelphia und meinem neuen Zuhause.

10

Mein neues Heim war ein Reihenhaus an einer ruhigen Straße. Die meisten Nachbarn waren deutscher Abstammung, einige waren Flüchtlinge aus Ungarn, sagte meine Tante. Dort hatte 1956 ein Aufstand stattgefunden. Wir kamen abends um sieben Uhr an. Mein Onkel lag schon im Bett, und er blieb auch dort. Meine Tante hatte ein Zimmer für mich vorbereitet. Erst am folgenden Abend, als mein Onkel von der Arbeit kam, begrüßte er mich, zu meiner Überraschung sehr zurückhaltend. Ich wusste schon aus den Briefen meiner Tante, dass er nicht für den Zuwachs in der Familie war, aber meine Tante versicherte mir, dass er ein typischer Bayer sei und etwas Zeit brauche. Doch er habe ein gutes Herz. Obwohl er von Beruf Bäcker war, arbeitete mein Onkel jetzt als Mechaniker in einer großen Elektrofirma. Meine Tante arbeitete ehrenamtlich für die katholische Gemeinde. Schon am nächsten Tag bestätigte sich die Voraussage meiner Tante: Onkel Alois war freundlich und rasch wurde ich ein richtiges Familienmitglied.

Die Ankunft in dem Land meiner Träume zeigte bald schon Auswirkungen auf mein Befinden. Meine alten Ängste waren wie weggewischt, ich fühlte mich befreit, selbstsicherer, weniger scheu, sogar kommunikativ. Die Amerikaner waren lockerer und nicht so kritisch wie die Deutschen. Aber mir fehlte Helga. Wir hatten zwar einen eifrigen Briefwechsel, aber damit waren wir nicht zufrieden.

In der Nähe gab es ein Kolpinghaus. Hier trafen sich viele junge Männer für kulturelle Veranstaltungen und sprachen die Heimatsprache Deutsch. Fußball stand hoch im Kurs und das Erste, was man dort von mir wissen wollte, war, wie gut meine Fußballkenntnisse waren. Die Männer im Kolpinghaus waren ganz nach meinem Geschmack mit ihrer Lust auf Fußball. Und schon wurde ich eingeladen zum nächsten Training.

Doch für mich fing jetzt der Ernst des Lebens an. Meine ersten Aufgaben waren, einen Job zu finden und Englisch zu lernen. Dass ich mit achtzehn Jahren schon eine Berufsausbildung hatte, wurde in den USA skeptisch gesehen, denn in dem Alter war man hier noch auf der Highschool. Meine fehlenden Sprachkenntnisse waren natürlich auch ein Handikap. Durch eine Bekanntschaft im Kolpinghaus bekam ich eine Stelle in einer Bäckerei mit deutschem Eigentümer. Es war ein kleiner Betrieb mit zwei weiteren Bäckern und zwei Verkäuferinnen. Mein neuer Chef konfrontierte mich sofort mit den Gesetzen der Marktwirtschaft. Egal welche Nationalität: Wenn man kein Englisch sprechen konnte, durfte man auch keine hohen Ansprüche haben. Also gab es weniger Lohn. Obwohl Herr Weihbrecht, der Besitzer, Deutsch sprach und es kein Hindernis in unserer Kommunikation gegeben hätte, galt die Regel auch für mich. Schnell wurde mir klar: Das ist das Schicksal eines Einwanderers. So bekam ich statt der normalen sechzig Dollar Wochenlohn nur dreißig. Aber ich war nicht enttäuscht, denn ich hatte einen Anfang und dreißig Dollar waren immerhin 120 Mark. Das war immer noch dreimal so viel, wie ich in Deutschland verdient hätte.

Ich war entschlossen, so schnell wie möglich Englisch zu lernen. In der Bäckerei hatte ich mich rasch eingearbeitet und freute mich auf meine erste Lohntüte. Diese überreichte ich mit Stolz meiner Tante, um für meinen Unterhalt zu zahlen. Sie würde ein Konto für mich eröffnen, war ihre Reaktion. Ich dachte, dass nach Abzug aller Kosten nicht mehr viel übrig bleiben würde. Damit irrte ich mich allerdings gewaltig.

Neunzig Minuten dauerte meine Busfahrt zum Arbeitsplatz in Langscheide, ein Suburbia-Städtchen außerhalb von Philadelphia. Ich musste um zwei Uhr nachts aufstehen, damit ich um vier Uhr auf der Arbeit war, und das sechsmal in der Woche. Die lange Fahrzeit kam mir gelegen, denn ich nutzte sie, um Englisch zu lernen. Es waren drei fruchtbare Stunden jeden Tag. Während die anderen Passagiere in der Zeitung lasen, lernte ich Vokabeln. Es fiel mir auf, dass die meisten Männer in der Zeitung zuerst den Comic anschauten, danach kam der Sportteil und erst am Ende die Politik. Nach ein paar Monaten machte auch ich meinen ersten Leseversuch mit dem Sportblatt des „Philadelphia Inquirer", denn ein Sportfan war ich schon immer gewesen. Ich war besonders interessiert an den Baseball-Tabellen und -Statistiken, alles Nummern, von denen ich keine Ahnung hatte. Es war ein komplizierter Sport, der meine Neugier weckte. Wenn ich Zeit hatte, schaute ich die Spiele im Fernsehen an und lernte alles darüber. Nebenbei half mir das auch bei meinen Englischkenntnissen.

An den Sonntagen spielte ich Fußball für den deutschen Kolping-Verein. Ich hatte mich rasch in der Mannschaft etabliert und war emsig mit dabei. Wir spielten in einer Liga mit anderen Immigranten-Clubs, polnische Amerikaner, Männer aus Ungarn, der Ukraine, Russen, Italiener usw. Es war eine internationale Liga. Irgendwie spielten wir für unsere Heimat, und so ging es auch zu Werke, denn diese Begegnungen waren mit heftigen Emotionen aufgeladen. Aber nach den Spielen saßen wir im Clubhaus, tranken Bier und waren wieder gute Kameraden.

Nach einem halben Jahr war mein Englisch verständlich. Und zu meiner Überraschung war mein Konto gut gewachsen. Meine Tante hatte nichts für sich behalten, sondern alles angelegt. Ich schickte 300 Dollar nach Deutschland zu meinen Eltern, damit sie sich einen Fernseher und eine Waschmaschine kaufen konnten. Ich bat meinen Chef um eine Lohnerhöhung, die er jedoch ablehnte, mein Englisch sei noch nicht gut genug. Ich war enttäuscht und kündigte, worauf er mich einen undankbaren Lümmel nannte. Meine Tante und mein Onkel waren sehr beunruhigt, als sie von meiner Kündigung hörten, denn ihrer Meinung nach hätte ich zuerst eine andere Stelle suchen sollen. Aber wie sollte ich eine Stelle finden, wenn ich den ganzen Tag auf der Arbeit war? Jedenfalls hatte ich jetzt Zeit, mich nach einer neuen Arbeit umzusehen. Ich war zuversichtlich und durchkämmte die Annoncen im „Philadelphia Inquire".

11

Nach ein paar Tagen fand ich eine Anzeige für einen Bäcker in einem Betrieb im Stadtteil Germantown. Meine Tante erklärte mir, dass sich die ersten deutschen Immigranten in Philadelphia in diesem Stadtteil angesiedelt hatten, darum der Name. Heutzutage seien die Einwanderer übers ganze Land verstreut und Germantown sei mittlerweile eine gemischte Gesellschaft, hauptsächlich dunkelhäutige Menschen. Der Name des Geschäfts war „Hassis Bäckerei". Nach einem Anruf dort bekam ich einen Termin. Ich war nervös, aber sehr froh, dass der Chef beim Bewerbungsgespräch Deutsch mit mir sprach. Sein Vater war ebenfalls Immigrant und hatte das Geschäft gegründet. Der Betrieb hatte fünfundachtzig Angestellte, sie arbeiteten Tag und Nacht in Schichten. Obendrein gab es sechs Lieferwagen, sie versorgten die Gegend rund um Philadelphia mit Backwaren, sagte der Chef, als er mir den Betrieb zeigte. Noch nie hatte ich eine so große Bäckerei gesehen.

Mir fiel auf, dass die schwarzen Angestellten in einem separaten Teil in der Bäckerei arbeiteten. Hier erstickte man fast. Die Luft war so dick, dass man kaum sehen konnte, und der Gestank war entsetzlich. Dies war die Abteilung, in der alle Gebrauchsgegenstände der Bäckerei gewaschen und gespült wurden, in heißem Wasser und mit scharfem Waschmittel. Hinzu kam, dass hier die Donuts in Fett gebacken wurden. Der Fettgeruch vermischte sich mit dem Wasserdampf und wurde von den Arbeitern eingeatmet. Danach stellte der Chef mich drei deutschen Angestellten vor, die schon viele Jahre bei ihm beschäftigt waren. Sie waren viel älter als ich und sehr freundlich. Eine Woche Probezeit gebe er mir, sagte der Chef, dann könnten wir weiterreden.

Abends um zehn fing die Nachtschicht an. Der Name meines Vorarbeiters war Gus, er war ungarischer Abstammung. Ich merkte schnell, dass er eine gefürchtete Autorität war. Ein Kollege verriet mir, dass Gus vergangene Woche einen Kollegen, der seinen Befehlen nicht gefolgt wäre, in den Mülleimer gesteckt hätte, mit dem Kopf zuerst. Auch bei mir machte er den Macho und kommandierte mich mit lauter Stimme herum. Aber ich erkannte, dass er ein harter Arbeiter war und ein großes Herz hatte. Auch wenn ich bei Weitem der Jüngste war, gaben mir meine Kollegen eine gewisse Anerkennung. Dieses Gefühl gab mir Flügel, der Job machte mir Spaß.

Nach meiner Probezeit hatte ich ein Gespräch mit dem Chef. Er informierte mich, dass ich den Job bekäme und er mir 1,90 Dollar pro Stunde zahlen würde. Ich war erfreut, denn es war das erste Mal, dass ich für jede Arbeitsstunde bezahlt wurde, und dann gleich so viel. Auf meine Frage, wie viele Stunden ich denn arbeiten dürfe, antwortete er: „So viel du willst." Meine Antwort kam sofort: „Dann möchte ich wenigstens sechs Tage die Woche arbeiten." Gesagt, getan. Ich schuftete also sechs Tage in der Bäckerei, von zwei Uhr morgens bis zum frühen Nachmittag. Jetzt hatte ich keine Zeit mehr für Fußball.

Mein erster Wochenlohn betrug fast 100 Dollar. Als ich meiner Tante die Lohntüte übergab, bat sie mich, meinem Onkel nichts von der Summe zu sagen, denn es sei mehr, als er verdiene, und es würde ihn neidisch machen. Ich fand ihre Bitte etwas befremdlich, doch ich hielt mich daran und sagte kein Wort.

Besonders der Sohn des Chefs, Jonny, hatte persönliches Interesse an meinen Fortschritten. Jonny war neunundzwanzig Jahre alt, ein Zwei-Meter-Riese und wog 110 Kilo. Neben ihm fühlte ich mich wie ein Zwerg. Football war seine Leidenschaft. Leider hatte ein Knieproblem seine Profikarriere als Football-Spieler beendet. Es machte ihm Spaß, mit mir in gebrochenem Deutsch zu sprechen, das er von seinen Großeltern gelernt hatte. Ein Ford Fairlane mit Schiebedach war sein ganzer Stolz. Manchmal nahm er mich mit zu seinem Haus in Villanova, einer kleinen Stadt ungefähr zehn Meilen von Philadelphia entfernt. An langen Wochenenden, wenn montags ein Feiertag war, ging ich mit ihm und einigen seiner Freunde auf die Jagd im Quakerland in den Bergen. Einer der Freunde war Profi-Footballer. Jessy Richardson war sein Name, er spielte für die Philadelphia Eagles. Für die Jagd hatte ich nichts übrig, aber ich war stolz, in der Clique zu sein, und außerdem gefielen mir die drei Stunden Autofahrt durch die schöne Landschaft von Pennsylvania.

Direkt gegenüber der Bäckerei befand sich Sams Sandwichshop. Der Shop war nicht nur bekannt wegen seiner pikanten Hoogie-Sandwiches, sondern auch wegen der Genialität der Besitzer. Seit zwölf Jahren waren Sam und seine Frau Emma die stolzen Inhaber. Der Ruf ihrer exzellenten koscheren Sandwiches eilte ihnen weit voraus. „Unser Rezept ist einfach", erklärte mir Sam, als ich ihn auf den Erfolg ansprach, „Liebe und Respekt für Menschen. Die Kunden sind unsere Familie." Das spürte man, wenn man bei ihnen war. Für jeden hatten sie ein offenes Ohr und freundliche Worte, und wenn darum gebeten wurde, auch gute Ratschläge. Viele meiner Kollegen verbrachten hier ihren Lunch und plauderten in entspannter Atmosphäre munter drauflos. Manchmal vertrauten sie Sam und Emma auch ihre Probleme an. Die beiden waren besser informiert über die Menschen und den Betrieb von Hassis Bäckerei als unser Arbeitgeber.

Anfangs waren Sam und Emma mir gegenüber sehr reserviert. Erst als ich Sam wegen seines deutschen Dialektes ansprach, erfuhr ich den Grund. Als Jude in Deutschland geboren, hatte Sam als Einziger in seiner Familie die grausamen Jahre des Nationalsozialismus und den Holocaust überlebt. Seine erste Frau und beide Kinder wurden in Auschwitz ermordet. Nie werde ich den Moment vergessen, als er mir seine schwarze Nummer am Unterarm zeigte und über die Nazis und von seinem Überlebenskampf in Nazi-Deutschland erzählte. „Sechs Millionen von uns haben sie vergast, darunter Frauen und Kinder." Ich war schockiert. Konnte es wirklich sein, dass mein Heimatland, meine Landsleute ihren Mitmenschen so viele Gräuel angetan hatten? Diese frommen Menschen, Erwachsene, die uns als Kinder immer wieder auf die guten Tugenden hinwiesen und sich selbst als Vorbild darstellten, hatten sie wirklich Millionen von Menschen in Konzentrationslagern vergast? Warum hatte man uns Kinder nicht darüber informiert, weder in der Schule noch in der Kirche oder im Elternhaus? Wollte man uns das alles verheimlichen? Wenn das alles stimmte, war auch ich als Deutscher dafür verantwortlich? Man musste sich schämen, Deutscher zu sein. Alle diese Gedanken kreisten in meinem Hirn. Nur eines war mir klar: Wenn ich Jude wäre, dann würde ich alle Deutschen hassen.

Durch dieses Erlebnis wurde mir bewusst, dass man als Deutscher in den USA eine Hypothek zu tragen hatte. Von nun an war ich mit dem Thema ständig konfrontiert. Da ich endlich besser Englisch sprechen konnte, verstand ich die höhnischen Bemerkungen über Deutsche. Besonders im Fernsehen waren wir eine viel gebrauchte Zielscheibe. In Comedyshows wie „Hogan's Heroes" oder in Kriegsfilmen waren die „Krauts" oft das Objekt des Witzes. Alle diese Shows prägten das negative Image der Deutschen bei der amerikanischen Bevölkerung. Vor allem die jüngere Generation schien sehr davon beeinflusst zu sein. Als ich einen Zehnjährigen fragte, welchen Beruf er mal ausüben wolle, antwortete er stolz: „Soldat." Auf meine Frage nach dem Grund sagte er: „Ich will die Krauts killen." Natürlich handelte es sich hier nur um einen Jungen, aber der Samen war gesät, und ich weiß nicht, was dieser Junge als Erwachsener gegenüber den Deutschen empfunden hat.

12

Es waren fast zwei Jahre vergangen. Ich hatte mich gut eingelebt und arbeitete immer noch in Hassis Bäckerei. Es waren die besten Jahre, die ich bisher in meinem Beruf erlebt hatte. Meine Arbeit wurde anerkannt, die Kollegen waren gute Kameraden und einige wurden sogar Freunde. Anders als in Deutschland fühlte ich mich hier gleichberechtigt. Wir waren eine große Familie. Ich dachte an meine Eltern, an Deutschland und an meine Zusicherung, nach zwei Jahren wieder nach Hause zurückzukehren. Dieses Versprechen war weit weg. Genau wie mein Versprechen an Helga.

Einer unserer Bekannten, Herr Ellerkamp, – ich glaube, er war ein Cousin meiner Tante Agnes – war Immobilienmakler und hatte ein Büro in unserer Nachbarschaft. Er war unter den Deutschen bekannt als ehrlicher Makler. Das Ziel vieler Einwanderer war, sich irgendwann ein Haus zu kaufen, denn ein Haus war das deutliche Zeichen für Erfolg und einen höheren Status. Herr Ellerkamp diente als Mittelsmann zwischen Verkäufer und Käufer. War die Transaktion erfolgreich, bekam er eine Provision vom Verkäufer in Höhe von sechs Prozent des Verkaufspreises. Oft hatte ich in Unterhaltungen von Freunden gehört, dass sich der Kauf von Häusern lohnte, weil deren Wert ständig stieg. Dies galt nicht nur für den Eigenbedarf, sondern auch für Mietshäuser. Man brauchte eine kleine Anzahlung von zwanzig Prozent und der Rest kam von der Bank, dann war die Summe der Mieten hoch genug, um die Bankhypotheken abzuzahlen. Diese Idee imponierte mir. Leichter konnte man kein Geld verdienen. Man musste nur etwas investieren.

Auf meinem Konto waren zu diesem Zeitpunkt 3.000 Dollar. Tante Agnes hatte nichts für den Unterhalt oder für Miete genommen. Vielleicht war das ja genug für eine Anzahlung. Ich wollte es auf jeden Fall probieren und stattete Herrn Ellerkamp einen Besuch ab. Er gab mir all die Informationen, die ich brauchte. Ungefähr 6.500 Dollar kostete ein Haus in unserer Nachbarschaft. Eine Anzahlung von zwanzig Prozent würde genügen. Einen Mieter könne er mir auch vermitteln, sagte Herr Ellerkamp. Ich war begeistert, für 1.300 Dollar konnte ich der Besitzer eines Mietshauses sein. Doch ich brauchte für eine solche Transaktion die Unterschrift meiner Tante, sie sollte für die Abzahlung der Hypothek bürgen. Ich war überzeugt, dass meine Tante und mein Onkel diese Aktion unterstützen würden, denn ich verdiente gut und der Kauf war kein Risiko. Außerdem würden die Mieteinnahmen genügen, um das Haus abzuzahlen. Zu meiner großen Enttäuschung teilten sie meine Begeisterung nicht. Sie wollten nicht unterschreiben. Zu vieles könne schiefgehen, sagten sie. Meine Vision vom reichen Hausbesitzer hatte sich erledigt.

Ein halbes Jahr später machte ich meinen Führerschein. Ich war fast zwanzig Jahre alt. Der Test war leichter, als ich gedacht hatte. Unser Nachbar Luis Frühauf hatte mir das Fahren beigebracht. Luis war zwei Jahre älter als ich und wir waren gute Freunde. Meine Tante und mein Onkel waren überrascht, als ich ihnen vom Führerschein erzählte. Doch als ich erwähnte, dass ich bald ein Auto kaufen würde, waren sie regelrecht schockiert. Bis jetzt hatten sie sich immer dagegen gewehrt, dass ich den Führerschein machte, weil sie Angst hatten, dass mir etwas passieren könnte, immerhin waren sie ja für mich verantwortlich. Ich argumentierte, dass ich zwanzig wäre und dementsprechend mehr Rechte und Verantwortung hätte, deshalb könne ich mir ohne ihre Unterschrift ein Auto kaufen. Schon damals war es möglich, in den USA mit sechzehn Jahren den Führerschein zu machen. Die beiden waren sehr konservativ und scheuten das Risiko. Obwohl sie schon fünfundvierzig Jahre in den USA lebten, hatten sie nie ein Auto besessen. Für die beiden war es fast revolutionär, als sie sich zwei Jahre zuvor ein Telefon angeschafft hatten. Ich versprach ihnen, dass wir zusammen Autotouren machen würden und es auch für sie eine Bereicherung sein würde.

Ich kaufte mir einen 1954er-Ford. Die 1.200 Dollar dafür konnte ich mir leisten. Erst waren meine Tante und mein Onkel sehr zögerlich, als sie in den Wagen stiegen, aber nach einigen Spritztouren zu ihren Freunden bekamen auch sie Spaß daran. Im Sommer ist die Hitze in Philadelphia kaum auszuhalten, hinzu kommt die Feuchtigkeit. Es ist wie in einem Backofen. Deshalb fuhren damals viele Bewohner zum Meer nach Atlantic City. Tante Agnes und Onkel Alois waren begeistert, als ich ihnen anbot, zusammen dorthin zu fahren und Urlaub zu machen. Gesagt, getan.

Wir reservierten zwei Zimmer in einem günstigen Hotel, nicht weit vom Ozean entfernt. Es war wie eine Erlösung, als wir ankamen. Hier wehte ein frischer, kühler Wind. Ich war hingerissen, Wasser bis in den Himmel hinein, unendlich. Noch am selben Nachmittag tauchte ich in die Wellen, wurde von ihnen herumgeschleudert, ein berauschendes Abenteuer. Später machte ich einen Bummel auf der Promenade. Es war eine Atmosphäre wie beim Karneval, eine Mischung aus Lärm und Musik, fröhlichen Kinderstimmen, tosendem Gelächter, hier war endlich Leben. Am Rand der Strandpromenade standen Bänke, alle besetzt mit Besuchern. Nur auf einer Bank saß eine Person ganz allein, eine bezaubernde junge Frau mit träumerischen Augen. Ich fasste Mut und fragte, ob ich mich neben sie setzen dürfe. Zu meiner Überraschung sagte sie ja.

Betty kam aus Allentown, einer Stadt sechzig Meilen entfernt von Philadelphia. Ihre Eltern hatten ein Sommerhaus in Atlantic City und verbrachten ihren Urlaub hier. Betty und ich hatten sofort einen guten Draht zueinander. Wir redeten und schlenderten über die Promenaden. Am nächsten Tag wollten wir uns wieder treffen. Ich konnte kaum schlafen, als ich im Hotel war. Betty war überall in meinem Kopf. Hatte ich mich verliebt?

Gleich nach dem Frühstück machte ich mich mit Badesachen auf den Weg, um Betty von ihrem Sommerhaus abzuholen. Es lag in einer exklusiven Nachbarschaft und ich begriff, dass hier die High Society verkehrte. Betty wartete schon auf mich. Sobald sich unsere Blicke trafen, lief sie auf mich zu und umarmte mich, als ob wir uns schon ewig kennen würden. Sie war glücklich, ich fühlte es.

Es wurde ein Tag, den ich nie vergessen werde. Wir fanden einen schönen Flecken am Strand, lagen auf unserer Decke und benahmen uns wie freche Kinder, die ohne ihre Eltern unterwegs waren. Ich fühlte mich frei von allen Hemmungen und Verantwortungen und war wie berauscht. Betty erzählte von ihrer Familie und von ihren drei jüngeren Brüdern, die immer wieder versuchten, sie auszutricksen. Sie hatte vor Kurzem ihren Highschool-Abschluss gemacht und würde nach den Sommerferien auf ein College gehen.

Ihre Eltern stammten aus dem Libanon, der Vater war Produzent für eine bekannte Fernsehshow. Sie war sehr interessiert an Deutschland und war sehr neugierig, wie es mir ergangen war. Zwischendurch gingen wir schwimmen, tauchten in die Wellen, bespritzten uns gegenseitig mit Meerwasser, lachten und scherzten. Die Zeit verging so schnell, dass wir es versäumten, uns mit Sonnenschutz einzucremen. Das merkten wir erst, als unsere Rücken rot waren und wie Feuer brannten. Sofort cremten wir uns gegenseitig ein, aber es war schon zu spät. Nach dem Strand bummelten wir wieder über die Promenaden, eng umschlungen, aßen Eis und machten Pläne für den folgenden Tag. Wir wollten nach Weilwood fahren, eine Nachbarstadt, die ungefähr zehn Meilen entfernt war. Dort gab es einen Pier, der über 100 Yards ins Meer ragte. Auf dem Pier stand eine bekannte Tanzhalle, in der während des Sommers täglich bekannte Bands spielten und das Publikum zum Tanzen animierten.

Als wir uns am nächsten Tag sahen, brachen wir in Gelächter aus. Unsere Gesichter waren rot wie eine Laterne, hier und da pellte sich die Haut. Wir bestätigten uns gegenseitig, dass es auf unseren Rücken noch viel schlimmer war. „Wie konnten wir auch so nachlässig und dumm sein", sagten wir, obwohl wir die Antwort kannten. Es war fünfzehn Uhr, als wir uns mit geöffneten Wagenfenstern auf den Weg machten. Die frische Meeresluft streichelte unsere verbrannte Haut. Betty hatte ihren Eltern versprechen müssen, dass sie spätestens um zweiundzwanzig Uhr wieder zurück sein würde.

Es passierte an einer Ampel, die einfach nicht auf Grün schalten wollte, dass Betty mich schelmisch anlächelte und mir spontan ein Küsschen verpasste, mitten auf den Mund. Es ging so schnell, ich konnte gar nicht reagieren. Ich war verliebt.

Eine Stunde später kamen wir in Weilwood an. Auch hier wimmelte es von Badegästen, doch sie waren viel jünger als in Atlantic City, meistens Teenager. Die Tanzhalle öffnete erst um achtzehn Uhr. Wir vertrieben uns die Zeit bis dahin am Strand, wieder eng umschlungen, mit vielen Pausen für Küsse. Betty hatte das Eis gebrochen, jetzt gab es kein Aufhören mehr. Ich war im Himmel.

Um achtzehn Uhr war der Pier voll mit grölenden Teenagern. Die Stimmung war wie bei „American Bandstand", einer populären Fernsehshow mit Dick Clark. Eine Band spielte die bekannten Hits von Frankie Avalon, Connie Francis, Bobby Darin und von anderen Teenager-Idolen. Ich war kein guter Tänzer, aber Betty verstand es, mich anzuleiten. Außerdem war die Tanzfläche so voll, dass sowieso kaum Platz vorhanden war. Wir tanzten und tanzten, hüpften, sprangen, drehten uns wie eine Spirale, dann wieder waren wir in inniger Umarmung und nahmen nicht wahr, wie schnell die Zeit verging. Bevor wir es realisierten, war es schon neun. Betty musste in einer Stunde wieder zu Hause sein.

Im Vergleich zur Hinfahrt war unsere Rückfahrt etwas verhalten, denn morgen würden Betty und ihre Eltern wieder zurück nach Allentown fahren. Wir wagten kaum, darüber zu sprechen. Aber unsere Gefühle waren überwältigend und wir einigten uns darauf, dass wir eine Lösung finden würden. Kein Hindernis war uns zu groß, wir wollten uns wiedersehen. Bevor wir das Sommerhaus erreichten, gab Betty mir ihre Adresse und Telefonnummer. Dann parkten wir noch einige Zeit und kamen uns noch näher. Es war schon halb elf. Wir konnten einander nicht loslassen. Ich erlebte nun zum zweiten Mal, wie überwältigend Liebe war, aber desto schmerzlicher war der Abschied.

Zurück in Philadelphia waren meine Gedanken immer bei Betty. Schon am ersten Tag nach meiner Rückkehr hatte ich sie angerufen, aber ihre Mutter ging ans Telefon und ich hatte das Gefühl, dass sie mit unserer Beziehung nicht einverstanden war. Trotzdem sprachen Betty und ich fast eine halbe Stunde miteinander. Wir machten ein Kino-Date für den kommenden Samstag aus. Ich würde sie abholen.

Ich hatte schon vermutet, dass sie in einem Upperclass-Viertel lebte. Als ich durch das imposante eiserne Eingangstor fuhr, hatte ich die Gewissheit. Hier lebte die High Society in einem abgetrennten Wohnviertel, völlig abgeschottet von der Außenwelt. Meine Knie zitterten und mein Herz überschlug sich, als ich mich Bettys Haus näherte. Es war ein mächtiges, feudales Haus mit viktorianischem Charme. Auf der Veranda machten sich zwei Dobermänner bemerkbar. Betty hatte sie an der Leine, als ich ankam. Sie befestigte die Leine am Geländer und kam mir mit schnellen Schritten entgegen. Wir umarmten uns und sie sagte: „Ich bin so froh, dass du gekommen bist." Bis jetzt ist alles gut, dachte ich. Betty nahm mich an die Hand und steuerte mich ins Haus. Die Mutter stand schon erwartungsvoll im Wohnzimmer und musterte mich mit nüchternem Blick, als Betty mich ihr vorstellte. Sie war freundlich und reserviert. Danach führte Betty mich ins Büro, in dem ihr Vater an einem massiven Schreibtisch saß. Er schüttelte meine Hand, schaute mir in die Augen und sagte mit tiefer, kräftiger Stimme: „Nice to meet you." Der Mann war mir sofort sympathisch. Dann wechselten wir noch einige Worte, unterhielten uns über Deutschland und meinen Beruf und ob ich das College besuchen wolle. Er war neugierig, was meine Zukunftspläne waren.

„Spätestens um elf bist du wieder zu Hause", sagte ihre Mutter und schaute mich mahnend an. Schon am ersten Platz, der sich anbot, stoppte ich den Wagen und wir umarmten und küssten uns. Wir hatten Sehnsucht und Verlangen nacheinander und schwebten auf einer Wolke der Liebe. Nach einer unendlich langen Woche waren wir wieder zusammen. Nur schwer konnten wir voneinander lassen, aber der Film startete um zwanzig Uhr. Die Musik von South Pacific war anregend, aber vom Inhalt des Films bekamen wir nicht viel mit. Wir waren mit uns selbst beschäftigt.

Mein Herz war schwer, als ich auf dem Rückweg nach Philadelphia war. Meine Liebe für Betty war so groß, und ich war mir ziemlich sicher, dass Betty die gleichen Gefühle hatte. Aber vor uns lag eine hohe Barriere. Ihre Eltern wollten, dass Betty auf ein College in Boston ging. Boston war aber ein paar hundert Kilometer entfernt. Wir hatten uns zwar gegenseitig Mut zugesprochen, dass wir uns treu bleiben würden, doch diese Trennung würde unsere Beziehung auf eine sehr harte Probe stellen. Um es kurz zu machen: Dieser Samstag war unser letztes Date.

In den folgenden Wochen dachte ich fast nur an Betty. Ich war mir bewusst, dass sie in einer anderen Umgebung war und mit neuen Aufgaben und Freunden beschäftigt. Würde sie sich an unser Versprechen halten? Wir telefonierten viermal miteinander. Beim vierten Anruf merkte ich schon eine kleine Distanzierung bei ihr, sie war nicht mehr meine Betty, etwas hatte sich geändert. Es war schwierig, mich an den

Gedanken zu gewöhnen, aber ich musste mich damit abfinden. Ich dachte an Helga. Hatte auch sie einen neuen Freund? Jetzt brauchte ich eine Ablenkung. Ein Hobby musste her.

13

Pat war einer meiner Kollegen. Er war fünfzig Jahre alt und irischer Abstammung. Er hatte zwei Hobbys, Whiskey und Boxsport. In jungen Jahren war er ein guter Boxer gewesen, in der Leichtgewicht-Klasse. Trotz der vielen Jahre, die seitdem vergangen waren, hatte er immer noch gute Beziehungen zur Szene. Der Box-Gym in Süd-Philadelphia war praktisch seine zweite Heimat. Hier besuchte er seine alten Box-Kumpels und konnte zugleich den Nachwuchs begutachten. Der Gym war einer der bekanntesten in den USA, weil von hier viele erfolgreiche Boxer kamen, Len Matthew, Sugar Ramos und Ray Scotts. Sie alle waren große Namen in der Boxszene. Ich war ein großer Boxfan und war durch das Fernsehen und Zeitungen gut informiert über die meisten Champions wie Rocky Marciano, Archie Moore, Jersey Joe Walcott, Hein ten Hoff usw. Auf mein Drängen stellte mich Pat einem der Trainer vor mit der Bitte, mich mal anzuschauen. Der Trainer gab mir ein paar Boxhandschuhe und ich musste mit einem seiner Schützlinge in den Ring steigen. Die einzige Erfahrung, die ich mit Boxen hatte, stammte aus meiner Kindheit, als mein Vater mir einen Sack, vollgestopft mit alten Lumpen, in den Stall hängte und ich mich daran austobte. Einen blitzschnellen Jab hatte ich drauf, aber das war alles. Mit diesem Jab hielt ich mir den Gegner für zwei Minuten vom Leib, aber dann wurden meine Beine weich wie Nudeln. Es war mir klar, dass mein Partner nur mit mir spielte. Als er mir einen halbherzigen Schlag in die Nieren verpasste, ging mir die Luft aus. Ich hätte nie gedacht, dass Boxen so viel Kondition verlangte und so anspruchsvoll war. Für mich war es eine tolle Herausforderung und ich war erfreut, als der Trainer mir anbot, dort zu trainieren. Mein schneller Jab mache ihm Hoffnung und irgendwo habe er auch schon mal vom deutschen Ehrgeiz und der deutschen Arbeitsdisziplin gehört, sagte er mir.

Ivan war einer seiner erfolgreichsten Profis. Er war ukrainischer Abstammung und lebte seit seinem zwölften Lebensjahr in den USA. Zu dieser Zeit hatte er mit Boxen angefangen. Ivan war aus hartem Holz geschnitzt und lebte für den Sport. Von seinen sechzehn Kämpfen hatte er zwölf gewonnen, zwei waren unentschieden ausgegangen und zwei hatte er verloren. Sein Trainer sagte ihm eine große Zukunft voraus. Doch Ivan war introvertiert und hatte keine Freunde. Es fiel mir auf, dass sein Trainer unsere nachmittäglichen Trainingseinheiten zusammen plante. „Ihr kommt beide aus dem old Country und ihr versteht euch gut", erklärte er mir. Ivan hatte kein Auto, deshalb nahm ich ihn mit zum Gym. Ich vermutete, dass dies auch ein Grund war, weshalb mich sein Trainer im Gym trainieren ließ: Er wollte es seinem Schützling leichter machen. Mit öffentlichen Verkehrsmitteln brauchte Ivan anderthalb Stunden für eine Strecke. Ich war froh, dass ich überhaupt trainieren durfte, und ganz nebenbei wurden wir gute Freunde. Weltmeister wolle er werden, sagte Ivan. Für mich war es ein Hobby, für ihn ein Beruf. Es war gut, dass mein Arbeitstag schon um zwei Uhr nachts begann, darum hatte ich auch früher Feierabend und konnte meinem Boxhobby nachgehen. Die Trainingsroutine machte mir großen Spaß. Schattenboxen, Seilspringen, gegen Säcke boxen und ab und zu eine Runde im Ring. Ich hatte noch nie so viel geschwitzt, noch nicht mal in der Bäckerei. Dreimal die Woche machten wir Zehn-Kilometer-Dauerläufe in schweren Armeeschuhen.

Die Mehrzahl der Trainierenden waren schwarze Jugendliche. Sie waren sehr sportlich und übten fleißig. Ivan erklärte mir, dass es viele schwarze Talente gäbe, aber mit einem Boxkampf Schwarz gegen Schwarz könne man kein Geld verdienen. Das Publikum wolle einen Kampf Schwarz gegen Weiß sehen. Jetzt verstand ich auch, warum ich überhaupt in dem Gym trainieren durfte.

Wenn die Trainer nicht mit ihren Boxern beschäftigt waren, amüsierten sie sich mit Pokern. In einem schmutzigen Nebenzimmer saßen sie an einem runden Tisch mit Karten in der Hand und Zigarre im Mund. Die Bude stank nach Schweiß, Tabak und Schimmel. Natürlich spielten sie um Geld. Manchmal setzte ich mich zu ihnen und war überrascht, mit welcher Arroganz und Rücksichtslosigkeit sie über ihre Fighter sprachen, als ob diese ihr Eigentum wären. Hatte einer ihrer Boxer einen Kampf verloren, dann war er nichts wert und für sie nur eine Belastung. Ein Teil der Boxgagen war ihre Einnahmequelle, doch je geringer der Erfolg der Boxer, umso kleiner ihr Anteil. Manche Trainer verspielten ihre Gagen schneller, als sie verdient wurden, und es geschah nicht selten, dass sie sich Geld von einigen Boxern liehen. Manchmal gaben sie ihren letzten Dollar für ein Nummernspiel aus in der Hoffnung, dass eine Glücksnummer sie aus ihrem Elend erlösen würde. Für diesen Service war ein Bookie zuständig, der täglich im Gym vorbeikam.

14

Ein Bookie war jemand, der nicht nur an die kriminelle Unterwelt erinnerte, sondern auch die Emotionen der Menschen beflügelte. Glücksspiel war sein tägliches Angebot und zu seinen Kunden zählten Mitglieder aller Schichten der Gesellschaft. Trotz der Illegalität war es nicht überraschend, wenn auch mal ein Polizist die Dienste eines Bookies in Anspruch nahm. Deshalb machte der Bookie meistens ungestört seine Runden, von Kunde zu Kunde, in Häusern, Geschäften, Fabriken, wo auch immer hoffnungsvolle, naive Seelen zu finden waren, und verkaufte Illusionen. Man musste eine Kombination von drei Nummern wählen und konnte dann zwischen einem und zehn Dollar wetten. Am folgenden Tag fand man die aktuelle Gewinnnummer im Sportteil des „Philadelphia Inquirier". Es waren die letzten drei Nummern der Zahl der täglichen Zuschauer auf dem Pferderennplatz in Atlantic City. Gewinner gab es nur wenige, denn die Chancen lagen bei 1 zu einer Million. Für eine richtige Nummer zahlte der Bookie 400 Dollar für jede Ein-Dollar-Wette.

Besonders für die schwarzen Arbeiter in Hassis Bäckerei war dieses Nummernspiel ein Lichtblick in ihrem hoffnungslosen Alltag. Sie verdienten das wenigste Geld, aber waren die treuesten Spieler. Sie beschäftigten sich ständig damit. Die meisten von ihnen wetteten einen Dollar täglich. Ich fand es lustig, welche Rolle ihr Aberglaube spielte. Wenn einer von ihnen zum Beispiel auf dem Weg zur Arbeit ein Autokennzeichen sah, das dieselben Nummern hatte wie das Geburtsdatum eines seiner Angehörigen, war diese Entdeckung der Geheimtipp des Tages. Viele meiner schwarzen Kollegen sahen es als ein gutes Omen und wählten ebenfalls diese Nummern. Dann waren manche von ihnen so überzeugt, dass sie gewinnen würden, dass sie schon planten, für was sie das Geld ausgeben könnten. Ich war erstaunt, wie schnell sie die Enttäuschung am nächsten Tag abschüttelten und mit frischem Optimismus ein weiteres Mal wetteten.

Roger war zuständig für die Arbeit am Ofen. Er hatte eine dunkelbraune Lederhaut, auf dem Kopf graues Grisselhaar und bestand nur aus Haut und Knochen. Mit seinen achtundsechzig Jahren war er von den schwarzen Mitarbeitern der älteste und hatte die schwierigste Aufgabe im Betrieb, denn er war während des ganzen Arbeitstages direkt der intensiven Ofenhitze ausgeliefert. Ich staunte immer über seine Essgewohnheiten, denn er aß hauptsächlich sehr fettes Fleisch, Senf und Weißbrot. „Ich brauche das Fett", erklärte er mir, als ich ihn darauf ansprach, „sonst kann ich die schwere Arbeit nicht machen."

Wie es der Aberglaube so will, war es Freitag, der 13., als Roger die richtige Nummer traf. Jeder von uns gönnte ihm das Glück. Wir sahen es als eine Bestätigung, dass Träume doch manchmal in Erfüllung gehen. Sein Gewinn war das Thema des Tages. In der Bäckerei konnte man schon einige Bier- und Whiskeyflaschen sehen. Zu unserer Überraschung kam der Bookie an diesem Tag nicht in die Bäckerei, auch nicht am folgenden Tag. Kein Bookie, kein Geld.

Die Zahlungsmoral der Bookies war das A und O ihres Geschäfts und es war uns allen rätselhaft, warum der Bookie nicht auftauchte. Sicherlich würde er nicht sein Geschäft riskieren, nicht für 400 Dollar. Außerdem war es nicht sein Geld, sondern das seiner Hintermänner, der Mafia. Denn hier landeten die Einnahmen letztendlich. Wie ein Feuer verbreitete sich die Nachricht unter den Spielern, dass die gewonnene Wette nicht ausgezahlt wurde. Auch zwei Wochen später hörten und sahen wir nichts von unserem Bookie. Wir kamen zu dem Schluss, dass ihm irgendetwas zugestoßen sein musste. Wir waren überrascht und enttäuscht, dass seine Hintermänner nicht reagierten und einen Stellvertreter schickten. Schade für Roger, schade für seine Kollegen und insbesondere für die schwarzen Mitarbeiter, denn dieses Glücksspiel war ihr Lebenselixier. Mit diesem Ereignis waren ihre Hoffnungen und Träume zerstört.

Für mich war es eine einfache Rechenaufgabe. Von den achtzig Angestellten in diesem Betrieb spielten täglich fast dreißig. Das Los kostete einen Dollar, also sechs Tage die Woche mal dreißig Dollar bedeutete 180 Dollar Einnahmen. Diese 180 Dollar wurden im Monat zu 720 Dollar, das Ganze zwölfmal im Jahr waren 8.640 Dollar. Von meinen Kollegen wusste ich, dass in unserem Betrieb nur drei- oder viermal im Jahr jemand die richtige Nummer traf. Auch wenn es häufiger passierte, war es ein akzeptables Risiko, dachte ich. Ich war wie besessen und konnte nächtelang nicht schlafen, denn ich witterte meine große Chance. Auf meinem Konto waren 2.000 Dollar, also genügend Startgeld, um in dieses Geschäft einzusteigen. Wenn ich mich nur auf Hassis Bäckerei beschränkte, war es relativ risikolos. Wie die Gangster in den Krimis wollte auch ich reich und gefürchtet werden. Sie gehörten zu meinen heimlichen Helden, denn oft waren auch sie Außenseiter, wie ich es gewesen war. Ihren Mut und ihre Risikobereitschaft für Geschäfte wollte ich nachahmen, solange es nicht mit Brutalität verbunden war. Meine Fantasie schlug Kapriolen. Aber es war mir klar, dass ich das nicht allein machen konnte, ich brauchte einen Mittelsmann, einen Bookie.

In Hassis Bäckerei war Nate die Antwort für die meisten Probleme. Wann immer ein Hindernis auftauchte, riefen alle nach ihm. Er war der Chef im Lagerhaus und hatte die Verantwortung für die Bestellungen der Zutaten, die wir in der Bäckerei brauchten. Außerdem half er aus, wenn jemand krank war, und konnte Geräte reparieren. Nate war intelligent und genoss wegen seiner positiven Ausstrahlung den Respekt aller Mitarbeiter, besonders von seinen schwarzen Kollegen. Er wog zwei Zentner und sein Körper strotzte vor Muskeln und Stärke. Wenn er mal nicht zur Arbeit kam, weil er krank war, geriet der ganze Betrieb ins Stocken. Trotz seiner Qualitäten für die Bäckerei war seine Bezahlung gering, wie bei den anderen schwarzen Angestellten.

Ich hatte mich mit ihm angefreundet und wir saßen nach der Arbeit in Sams Sandwichshop und tranken Doktor Pepper. Ich erzählte ihm von Deutschland und er mir von seiner schlimmen Vergangenheit in South Carolina. Die rassistischen Diskriminierungen dort unten im Süden waren der Grund, warum er mit seiner Frau und vier Kindern nach Philadelphia gekommen war. Hier im Osten der USA würde man besser behandelt, hoffte er. In South Carolina mussten die Schwarzen noch hinten im Bus sitzen und in vielen Geschäften hing ein Schild „Whites only". An den meisten staatlichen Universitäten waren keine Schwarzen zugelassen. Es war kein Zufall, dass die Demonstrationen für die Rechte der Minoritäten zunahmen. Immer öfter hörte man Namen wie Jesse Jackson oder Martin Luther King, die für die Rechte Schwarzer kämpften, und deren Gegner wie George

Wallace. Fast täglich konnte man die Protestaktionen im Fernsehen verfolgen. Politisch schienen die Fronten klar, im Süden herrschte große Ungerechtigkeit und im Osten war es viel besser. Aber die Realität sei eine andere, sagte Nate, denn auch in Philadelphia gäbe es noch keine Gerechtigkeit. Die Bezahlung sei schlechter als die der Weißen und oft hörte er spottende und abwertende Bemerkungen über Schwarze von seinen weißen Kollegen. Hier im Osten sei die Diskriminierung subtiler und vielleicht auch gefährlicher, denn das Problem würde von der Politik missbraucht.

Mir war klar, dass Nate auch in Philadelphia nicht sein Glück gefunden hatte. Vielleicht war er offen für eine Nebeneinnahme. Ich offenbarte ihm meinen Plan. Als Bookie würde er zehn Prozent vom Umsatz bekommen und zusätzlich einen Zehn-Prozent-Anteil von jedem Gewinn. Bei einem Gewinn von 400 Dollar würde er vierzig Dollar erhalten. Nate war skeptisch, denn seiner Meinung nach würden die etablierten Racketiers sich das nicht gefallen lassen. Ich versuchte ihn zu überzeugen mit dem Argument, dass das Risiko nicht so groß wäre, wenn wir es im sicheren Rahmen unserer Bäckerei praktizierten. Wenn danach alles gut laufe, könnten wir uns immer noch ausbreiten und mit mehr Personal den etablierten Mafiosi Paroli bieten. Ich redete weiter auf ihn ein, er brauche doch das Geld für seine Familie und könne ein besseres Leben haben, er habe doch nichts zu verlieren. Langsam gelang es mir, ihn zu überzeugen, er wurde weich. Ein besseres Leben für ihn und seine Familie würde er schon gerne haben, sagte er. Dann gab ich ihm einen 100-Dollar-Schein und bat ihn, meinen Namen streng geheim zu halten. Wir gaben uns die

Hand und stießen mit einem Doktor Pepper an. Am nächsten Tag wollte er anfangen.

Für Nate war es nicht schwierig, seine Leidensgenossen von einem neuen Glücksspiel-Partner zu überzeugen. Nach nur wenigen Tagen lief es wie geschmiert. Nate konnte seine neue Aktivität gut mit seiner Arbeit vereinbaren, weil er das Bindungsglied zwischen den Weißen und Schwarzen war. Er war ein Naturtalent. Wir begannen mit Einnahmen von 100 Dollar die Woche und steigerten uns in nur wenigen Monaten auf 250 Dollar, für Nate also auf fünfundzwanzig Dollar den Monat. Nate wuchs über sich hinaus und beschränkte sich nicht nur auf die Bäckerei, sondern war abends auch in seiner Nachbarschaft tätig. Natürlich musste er auch etwas Buchführung machen, indem er die angegebenen Nummern sowie die Wettsummen und Namen aufschrieb, denn am Ende musste ja alles übereinstimmen. Um die Immunität der Kunden zu wahren, hatten wir für jeden Namen eine Codenummer, dafür nutzten wir spezielles, schnell brennendes Papier. Ein übereifriger Polizist hätte ja auf die Idee kommen können, einen Bookie zu verhaften. Die Beweise waren die notierten Namen und Nummern, ohne sie konnte der Polizist keine Verhaftung vornehmen. Darum war die erste Reaktion des Bookies in einem solchen Fall, das Papier so schnell wie möglich zu verbrennen. Das Papier explodierte praktisch, wenn es mit einer Flamme in Berührung kam, und weg war der Beweis. Denn obwohl das Nummernspiel toleriert wurde, gab es politischen Druck. Immer mal wieder machte die Polizei ihre Razzien und verhaftete ein paar Bookies. Am nächsten Tag waren die Bookies wieder auf freiem Fuß und alles ging munter weiter. Die Justiz wusste, dass die

Bookies nicht das Hauptübel waren, sondern deren Hintermänner. An die kamen sie aber meistens nicht ran. Diese Hintermänner waren in weitere illegale Geschäfte verwickelt wie Prostitution und Drogenhandel. Ich sah keine Schande in einem harmlosen Nummernspiel, es war schlicht und einfach eine Dienstleistung, Angebot und Nachfrage. Irgendwie würden die Leute immer spielen, es liegt in der Natur des Menschen.

In den ersten sechs Monaten hatten wir drei Gewinner: einmal 400 Dollar und zweimal fünfzig Dollar. Es war nur ein kleiner Verlust gegenüber dem, was wir eingenommen hatten. Meine Sorge, dass es noch mehr Gewinner geben könnte und damit meine Rücklage verschwinden würde, bestätigte sich nicht. Es lief fast zu gut.

Ab und zu las man in den lokalen Zeitungen, wie bei diesem Glücksspiel konkurrierende Gangs sich gegenseitig vernichteten. Zurzeit war das Nummernspiel in den Händen der Italiener. Sie duldeten niemand anderen neben sich. John Delleport, einer meiner Bäckerkollegen, war italienischer Abstammung, er wusste von meinen Aktivitäten. Sein Bruder hatte einen Nachtclub und es wurde gemunkelt, dass er im illegalen Nummernspiel tätig war. Er könne mich gut leiden, sagte mein Kollege zu mir und gab mir den Ratschlag, sehr vorsichtig zu sein. Er wisse, zu was diese Leute fähig seien. Ich dachte an Nate, er war am meisten gefährdet. Körperlich war er vielen überlegen, aber wenn man ihn mit einer Waffe bedrohte, konnte er getötet werden und ich war dafür verantwortlich. Er hatte Frau und Kinder. Natürlich war auch ich in Gefahr. Vielleicht würde er mich verraten, um seine eigene Haut zu retten, ich könnte das sogar verstehen.

Aber ich glaubte, dass Nate das Risiko realistisch eingeschätzt hatte.

Ein paar Tage später kam Nate nicht zur Arbeit. Von seinen schwarzen Kollegen erfuhr ich, dass er im Krankenhaus lag, weil man ihn verprügelt hatte. Es war das Saint-Frances-Krankenhaus auf der Broad Street. Mir wurde übel, ich konnte kaum atmen und bekam weiche Beine. Kaum hatte ich Feierabend, beeilte ich mich, ihn zu besuchen. Nate schaute scheußlich aus, wie Joe Frazier nach einem 15-Runden-Boxkampf mit Cassius Clay. Durch seine geschwollenen Augen konnte er mich kaum erkennen. „Es ist vorbei, es ist vorbei", flüsterte er mit gebrochener Stimme. „Die Bande weiß Bescheid, du musst abhauen." Ich war beeindruckt. Nate war in einem furchtbaren Zustand und machte sich trotzdem Sorgen um mich. „Ich musste ihnen deinen Namen verraten, sonst hätten sie mich zu Tode geprügelt." Er werde wieder zurück zur Arbeit gehen, sagte er, und sein altes Leben fortsetzen. „Mach dir um mich keine Sorgen, ich bin okay." Ich gab Nate die paar Dollar, die ich bei mir hatte, und verabschiedete mich von ihm. Ich wusste, es gab kein Zurück mehr. Ich musste dringend hier weg.

15

Es fiel mir nicht leicht, meinen Job zu kündigen, denn Hassis hatte mir eine Chance gegeben, und dafür war ich dankbar. Besonders Jonny Hassis gegenüber hatte ich ein schlechtes Gewissen. Aber es ging um meine Zukunft, um mein Leben. Die Mafiosos duldeten keine Konkurrenz.

Ich hatte mir keine großen Sorgen wegen der Illegalität meiner Tätigkeit gemacht, aber nun wurde mir klar, dass die Polizei mich ausweisen würde, wenn sie davon erfahren sollte. So behandelte man kriminelle Immigranten in den USA. Fakt war, ich musste raus aus der Stadt, so weit weg wie möglich. Aber wie sollte ich das meiner Tante erklären? Sie und mein Onkel fühlten sich schließlich für mich verantwortlich.

Von Bäckerkollegen hatte ich erfahren, dass sie manchmal in der Sommersaison in Atlantic City arbeiteten, weil man dann dort gut verdienen konnte. Es würde nur für ein paar Monate sein, versprach ich meiner Tante, dann käme ich wieder zurück. Realität war, dass ich ans andere Ende der USA wollte. Ich hoffte, dort sicher zu sein. Von San Francisco hatte ich viel Positives gehört, es sollte eine wahre Traumstadt sein. Die Fahrt würde wenigstens eine ganze Woche dauern, immerhin waren es 3.000 Meilen. Die Abenteuerlust überkam mich, quer durch die USA zu fahren, vielleicht sogar über die Route 66. Mir war bewusst, dass ich diese weite Strecke mit meinem alten Ford nicht schaffen würde. Ich brauchte einen besseren Wagen. Auf meinem Konto waren 2.600 Dollar. Mit meinem alten Wagen als Tausch und zusätzlichen 2.000 Dollar kaufte ich mir einen Ford

Fairlane Cabrio, Jahrgang 1957, ein schicker, hellblauer Wagen mit Silberstreifen an den Seiten. Damit war ich gerüstet für die lange Fahrt, hatte aber nur noch 600 Dollar. Ich packte einige Kleidung ein und verabschiedete mich von Tante Agnes und Onkel Alois. Doch ich fuhr nicht allein.

Im Jahr zuvor hatte ich im Kolpinghaus eine junge Frau aus Deutschland kennengelernt. Rita war erst ein Jahr in den USA. Obwohl sie Abitur hatte, arbeitete sie als Kindermädchen für eine Familie in White Plains in West Chester County im Staat New York. Wie die meisten Immigranten war sie froh, überhaupt Arbeit zu haben. Nachdem sie sich eingelebt hatte, würde sie besser bezahlte Arbeit finden, glaubte sie. Seit unserem Kennenlernen hatten wir drei- oder viermal miteinander telefoniert. Ich wusste, dass ihr die Arbeit überhaupt nicht gefiel. Vielleicht würde sie mitfahren. Also rief ich sie an und informierte sie über meine Pläne. Sie zögerte keinen Moment und stimmte zu. Wir vereinbarten das Treffen für den nächsten Tag um vierzehn Uhr.

Die Fahrt über den Turn Pike nach New York dauerte zwei Stunden. Danach brauchte ich fast noch eine Stunde, bis ich die Adresse fand. Ich war eine Stunde zu spät und froh, als ich Rita sah. Geduldig hatte sie gewartet, eine zierliche Frau, zwischen ihren zwei großen Koffern, allein in einer menschenleeren Straße im Schatten des imposanten Hauses ihrer Arbeitgeber. Das Bild passte nicht in die feudale Nachbarschaft. Rita berichtete, ihr Arbeitgeber sei wütend, weil sie fristlos gekündigt habe, und ihr Gehalt habe sie auch nicht bekommen. Sie war froh, von dort wegzukommen. Für die High Society waren wir sowieso nur billige Arbeitskräfte, dachten wir, und darum brauchten wir auch kein schlechtes Gewissen zu haben wegen der plötzlichen Kündigung. Mir wurde klar, dass Rita Mut hatte und mir vertraute. Immerhin war es ein kühner Plan.

Auf ging es mit frischem Mut in eine neue Welt. Der Westen der USA war für mich etwas ganz Besonderes. Ich hatte das Gefühl, dass ich dort hingehörte. Die vielen Wildwest-Bücher meiner Kindheit kamen mir wieder in den Sinn. Colorado, Wyoming, Utah, Kansas, Arizona und dann Kalifornien. Ich war voller Tatendrang.

Rita freute sich auf bessere berufliche Möglichkeiten in Kalifornien. Sie war Sekretärin und hatte bereits in Deutschland Englisch gelernt. Einen Job im Haushalt würde sie immer bekommen, aber ihr Wunsch war ein Bürojob. Vielleicht brachte San Francisco uns Glück.

Die erste Nacht unserer Odyssee verbrachten wir in einem Motel in der Nähe von Philadelphia. Das Schicksal hatte uns zusammengebracht. Wir versprachen uns, dass wir einander immer unterstützen würden.

Das Leben war nicht gut zu Rita gewesen. Sie war zehn Jahre alt, als ihre Mutter an einer Nierenkrankheit starb. Ihr Vater war mit seinem eigenen Leid beschäftigt und schob sie von einem Verwandten zum anderen. Rita merkte, dass niemand sie so richtig wollte, letztendlich landete sie im Internat. Nicht nur hatte sie die Liebe und Fürsorge ihrer Mutter verloren, sondern auch ihren Vater, und das in einer Zeit, in der sie ihn am meisten brauchte. Immer noch hatte sie Alpträume von den Besuchstagen im Internat, wenn ihr Vater versprochen hatte zu kommen. Erwartungsvoll standen sie und ihre Mitschülerinnen auf dem

Schulhof und warteten auf ihre Eltern. Noch heute konnte sie die Freudenschreie hören, als diese in den Armen ihrer Eltern lagen. Rita wartete und wartete, aber ihr Vater kam nie. Dies wiederholte sich drei Jahre lang, Sonntag für Sonntag.

Sie bekam eine gute Ausbildung im Internat, machte ihr Abitur und lernte den Beruf der Sekretärin. Als ihre Tante in den USA ihr das Angebot machte, nach Amerika auszuwandern, hielt sie nichts mehr in Deutschland. Genau wie ich war sie hier, um ein besseres Leben zu haben. Nicht nur waren wir beide aus Deutschland und hatten dort schlechte Erfahrungen gemacht, wir waren auch in vielen Sachen gleicher Meinung und hatten dieselben Ambitionen. Wir entschieden, dass wir gemeinsam alles schaffen und doppelt so stark sein würden.

Die nächsten Tage fuhren wir durch Ohio, Indiana, Illinois und Missouri. Am vierten Tag waren wir in Kansas. Noch nie hatten wir so viele Getreidefelder gesehen wie hier, geteilt durch endlose, kerzengerade Highways, die bis in den Horizont hineinragten. Alles sah weit und einsam aus. Ab und zu erblickten wir weit weg Konturen von Gebäuden. Wenn wir näher kamen, entdeckten wir eine Farm mit Ställen und Scheunen und einem hoch in den Himmel ragenden Silo. Wir sahen viele Rinder, aber kaum Menschen oder Autos.

Zwei Tage später erreichten wir Denver. Bisher waren wir meistens mit offenem Dach gefahren, aber in den majestätischen Rocky Mountains wurde es kälter. Die Stadt lag hoch und war von schneebedeckten Bergen umgeben. „Mile High City" wurde sie von den Einheimischen stolz genannt. Noch nie hatten wir Schnee im Sommer gesehen. Die Stadt selbst war keine typische amerikanische Großstadt. Sie hatte Western-Flair, die Menschen auf den Straßen und die Verkäufer in den Geschäften waren lockerer und freundlicher als im Osten der USA. Hier fühlten wir uns wohl. Als wir am nächsten Tag die prächtigen Rockys überquerten, kamen wir uns klein und bescheiden vor, aber inspiriert. Wir hatten Glück, dass die Pässe frei von Schnee waren.

In Utah war die Sonne so stark, dass wir entschieden, das Verdeck geschlossen zu halten. Die Hitze war geradezu sichtbar gegen die hohen, kantigen Berge. Wir waren froh, als wir abends im gekühlten Motel waren. Wir kannten die feuchte Hitze des Ostens, aber diese pralle, trockene, intensive Hitze war neu. Das Western-Flair überwältigte mich. Es erinnerte mich an meine Cowboy-Bücher, an Karl May und seine Helden. Das war meine Welt. Mein Traum war in Erfüllung gegangen, ich konnte es kaum glauben, ich war im Wilden Westen.

Bei all meiner Begeisterung hatte ich nicht gemerkt, dass unsere Finanzen langsam zu Ende gingen. Die Motelkosten, das Benzin und das Essen hatten unseren Vorrat auf 300 Dollar geschrumpft. Außerdem wussten wir nicht, was in San Francisco auf uns wartete. Wir fuhren zwölf Stunden täglich. Von Arizona ging es über die Grenze nach Kalifornien, unser Traumland. Dann durch die Mohave-Wüste mit ihren unzähligen Kakteen und Josua Bäumen, vorbei an der Stadt Barstow, danach kam Bakersfield. Die stechende Sonne war fast unerträglich.

Endlich erreichten wir Los Angeles. Diese Stadt wollten wir uns näher anschauen, besonders Hollywood. Vielleicht würde ich einige von meinen Cowboy-Stars sehen, Glenn Ford, Gary Cooper, Richard

Widmark, Clark Gable und Errol Flynn. Der blaue Himmel, die Sonne, der Hollywood Boulevard, geschmückt mit riesigen Palmenbäumen, befahren von teuren Autos, viele mit Schiebedach – es war genauso, wie wir es aus den Filmen kannten.

Ich hatte eine Idee, wie wir vielleicht unser Geldproblem lösen könnten. Wenn ich für meinen Wagen mit Schiebedach im kalten Osten 2.000 Dollar bezahlt hatte, dann müsste er im sonnigen Kalifornien mehr wert sein. Danach würden wir uns einen billigeren Wagen kaufen und hätten genügend Dollar, bis wir einen Job gefunden hatten. Ich hielt meine Idee für logisch und suchte den nächsten Autoverkäufer auf. Aber die Realität der Marktwirtschaft und die Gier der Autoverkäufer überraschten uns. 600 Dollar, mehr wollten sie uns für meinen Wagen nicht geben. Wenn ein Auto die kalten Winter im Osten erlebt habe, sei es nicht mehr viel wert, erklärten sie uns. Und sogleich gefiel uns Los Angeles überhaupt nicht mehr. Wir waren allein in einem fremden Land, fast ohne Geld. Ich dachte zurück an meine erste Flucht mit dem Rad. Damals hatte ich nur vierzig Pfennig gehabt und war doch über die Runden gekommen. Wir würden es schaffen.

Schon waren wir wieder unterwegs. Über den Pacific Coast Highway, auch Highway One genannt, hatte ich schon viel gehört. Leider war er um diese Jahreszeit oft vernebelt. Hier traf die warme Sommerluft des Westens auf den kalten Ozean. Darum dauerte unsere Fahrt zwei Tage. Als wir San Francisco erreichten, hatten wir nur noch 150 Dollar zur Verfügung.

16

An der Market Street, zwischen der 11. und 12. Straße, fanden wir ein preiswertes Hotel. Das Rosenount Hotel hatte schon bessere Tage gesehen und das Gleiche konnte man über den Manager sagen. Er war von schottischer Abstammung und mit seinen dreiundsiebzig Jahren der absolute Boss im Haus. Sein korrekter dunkelblauer Anzug mit weißem Hemd und blauer Krawatte stand in direktem Kontrast zu den blassen, verschmutzten Wänden des Hotels. Das Zimmer selbst war klein und enthielt ein Doppelbett, zwei Stühle, einen kleinen Tisch und einen Wandschrank. Dieser Luxus kostete sechzig Dollar die Woche, bezahlt wurde im Voraus. Jetzt hatten wir nur noch neunzig Dollar und mussten schnell Arbeit finden. In der San-Francisco-Zeitung „Chronicle" waren keine Bäckerstellen zu finden und auch keine für Sekretärinnen, aber wir trösteten uns und hofften auf den nächsten Tag. Mr. Mac Crawl, der Manager, empfahl mir, selbst eine Anzeige in die Zeitung zu setzen. Danach hatten wir nur noch ganze fünfzig Dollar und vertrauten auf unser Glück. Es wurde ernst. Am Montag war die nächste Miete fällig.

Ich hoffte, dass Mr. Mac Crawl Einsicht haben und uns eine Woche Zeit lassen würde mit der Miete. Die Tatsache, dass auch er ein Immigrant war und unsere Situation verstand, war entscheidend. Normale Verpflegung konnten wir uns nicht mehr leisten und beschränkten uns auf das absolut Notwendige. Es zählte jeder Cent. Mit Mehl, Salz und Wasser machten wir kleine Pfannkuchen, die wir auf einer elektrischen Herdplatte backten. Mr. Mac Crawl hatte sie uns geliehen. Die Pfannkuchen waren zäh wie Gummi und geschmacklos.

Der Manager erzählte uns von einem Restaurant an der Polk Street mit dem Namen Ratskeller, ein Treffpunkt für Deutsche. Die Gaststätte bestand aus einem großen Raum im bayrischen Stil, es roch nach Sauerbraten und Rotkohl. An der langen Theke waren Hocker aufgereiht, auf denen einige Deutsch sprechende Gäste saßen. Hier trafen wir Hans und Wolfgang. Sie waren in unserem Alter und hatten die gleichen Enttäuschungen erlebt wie wir. Auch sie suchten einen Job. Sie hatten keine Unterkunft und auch kein Auto. Trotzdem hatten sie eine positive Ausstrahlung. Diese Einstellung steckte uns an. Wir fühlten uns nicht mehr so bedrückt. Alle in einem Boot – zusammen waren wir stärker.

Hans hatte gehört, dass man in Lodi Obstpflücker suchte. Es war Pfirsich-Saison und man brauchte dringend Arbeiter. Die Arbeit war schwer und der Lohn gering. Lodi war achtzig Meilen östlich von San Francisco. Mir war sofort klar, dass wir am nächsten Tag in meinem Wagen zusammen nach Lodi fahren würden. Rita konnte im Hotel bleiben und nach Stellenanzeigen schauen. Ich würde jeden Abend von Lodi anrufen. Meine eigene Annonce lief bis zur Sonntagsausgabe. Mr. Mac Crawl hatte mir erlaubt, die Telefonnummer seines Büros anzugeben. Vielleicht würde sich jemand melden. In der Zwischenzeit konnte ich etwas verdienen, das würde uns helfen. Hans und Wolfgang schliefen auf dem Boden unseres Zimmers und am Morgen verabschiedeten wir uns von Rita.

Die Fahrt dauerte fast zwei Stunden und es war neun Uhr, als wir in Lodi ankamen, eine Kleinstadt mit ungefähr 60.000 Einwohnern. Schon um diese Zeit lag eine stechende Hitze in der Luft. Wir erfuhren, dass Steels Ranch Arbeitskräfte suchte. Diese Ranch lag etwa fünf Meilen außerhalb der Stadt. Auf dem Weg dorthin sahen wir Reihen neben Reihen von Obstbäumen, alle im gleichen Abstand, soweit man sehen konnte. Die Ranch selbst machte keinen tollen Eindruck, eine Bretterbude, alt und vermodert, umgeben von Staub. Die Unterkunftsbaracke war auch nicht viel besser, sie erinnerte mich an meine Zeit in Frankfurt. Bett über Bett, dicht nebeneinander wie bei Soldaten, getrennt jeweils durch einen kleinen Schrank. Der Vorarbeiter empfing uns im Büro. Er machte den Eindruck eines abgenutzten alten Cowboys und war kein Mann von vielen Worten. Ohne Zeitverschwendung vermittelte er uns die Aufgaben. Ein LKW würde uns ins Feld fahren, dort bekämen wir einen Pflückkorb, für jeden gefüllten Korb mit Obst gab es fünfzig Cent. Natürlich hatten wir keine Einwände, sondern waren froh, überhaupt Arbeit zu haben.

Unsere Kollegen sprachen fast nur Spanisch. Es waren Mexikaner, legale und illegale Immigranten. Sie schlichen sich während der Erntezeit über den Rio Grande, um etwas Geld für ihre Familien zu verdienen. Hier störte es niemanden, dass sie illegal waren, sie waren dringend gebrauchte Arbeitskräfte, und dazu noch billig. Ohne diese Latinos konnte die Landwirtschaft in den USA gar nicht existieren. Sie waren froh, als sie erfuhren, dass wir Deutsche waren und keine Amerikaner. Sie taten ihr Bestes, uns einige Tipps für die Arbeit zu geben. Für die weißen Amerikaner, die Gringos, schienen sie keine großen Sympathien zu haben.

Im Schatten der Obstbäume aßen wir unseren Lunch. Ein LKW brachte große Kannen mit gekochten schwarzen Bohnen. Dazu gab es Maiskolben und Weißbrot. Zu trinken gab es Kaffee und Wasser, keine große Auswahl, aber wir waren damit zufrieden. Alle aßen mit Appetit. Um neunzehn Uhr wurden wir zurück in die Unterkunft gebracht. Am Ende der Baracke waren einige Duschen. Nachdem wir uns gesäubert hatten, gab es Abendessen, das Gleiche wie zu Mittag, zusätzlich bekamen wir Milch. Hans, Manfred und ich waren der Meinung, noch nie so hart gearbeitet zu haben, jeder Muskel, jeder Knochen tat uns weh. Trotz der schlechten Betten schliefen wir so gut wie selten zuvor. Am dritten Tag lief es bereits viel besser. Das Abpflücken ging uns schon leichter von der Hand.

Aber ich hatte nicht mehr die Gelegenheit, meine Widerstandskraft mit den Latinos zu messen. Mit Rita hatte ich verabredet, dass ich jeden Abend anrufen würde. Der Boss gab mir die Erlaubnis, das Telefon im Büro zu nutzen, aber mit der Warnung, dass er die Gebühr von meinem Lohn abziehen würde. So erfuhr ich, dass eine Bäckerei in Berkeley auf meine Annonce reagiert hatte und mit mir sprechen wollte. Hans und Manfred waren sehr enttäuscht, dass ich wieder nach San Francisco fahren musste, aber wir versprachen, in Verbindung zu bleiben. Dem Rancher war meine Kündigung egal. Ich sei nicht der Erste, der so schnell aufgebe, sagte er und gab mir für die drei Tage Arbeit fünfundzwanzig Dollar. Ohne das Geld hätte ich nicht zurückfahren können, denn mein Tank war leer.

Rita war froh und erleichtert, als ich um vier Uhr morgens in San Francisco ankam. Um acht war mein

Gespräch in Berkeley. Der Chef, Mr. Hauser, war um die sechzig Jahre alt. Sein Akzent war mir sofort sympathisch, er war ein Einwanderer aus Österreich. Zwei Wochen gebe er mir als Probezeit, sagte er. Ich könnte sofort am nächsten Tag anfangen. Die Bäckerei war spezialisiert auf schwedische Backwaren und trug den Namen „Swedish Bakery". Ich fand es interessant, dass ein Österreicher der Besitzer einer schwedischen Bäckerei war.

Am nächsten Morgen um drei fuhr ich über die Oakland Bay Bridge nach Berkeley. Der Ausblick von der Brücke auf die Lichter der Wolkenkratzer von San Francisco und Oakland war überwältigend. Hier war ich, tausende Kilometer entfernt von Deutschland, auf der Brücke zwischen San Francisco und Oakland. Ich fühlte mich stark und kraftvoll. Die frühe Arbeitszeit störte mich nicht, ich hatte sogar das Gefühl, einen kleinen Vorsprung zu haben gegenüber den Menschen, deren Arbeit erst später anfing. Außerdem war es gut, schon um vierzehn Uhr Feierabend zu haben, ich hatte dann noch etwas vom Tag.

Das Arbeitsklima und meine Kollegen waren sehr freundlich und kollegial. Besonders meinem Chef schien es zu gefallen, dass er Deutsch mit mir sprechen konnte. So nebenbei erwähnte er, dass er eine Tochter habe. Am Ende des ersten Arbeitstages bat ich ihn um einen Vorschuss, ohne zu zögern gab er mir zehn Dollar. Für mich war es ein Beweis, dass er mit mir zufrieden war. Noch am selben Nachmittag gingen Rita und ich zum Delikatessenladen und kauften eine Stange italienisches Weißbrot, Salami und eine Flasche Rotwein. In unserem kleinen Hotelzimmer feierten wir meinen Job. Vorbei war die Zeit der Mehlpampe.

Auch Mr. Mac Crawl war erleichtert, als ich ihm von meinem Job berichtete. Sein Vertrauen in uns wurde bestätigt. Ein paar Tage später fand Rita Arbeit bei einer Telefonfirma. Zusammen hatten wir einen guten Verdienst. Trotzdem wohnten wir weiter in dem billigen Hotel. Wir wollten sparen, um nie wieder in eine prekäre Situation zu kommen. Wir hatten unsere Lektion gelernt.

San Francisco und die Umgebung gefielen uns sehr. Wann immer wir die Gelegenheit hatten, meistens an den Wochenenden, fuhren wir zum Pazifik nach Stinson Beach, um zu baden, oder ins Napa Valley. Dort besuchten wir die verschiedenen Winzer, um deren Wein zu verkosten. An langen Wochenenden fuhren wir nach Lake Tahoe. An der Nevada-Seite von Lake Tahoe standen riesige, grandiose Kasinos. Diese Spielgeschäfte waren nicht nur lukrativ für die Besitzer, sondern bescherten dem Staat Nevada hohe Steuereinnahmen, denn zu dieser Zeit waren Kasinos in Kalifornien noch nicht erlaubt. Einmal fuhren wir nach Lodi, um Hans und Manfred zu besuchen, aber zu unserer Überraschung waren sie nicht mehr dort. Ich war sehr enttäuscht und hatte das Gefühl, sie im Stich gelassen zu haben.

Ich war einundzwanzig Jahre alt. Rita und ich lebten nun fast ein Jahr in San Francisco. Wir hatten gute Jobs und waren glücklich. Aber da war diese Ungewissheit: meine Militärpflicht. Sie hing über uns wie eine dunkle Wolke. Ich erwartete, bald in die Armee eingezogen zu werden. Gerne hätte ich diese Zeit schon hinter mir gehabt, um eine deutlichere Perspektive für unsere Zukunft zu haben. Rita und ich träumten von unserer eigenen Konditorei, aber solange ich nicht die Armeepflicht erledigt hatte, konnten wir nichts unternehmen. Die Adresse von Tante Agnes in Philadelphia war meine offizielle Anschrift für die eventuelle Einberufung.

17

Im Sommer 1959 beschlossen wir, wieder zurück in den Osten zu gehen. Wegen Ritas Migräneanfällen entschieden wir, nur in der Nacht zu fahren, wenn die Hitze nicht so schlimm war. Zehn Tage später kamen wir in New York an. Wir waren überrascht, dass in der Stadt viel mehr Deutsche lebten als in Kalifornien. In der 86. Straße fühlten wir uns wie in der alten Heimat, es war eine bunte Mischung aus deutschen Geschäften, sogar ein Kino mit deutschen Filmen gab es. Wir mieteten uns ein billiges Hotelzimmer und durch eine Zeitungsannonce fand ich schnell einen Job als Bäcker in Brooklyn. Der Eigentümer der Bäckerei sowie drei seiner Angestellten waren Deutsche. Der Job war gut, aber so richtig wohl fühlten wir uns nicht in New York.

Drei Monate später entschieden wir, nach Philadelphia zu fahren, gerade mal zwei Autostunden entfernt von New York. Ich hoffte, dass meine Bookie-Eskapaden in der Zwischenzeit vergessen waren. Wir wollten es riskieren, denn wir hatten das Bedürfnis, meine Tante, meinen Onkel und alte Bekannte zu besuchen. Außerdem waren wir neugierig, wie die Sache mit dem Nummernspiel ausgegangen war. Musste ich mich immer noch fürchten? Von San Francisco hatte ich meiner Tante ein paar Mal Briefe geschickt, und sie hatte mir meine Post nachgesendet, aber persönlich hatte sie mir nicht geschrieben. Ich wusste, dass ich sie zutiefst verletzt hatte, weil ich so weit weggezogen war und sie belogen hatte. Genau das sagte sie mir auch, als ich sie einige Tage später besuchte. Ich war froh, dass sie nichts von meinem illegalen Geschäft erfahren hatte. Erst jetzt wurde mir bewusst, dass auch meine Tante und mein Onkel in Gefahr gewesen waren.

Als Nächstes besuchte ich meinen Freund Sam, den Besitzer des Sandwichshops. Wir umarmten uns und ich erzählte ihm von meinen Erlebnissen. Ich wollte wissen, ob er etwas von Nate erfahren hatte. Nate lebe nicht mehr in Philadelphia, sagte Sam, sondern sei nach Trenton umgezogen. Als er ihn das letzte Mal gesehen habe, sei es Nate sehr gut gegangen, er hatte sich sogar ein neues Auto gekauft. Ich war irritiert. Woher hatte Nate das Geld?

Auch meine alten Kollegen in Hassis Bäckerei, besonders Jonny, waren froh und überrascht, mich wiederzusehen. Immerhin war ich einmal ihr Küken gewesen. Sie waren neugierig, meine Geschichten zu hören, und schließlich bekam ich meinen alten Job zurück. Wir fanden ein Apartment in der Nähe des Betriebs. Leider grenzte es an eine Bahnstrecke. Jedes Mal, wenn eine Bahn vorbeifuhr, zitterte die ganze Wohnung. Aber sie war unser Zuhause und ich hatte einen Job. Rita hatte ebenfalls gute Aussichten, wieder bei der Telefongesellschaft angestellt zu werden.

In dieser Zeit entschieden wir zu heiraten. In den USA ging das zügig. Man brauchte nur einen „Justice of the Peace", einen Friedensrichter, und dazu zwei Zeugen, die der Friedensrichter zur Verfügung stellte. Nach einer halbstündigen Zeremonie waren Rita und ich ein Ehepaar. Danach organisierten meine Kollegen eine kleine Party in Sams Sandwichshop und wir tranken Dr. Pepper. Erst eine Woche später informierte ich meine Tante und meine Eltern von unserer Hochzeit.

Zwei Monate später bekam ich Post von der Armee. „Onkel Sam want's you", so fing der Brief an.

Es klang wie eine Drohung, aber ich freute mich, denn ich wollte die Armeezeit so schnell wie möglich erledigen. Ich musste zu einer medizinischen Untersuchung. Danach wurde mir mitgeteilt, dass ich vier Wochen Zeit hätte, meine privaten Sachen in Ordnung zu bringen. Dann „gehörst du der Armee", hieß es.

Für zwei Jahre würde die Armee meine neue Heimat sein. Danach warteten noch mal zwei Jahre aktive Reserve auf mich. Während dieser Zeit musste ich jedes Jahr einen Monat lang zum Training. Doch damit war die Verpflichtung noch nicht zu Ende. Denn nach diesen insgesamt vier Jahren war ich weitere zwei Jahre inaktiver Reservist. Ich musste zur Verfügung stehen, wenn ich von der Armee gebraucht wurde. Mit anderen Worten: Ich war für sechs Jahre gebunden. Es war eine lange Zeit, aber für mich ein gerechter Preis für mein freieres Leben in den USA. Zuerst kamen zwei Monate Basistraining, eine Grundausbildung, auf mich zu, danach musste ich wer weiß wohin. Ich hoffte, als GI nach Deutschland versetzt zu werden. Ich sah mich schon in Armeeuniform durch die Straßen von Arzheim gehen.

Vor meiner Abfahrt bekamen wir die erfreuliche Nachricht, dass Rita schwanger war. Obwohl es nicht der günstigste Zeitpunkt für ein Kind war, waren wir begeistert. Ich würde Vater werden und verantwortlich für meine Familie sein. Unser Kind wäre von Geburt an amerikanischer Staatsbürger, was wir, seine Eltern, erst nach fünf Jahren Aufenthalt in den USA werden konnten. Auch die Militärzeit machte mich nicht automatisch zum Staatsbürger, nur im Kriegseinsatz. Während der zwei Monate Basistraining hatte ich keinen Ausgang. Rita würde also allein sein in Philadelphia. Danach jedoch konnte sie zu mir kommen. Die Armee würde die Kosten für die Schwangerschaft übernehmen.

Ich bekam ein Ticket zugestellt und an einem Montag im Juli 1960 ging die Reise los nach Columbus in South Carolina. Im Zug traf ich viele junge Männer, die das gleiche Schicksal hatten wie ich. Alle kamen entweder aus New York oder Philadelphia, wir waren „big City Boys". In Columbus mussten wir uns auf einer Armeebasis anmelden. Zuerst fand die Vereidigung statt. Wir standen alle Reihe an Reihe, hielten die rechte Hand hoch und schworen der USA ewige Treue und das Land gegen alle Feinde zu verteidigen. Ich war der einzige Deutsche, alle anderen waren Amerikaner. Plötzlich beschlich mich ein komisches Gefühl. Hier schwor ich unabdingbare Treue für die USA, und war doch Deutscher. War ich ein Vaterlandsverräter? Aber dann tauchten die schlechten Erinnerungen an Deutschland wieder auf, die Nachkriegszeit, die deutsche Obrigkeit, die Prügel, die ich bekommen hatte. Nein, ich hatte das Recht, meinen eigenen Weg zu gehen. Hier in den USA hatte ich zum ersten Mal erlebt, dass auch ich respektiert wurde.

19

Nach unserer Vereidigung und Musterung brachte uns ein Bus nach Augusta im Nachbarstaat Georgia. Fort Gordon würde für die nächsten Monate unser Zuhause sein. Ich sah Kasernen an Kasernen. Angeblich sollten hier 30.000 Soldaten stationiert sein, der Stützpunkt war so groß wie eine Kleinstadt. Keiner von uns ahnte, was uns erwartete. Unser Bus hielt auf einem Paradeplatz vor einer Kaserne. Ein junger Sergeant mit Stenton-Hut wartete schon auf uns. Er hatte eine braungebrannte Lederhaut, war total durchtrainiert und sah nicht glücklich aus.

„Ich hasse verwöhnte Stadtkinder!", schrie er uns an. „Bewegt euch, bewegt euch!"

Wir waren ungefähr 120 Rekruten, mussten uns in Reihen aufstellen und stramm stehen, dann schrie er wieder. „Mein Name ist Sergeant Phillingame! Von heute an gehört ihr mir! Ich werde euer schlimmster Albtraum sein!" Danach ging er mit einem drohenden Blick von Mann zu Mann, schaute uns tief in die Augen und befahl einigen, seinen Namen zu wiederholen. Fast keiner sprach den Namen zu seiner Zufriedenheit aus. Dann schrie er: „Give me a gick, give me twenty!" Damit waren Liegestütze gemeint. Natürlich war er nicht zufrieden mit unserer Form von Liegestützen, deshalb mussten wir sie wiederholen, immer und immer wieder, obwohl wir noch in Zivilkleidung waren. Dieser Kerl schien vom Teufel besessen. Wenig später erhielten wir unsere Uniformen und die restliche Ausstattung. Danach jagte Sergeant Phillingame uns in eine Kaserne und wir bekamen unsere Betten zugeteilt, je zwei Männer für ein Stockbett. Ich bekam den oberen Teil und ein Bursche aus New York mit dem Namen George Mac Nolte den unteren.

Am ersten Tag hatten wir einen Fitnesstest, mussten Klimmzüge machen, Squat-Jumps, Liegestütze und laufen. Die meisten meiner Kameraden hatten eine schlechte Kondition und wurden deshalb von Phillingame noch mehr schikaniert. Durch das Boxtraining und regelmäßige Dauerläufe war ich in guter Verfassung und erreichte eine hohe Punktzahl. Ich merkte, dass Phillingame davon ein wenig beeindruckt war. Er sagte zwar nichts, aber mir fiel auf, dass er mich etwas respektvoller anschrie als die anderen.

Hollywood hat diese Trainings-Sergeanten schon oft in Filmen auftreten lassen, aber Phillingame war tatsächlich noch eine Nummer schlimmer. Immer war er in unserer Nähe, immer schrie er uns an, immer verdonnerte er uns zu Liegestützen. Für den Krieg in Vietnam würden wir ausgebildet, dort könne man keine Waschlappen gebrauchen, fauchte er uns an. Im Krieg müsse man sich auf jeden einzelnen Kameraden verlassen können. So schleifte er uns von vier Uhr morgens bis spät abends. Zuerst Gymnastik, dann eine Stunde Waldlauf, danach Frühstück, dann ging die Schikane weiter, jeden Tag. Es war die Absicht der Armee und des Sergeanten, uns in einen psychischen Scherbenhaufen zu verwandeln, um uns dann im Sinne der Armee wieder herzustellen. Selbstwert und Individualität waren unerwünschte Eigenschaften, die Armee forderte blinden Gehorsam und Teamgeist. Das war jedenfalls mein Eindruck. Ich lernte, diese Prozeduren einfach über mich ergehen zu lassen und mental abzuschalten, wie ein Zombie, das war am schmerzlosesten. Auch der kleinste Widerstand, die geringste Schwäche wurden entdeckt, dann wurde alles noch schlimmer und man stand tagelang auf der schwarzen Liste. Manchmal wurde man auch als Strafe in die Küche verdonnert. Man nannte es „KP duty", KP stand für Kitchen Police. Dann musste man den ganzen Tag Kartoffeln schälen.

Wo immer wir auch hingingen, wir mussten marschieren, sei es zu Schießübungen, zu Lehrgängen, zur Kantine, zu Übungen und noch mehr Übungen. Krieg musste halt geübt werden, zumal wir einen Feind hatten in Vietnam. Für einen guten Marschrhythmus mussten wir singen, nicht nur das altbekannte „Eins, zwei, drei", sondern Lieder mit spöttischen, ironischen Texten wie „You had a good home, but you left, you right." „Du hattest ein gutes Zuhause, aber du musstest weg, du hast Recht." Das war der Favorit unseres Sergeanten. Wenn einer von uns auch nur ganz kurz aus dem Gleichschritt kam, bekam er seine Ohren voll und musste abends zusätzlich allein rund um den Paradeplatz marschieren. Mein Partner Mac Nolte hatte zwei linke Füße und litt am meisten von uns allen. Er habe schlechte Füße, protestierte er immer wieder und hoffte, dass dies zu seiner frühzeitigen Entlassung führen würde. Für ihn war die Armeezeit reine Zeitverschwendung, er wollte Schriftsteller werden.

Leider musste ich in unserer Einheit immer direkt hinter Mac Nolte marschieren, also war er die Person, an der ich mich orientierte. Wenn er aus dem Rhythmus kam, verlor auch ich den Takt und die anderen hinter mir ebenfalls, es war eine Kettenreaktion. Ich vermutete, dass er absichtlich diesen Tumult verursachte, damit er früher entlassen würde. Trotzdem war er eine Quelle an Humor, was den Alltag für uns etwas leichter machte. Nicht nur sein Aussehen, sondern auch sein Verhalten erinnerte mich an den jungen Churchill. Wir wurden gute Freunde. Wenn wir mal etwas Freizeit hatten, spielten wir Poker mit Kleingeld. Fast immer war Mac Nolte der Gewinner.

20

Als die Hälfte unserer Grundausbildung vorbei war, mussten wir eine Woche lang Überlebenstraining in der Natur absolvieren. Man nannte das „Biwakieren". Es sollte als Prüfstein für unsere Fortschritte dienen. Zehn Kilometer mussten wir marschieren, mit vollgepacktem Rucksack, dreißig Kilo schwer, und das Ganze in einem Tempo, das uns den Atem nahm. Im Biwak sollten wir uns dann ohne jeden Komfort aufhalten und uns mehr oder weniger mit der Natur arrangieren. Wir mussten Zelte errichten, Toiletten graben – und fürs Waschen gab es einen Bach. Zusätzlich sollten wir auch lernen, uns von der Natur zu ernähren. Es gab Pilze, wilde Beeren, eine Vielzahl von Kräutern und es mangelte nicht an Wildfleisch. „So ähnlich ist es im Kriegsgebiet", sagte unser Sergeant.

Obwohl einige von uns Probleme mit dem langen Marsch hatten, war es für die meisten von uns eine angenehme Abwechslung von der Routine an der Basis und in den Kasernen. Abends saßen wir an einem großen Feuer und unterhielten uns, fast wie eine große Familie. Auch Sergeant Phillingame ließ sich von dieser freundschaftlichen Atmosphäre anstecken und verriet einiges aus seinem Leben. Wir Rekruten hingen an seinen Lippen. Fast war er uns sympathisch, obwohl wir ihn hassten, denn er hatte Macht über uns. Er war der unangefochtene Boss. Ich konnte sehen, dass er diese Rolle genoss, er war in seinem Element. Ein vierundzwanzigjähriger Indianer, der keine besondere Sympathie für uns Weiße hatte, und dann auch noch weiße „city boys" aus New York und Philadelphia. Das war seine Chance für Gerechtigkeit. Je länger ich ihm zuhörte, umso mehr hatte ich das Gefühl, dass er zu sehr von sich selbst eingenommen war und den Kontakt zur Realität verloren hatte. Angeblich war er Mitglied einer Elite-Fallschirmtruppe und schon einmal in Vietnam gewesen. Boxen sei seine Passion, erzählte er, er sei der Champion in der 65-Kilo-Weltgewichtsklasse von Fort Gordon. Dies hatte ich schon vorher gehört, aber ich wunderte mich, dass er als Boxer so viel rauchte. Er war auch bekannt für seine Trinkorgien. Für mich passte das nicht zusammen und ich war sicher, dass er maßlos übertrieb. Dann fragte er, ob einer von uns den Mut hätte, ihn im Boxen herauszufordern. Es wäre doch unsere Chance, mit ihm, dem gehassten Sergeanten, abzurechnen. Auf der Basis sei ein größerer Gym mit Boxring und allem, was dazugehöre, dort könne der Kampf stattfinden. Wir schauten einander an. Keiner antwortete.

Ich weiß nicht, was mich dazu bewog, aber es kam einfach aus mir heraus, als ich zustimmte, gegen ihn zu kämpfen. Sei es wegen meines Instinkts oder meiner Menschenkenntnisse – ich war überzeugt, dass dieser Kerl bluffte, und es wurmte mich. Ich wollte ihn entlarven. Für meine Kameraden war das eine große Überraschung, und für Sergeant Phillingame eine noch größere. Mir war sofort klar, dass er dies nicht erwartet hatte. Aber in dem Moment wurde mir auch klar: Sollten seine Erzählungen stimmen, dass er der Boxmeister seiner Division war, dann gnade mir Gott, dann hätte ich keine Chance. Obwohl mir meine Kameraden auf die Schultern klopften und mir begeistert die Hände schüttelten, wurde mir mulmig. Meine Boxerfahrungen reichten bei Weitem nicht aus, einen Meister zu schlagen, obwohl ich gegen gute Kämpfer in Philadelphia gesparrt hatte. Ich würde zu einer

Witzfigur und zum Depp der ganzen Kompanie werden. Der Kampf sollte in der letzten Woche unseres Basistrainings stattfinden, die Krönung für unseren Abschied, ein Schaukampf, sagte Phillingame. Bis dahin könne man alles vorbereiten, Plakate und Werbung verteilen und ich könne abends nach meinen regulären Aufgaben im Gym trainieren. In der Nacht konnte ich nicht schlafen, meine Gedanken waren ein wildes Wirrspiel.

Eine Woche später war unser Abenteuer in der Natur vorbei und wir marschierten zurück zur Basis. Von nun an war ich der Mittelpunkt und Gesprächsthema Nr. 1 der ganzen Kompanie. Wem auch immer ich auf der Basis begegnete, man klopfte mir auf die Schultern, ermutigte mich und gab mir Ratschläge. Alle wollten, dass dieser Sergeant eine Lektion erteilt bekäme. Mein Freund George Mac Nolte erklärte sich zu meinem Partner, er würde im Ring an meiner Seite stehen und die abendlichen Trainingseinheiten koordinieren. Jetzt war wichtig, dass ich meine Ängste und Zweifel für mich behielt und eine positive Körpersprache und Ausstrahlung an den Tag legte. Die Botschaft musste sein: „Ich bin sicher, dass ich siegen werde." Also strotzte ich im Gelände und in der Baracke herum, als ob ich unschlagbar wäre. Für mich war das echt schwierig, aber irgendwie bekam ich es hin. Abends trainierte ich im Gym zusammen mit anderen Sportlern, Säcke schlagen, Seilspringen usw., wie ich es in Philadelphia gelernt hatte. Ich fand es komisch, dass ich Sergeant Phillingame nicht im Gym sah, vielleicht trainierte er frühmorgens. Wann immer ich Zeit hatte, machte ich Schattenboxen in den Gängen unserer Baracke, mit dem Ergebnis, dass meine Kameraden völlig überzeugt waren von meinen Fähigkeiten.

Sie freuten sich schon auf meinen Sieg und die Blamage des Sergeanten. Warum hatte ich mich nur darauf eingelassen?

Es vergingen zwei Wochen. Die Spannung wuchs. Nur noch eine Woche bis zum Duell. Aber dann passierte die große Überraschung. Am Tag vor dem Kampf kam die Nachricht von oberster Stelle, dass der Kampf nicht stattfinden würde. Der offizielle Grund lautete, dass ein Kampf zwischen einem Rekruten und einem Sergeanten die Moral und Autorität der Vorgesetzten untergraben würde, es war gegen die Regeln. Mir fiel ein Stein vom Herzen. Ich war erlöst. Drei Wochen hatte ich wie in einer Zwangsjacke gelebt. Jetzt hatte ich das Gefühl, als ob ich gewonnen hätte, wir alle gewonnen hätten. Mein Instinkt und meine Menschenkenntnis hatten mich nicht betrogen. Der gehasste Sergeant war entlarvt. Doch um weiter glaubwürdig zu sein, musste ich mich sehr enttäuscht zeigen. Das war sehr schwierig. Unsere Truppe, besonders Mac Nolte, war überzeugt, dass Phillingame Angst hatte. Aber ich konnte die Erklärung des Kommandeurs verstehen. Hätte unser Sergeant verloren, hätte die Autorität aller Vorgesetzten gelitten. Schwamm drüber, ich war erlöst.

Eine Woche später hatten wir unsere Abschlusszeremonie. Es war ein typischer Georgia-Sommertag, zweiundvierzig Grad Hitze und achtunddreißig Prozent Luftfeuchtigkeit. Unsere Uniformen waren zu dick für diese Jahreszeit, trotzdem marschierten wir mit frischem Mut und Stolz munter drauflos. Ich glaube, es war unsere beste Parade. Immerhin hatten wir die Torturen des Basistrainings endlich hinter uns. Der Kommandeur von Fort Gordon hielt eine Ansprache. Neue Menschen seien wir, ausgebildete Kämpfer, auf die das Land Amerika stolz sein könne. Er redete und redete und wir schwitzten und schwitzten, eine Stunde lang. Es sollte unsere letzte Tortur sein.

Nach der Zeremonie bekamen wir unsere Befehle für die zukünftige Stationierung zugestellt. Sechzig meiner Kameraden mussten nach Vietnam, andere zu verschiedenen Stützpunkten in den USA, ein paar sogar nach Deutschland. Leider war ich nicht unter ihnen, sondern musste in Fort Gordon bleiben. Ich war enttäuscht, denn ich hatte eine Stationierung in Deutschland beantragt. Aber ich war froh, dass ich nicht nach Vietnam musste. Ich machte einen Termin mit unserem Kommandeur, um mit ihm über die Sache zu sprechen.

Als ich ihm von meinem Antrag erzählte, hatte ich das Gefühl, dass er mich nicht ernst nahm. Er sagte mir, seine letzte Stationierung sei in Heidelberg gewesen. Dort habe er gelernt, wie die Bundeswehr mit Soldaten, die solche Ansprüche stellen, umgehe. „Wollen Sie wissen, was man mit Ihnen in der Bundeswehr machen würde?", fragte er. „Die würden Sie an die Wand stellen und erschießen." Außerdem habe man andere Pläne mit mir, man brauche einen guten Bäcker in Fort Gordon. Ich salutierte, verließ sein Büro und rätselte, warum der Kommandeur so ein breites Grinsen im Gesicht hatte.

Der Abschied von meinen Kameraden war schwer, aber zugleich freuten wir uns auf unsere neuen Aufgaben. Mein Freund Mac Nolte hatte sein Ziel erreicht. Er wurde als unbrauchbar entlassen. Seine schlechten Füße hatten ihm doch noch seinen Wunsch erfüllt. Für ihn ging es zurück ins zivile Leben nach New York, für mich nach Philadelphia. Wir entschieden, die Zugfahrt gemeinsam zu machen.

Während der Rückfahrt gestand mir Mac Nolte, dass er die Fußschmerzen vorgetäuscht hatte und seine Abneigung gegen die Armee rein philosophisch war. Er wollte kein Opfer für einen Krieg in Vietnam sein, der von der Öl- und Waffenindustrie angezettelt worden war. „Am Ende geht es nur um Geschäfte, und wir sind die Dummen. Diese Kerle sollen ihre eigenen Kinder dorthin schicken", schimpfte er. „Unsere Politiker reden immer von der kommunistischen Gefahr und wie sie diese Länder demokratisieren wollen." Mit unserer sogenannten Demokratie und dem Rechtsstaat habe er sowieso ein Problem, fuhr er fort. Denn der Staat sei der Grund, warum sein Vater Bankrott erklären musste. Ich konnte sehen, dass sich bei ihm einiges angestaut hatte, er kam in Rage. Dann erzählte er mir, wie das Finanzamt seinen Vater wegen hinterzogener Steuern verklagt hatte. Der Rechtsstreit habe sehr lange gedauert, immer wieder wurden Verschiebungen vom Finanzamt beantragt. Ein Jahr ging vorbei, dann das zweite, das Ganze sah aus wie eine gut kalkulierte Zermürbungstaktik. Am Ende entschied das Gericht für seinen Vater, er gewann den Prozess. „Aber jetzt kommt die Überraschung", erklärte Mac Nolte. „Obwohl mein Vater unschuldig war, musste der Staat die Unkosten meines Vaters nicht zurückerstatten. Die Verschleppungen des Prozesses und die Kosten für den Anwalt und den Arbeitsausfall haben uns in den Bankrott geführt. Ist das Demokratie?" Über diese Frage dachte ich lange nach.

Es war später Nachmittag, als wir in Philadelphia ankamen. Wir lagen uns in den Armen, als wir uns verabschiedeten. Mac Nolte war für mich eine Bereicherung gewesen, ich würde ihn sehr vermissen. Aber jetzt freute ich mich auf Rita.

21

Es war mein erster Ausgang, zwei ersehnte Wochen weg von Fort Gordon. Zwei Monate waren Rita und ich getrennt gewesen. Die Zeit war für sie besonders schwierig, schwanger und allein, ungewiss, was die Zukunft bringen würde. Doch nun konnten wir endlich Pläne machen für uns drei. Es waren Traumurlaubstage, die viel zu schnell vergingen. Ich war überrascht, als ich erfuhr, dass Tante Agnes Rita zur Seite gestanden hatte. Rita hatte unter Übelkeit gelitten und Tante Agnes hatte ihr geholfen. Dabei hatte ich sie belogen und rücksichtslos verlassen. Ich schämte mich. Ich bedankte mich bei meiner Tante und bat sie um Verzeihung, hatte aber das Gefühl, dass sie immer noch sehr enttäuscht war. Ich hatte sie zutiefst verletzt.

Nach zehn Tagen starteten wir unsere Rückreise nach Augusta mit unserem Ford Fairlane. Wir fanden eine Wohnung in der Nähe von Fort Gordon. Für die nächsten zwei Jahre würde hier unser neues Zuhause sein.

Auf der Basis wurde ich einer neuen Kompanie zugewiesen, um dort in der Küche zu arbeiten. Sergeant Robinson war der Chef-Sergeant der Küche. So schaute er auch aus mit seinen 100 Kilo. Fünfundzwanzig Jahre sei er in der US-Armee, sagte er mir stolz, und dass er im Zweiten Weltkrieg in Deutschland stationiert gewesen wäre. Er habe dort einen unehelichen Sohn, den er noch nie gesehen habe. Wir hatten sofort einen guten Draht zueinander. Ich merkte, dass er gerne meine Hilfe in Anspruch nehmen würde, um mit seinem Sohn Kontakt aufzunehmen, weil er selbst kein Deutsch sprach. Als ich ihn fragte, was ich in seiner Küche machen sollte, sagte er: „Backe etwas für das Dessert, lass dir was einfallen." Bisher hatte man anscheinend immer den gleichen Kuchen serviert. Also entschied ich, etwas anderes zu backen, am besten etwas, was man hier nicht kannte: Plunderteilchen. Es mangelte nicht an guten Zutaten, besonders gute Butter war vorhanden. Ungefähr zweihundert hungrige Rekruten kamen jeden Mittag. Sergeant Robinson strahlte, als er die Komplimente für meine Teilchen und seine tolle Küche bekam. Zusammen mit den Rekruten kamen auch einige Offiziere zum Essen, die sofort wissen wollten, wer die Teilchen gemacht hatte.

Nur zwei Tage später bekam ich den Befehl, mich im Offiziersklub zu melden. Hier sei ich besser aufgehoben als in einer normalen Kompanie, sagte mir der Klub-Kommandeur. Zum Klub kämen oft wichtige Gäste, Politiker, Generäle, sogar Ex-Präsident Eisenhower mit seiner Frau Mini, wenn er im Sommer in Augusta Golf spiele. Sie seien an Torten, Feingebäck und kleinen Delikatessen interessiert, wurde ich informiert, und dass ich meine Fantasie ausleben könne. Außerdem wäre ich an keine Kompanie gebunden und müsse keine anderen militärischen Pflichten mehr übernehmen. Ich war begeistert, denn es war wie ein Ziviljob. Obendrein bekam ich zweimal so viel Lohn wie ein Rekrut. Mir war klar, dass die Vorgesetzten sich über meine beruflichen Qualifikationen und Erfahrungen informiert hatten. In den USA war es ungewöhnlich, dass man mit zwanzig Jahren schon einen Beruf erlernt hatte.

Sergeant Robinson gefiel meine Versetzung überhaupt nicht. Er konnte sich nicht mehr mit meinen Delikatessen schmücken. „Diese Offiziere!", schimpfte er. Trotzdem lud er mich und Rita zum Abendessen ein. Als wir an seinem Haus ankamen, hörten wir das Singen seiner Frau, es war ein Gebet. Es stellte sich heraus, dass George Robinson und seine Frau Betty Baptisten waren, eine Religion, die im Süden der USA populär war. Die Anhänger beteten oft und laut. In den Südstaaten waren viele Menschen sehr religiös. Man nannte diese Gegend auch den Bibelgürtel der USA. Außerdem waren die Menschen dort bekannt wegen ihrer Gastfreundschaft. Betty und George taten diesem Ruf alle Ehre und empfingen uns mit offenen Armen. Schnell entwickelte sich eine Freundschaft zwischen uns. Sie waren Profis des Armeelebens und konnten uns gute Tipps geben. Wegen der Schwangerschaft von Rita konnten wir jede Hilfe gebrauchen. Unser Apartment war zehn Autominuten entfernt von ihrem und nur fünfzehn Minuten von der Basis, wo uns eine gute medizinische Abteilung zur Verfügung stand.

Meine acht Mitarbeiter in der Küche waren alle Zivilangestellte, die meisten mit dunkler Hautfarbe. Ich vermutete, dass sie nur wenig Lohn bekamen. Sie waren verantwortlich für das tägliche Kochen und mussten auch mir zur Verfügung stehen, wenn ich sie brauchte. Ich war der Chef für Backwaren sowie für Vor- und Nachspeisen.

Einige Wochen später bekam ich mehrere Briefe aus Deutschland und aus den USA. Es war seltsam, denn so viel Post auf einmal erhielt ich sonst nie. Einer der Briefe war von meinen Eltern, die anderen von alten Bekannten und meinen ehemaligen Arbeitgebern, mit denen ich noch Kontakt hatte. Alle hatten denselben Tenor. Sie machten sich Sorgen, denn die US-amerikanische Sicherheitspolizei war bei ihnen gewesen und hatte kuriose Fragen gestellt. Die Herren hatten wissen wollten, was für einen Charakter ich hätte und ob ich fleißig und zuverlässig wäre usw. Als Erklärung für diese Befragung hätten die Beamten nur ausweichende Antworten gegeben. Besonders meine Eltern hatten Angst, denn die Sicherheitspolizei hatte auch die Nachbarn im Dorf befragt. Seitdem fühlten sich die Dorfbewohner natürlich in ihrer Meinung bestätigt, dass ich kriminell geworden sei. Meinen Eltern war die Sache sehr peinlich. Ich hatte eine Vermutung und fragte meinen Vorgesetzten. „Alles eine formale Angelegenheit", sagte er, „das ist eine offizielle Klärung, ein Sicherheitscheck. Immerhin kochen Sie für wichtige Leute." Ich könne ja ein Saboteur sein und einiges mit dem Essen anstellen. Mit diesen Informationen konnte ich meine Eltern und Bekannten beruhigen. Ich hoffte, dass sie stolz auf mich waren, wenn sie von den Gründen erfuhren.

Die Sensibilität meiner Position wurde mir bewusst, als kurze Zeit später Eisenhower bei uns zu Gast war. Natürlich kam er nicht allein, sondern mit seiner Frau Mini und einer großen Entourage. Eisenhower war ein begeisterter Golfspieler, und weil Augusta eine bekannte Golfstadt war, hatte er hier ein Sommerhaus, in dem er fast jedes Jahr einige Zeit verbrachte. Seine Mahlzeiten nahm er im Offiziersklub ein. Für mich war das eine große Ehre und Herausforderung. Ich wuchs über mich hinaus. Einige Nächte bekam ich keinen Schlaf. Unzählige Horsd'oeuvre musste ich backen, ein Mix aus Würstchen im Schlafrock, Olivenpuffer und Käsestangen –, und das waren nur Vorspeisen. Für das Dessert bereitete ich Petits Fours zu. Ich bekam viele Komplimente. Mein Kommandeur war begeistert. Immerhin hatte er mich gefunden. Für ihn war es eine neue Feder am Hut. Mir gab er eine Lohnerhöhung von fünfzig Dollar. Ich überzeugte ihn, auch meinen Helfern eine kleine Erhöhung zu geben.

Viele Menschen hatten immer noch Vorurteile gegen Schwarze. Es war eine blinde, starrsinnige Diskriminierung. Ich war geschockt, als ich zum ersten Mal über dem Eingang eines Geschäfts las: „Whites only". Man konnte die Worte kaum noch lesen, weil sie verblichen waren, aber sie waren immer noch lebendig. Sogar im öffentlichen Verkehr mussten Schwarze hinten sitzen. Ich hatte schon erlebt, dass Weiße aufstanden und ihren Sitz wechselten, wenn sich ein Schwarzer neben sie setzte. Was ging wohl im Kopf der Schwarzen vor, wenn sie diese Worte lasen? Immerhin dienten viele von ihnen in der Armee und riskierten ihr Leben fürs Vaterland. Irgendwie schämte ich mich. Natürlich hatten die fehlende Anerkennung und der niedrige Lohn eine negative Auswirkung auf ihre Arbeitsmoral. Darum musste ich sie immer wieder anspornen. Mit mir, einem Deutschen, hatten sie kein Problem, aber mit den weißen amerikanischen Offizieren schon.

Am 28. März 1961 wurde meine Tochter Monica geboren. Ich war wie von Wolken getragen. Die Armee bezahlte alle Kosten und die Betreuung war erste Klasse. Jetzt war ich ein stolzer Familienvater. Ich verbrachte jede freie Minute mit meiner Familie. Es machte mir Spaß, Rita mit Monica zu helfen. Ich ging mit ihr im Kinderwagen spazieren, wechselte ihre Windeln, fütterte sie und erledigte die Hausarbeit. Zum Glück konnte ich meistens meine Arbeitszeit selbst einteilen, solange ich einen guten Job machte. Vom normalen Armeeleben bekam ich nichts mit. Im

Gegensatz zu meinen Kameraden verdiente ich so viel, dass wir noch etwas sparen konnten.

Ich war froh, dass sich Rita wohlfühlte und etliche Freunde hatten. Einige davon waren Frauen, deren Männer in der Armee waren, andere Nachbarn und Einheimische. Im Gegensatz zum Osten verlief das Leben hier etwas langsamer und gemütlicher. Musik spielte eine wichtige Rolle. George und Betty luden uns manchmal abends zu einer „Musiksession" ein. Freunde und Nachbarn brachten Banjos mit und spielten munter drauflos, vor dem Haus, in freier Natur. Es war eine tolle Stimmung, begleitet von Gesang und Tanz. Ich vergesse nie einen Abend im späten Herbst. Es war fast dunkel, als ein Schwarm Feuerfliegen wie eine glitzernde Decke über einem Feld lag. Millionen und Abermillionen, alle tanzten im Rhythmus der Banjomusik. Es war ein Naturwunder.

Unsere Offiziere waren – im Gegensatz zu den Soldaten – freiwillig in der Armee. Die meisten kamen von der Offiziersschule in West Point. Die Armee war ihr Arbeitgeber, Offizier ihr Beruf. Ich vermutete, dass die meisten dieser Offiziere Patrioten waren, aber es gab auch einige, die diesen Beruf wählten, weil sie im normalen Leben nicht richtig Fuß gefasst hatten. Jetzt waren sie in der Armee und strebten ständig eine Beförderung an, denn das bedeutete mehr Status und mehr Geld. Jeder Offizier hatte einen Vorgesetzten, der auf die Entscheidung für die Beförderung Einfluss hatte. Demzufolge war es logisch, dass sie einen guten Draht zu ihren Vorgesetzten haben wollten.

Major Charly war der Erste, der mich ansprach und fragte, ob ich ihm einen Geburtstagskuchen für Colonel Hamm backen könne. Er wolle ihn überraschen. Zuerst war ich verblüfft, denn es war illegal, Kuchen für private Wünsche zu backen. Ich sagte, ich würde es machen, wenn er die Verantwortung dafür übernähme. Er bejahte. Sein Vorgesetzter sei ein leidenschaftlicher Golfer, sagte Major Charly. Meine Leidenschaft war das Dekorieren. Also backte ich eine Torte, auf der ich eine Golfszene darstellte. Die Torte war ein Volltreffer. Und ich sofort ein überaus begehrter Mann. Ich konnte mich kaum noch retten vor den Wünschen anderer Offiziere. Torten mit Szenen aller Art wurden bestellt, Baseball, Football, Cowboy, was auch immer gefragt war. Ich wurde zu einem wichtigen Teil ihres Strebens nach Beförderung. Für mich hatte diese Entwicklung einen großen Vorteil. Die Offiziere standen in meiner Schuld. Ich genoss diese Konstellation. Es war ein paradoxer Umstand, denn das militärische Protokoll forderte von jedem Rekruten, dass er salutierte, wenn er einem Offizier begegnete. Bei mir war es anders: Sahen sie mich, salutierten zuerst die Offiziere, bevor ich überhaupt die Gelegenheit dazu hatte.

Leutnant Ross war gerade mal zwei Tage in Fort Gordon. Er kam frisch von der Militärschule in West Point. Irgendein Vorgesetzter hatte ihm den Auftrag gegeben, mir den Gästeplan für den nächsten Tag in die Küche zu bringen. Leider war der Leutnant noch nicht informiert über meinen Status in diesem Klub. Als ich nicht vor ihm salutierte, schrie er mich an: „Ich bin ein Offizier und verlange von Ihnen, dass Sie das würdigen und salutieren!" Außerdem schaue die Küche aus wie ein Saustall, tobte er. Mir schoss das Blut in den Kopf. Ich erwiderte ihm, dass er seinen Hintern aus meiner Küche bewegen solle, und das sehr schnell. Er war völlig verblüfft. „Das wird ein

Nachspiel haben!", brüllte er zurück und verließ meine Küche. Natürlich wusste ich, dass fehlender Respekt gegenüber einem Offizier ein großes Vergehen war und streng bestraft wurde. Meistens landete man für einige Zeit im Militärgefängnis und wurde dann unehrenhaft aus der Armee entlassen. Ich war mir nicht sicher, ob ich meine Position überstrapaziert hatte, aber Fakt war, dass ich den Leutnant nie wieder in meiner Küche sah. Ich vermute, sein Vorgesetzter hatte ein ernstes Gespräch mit ihm.

Mein Mitarbeiter Clark war sechsundvierzig Jahre alt und hatte eine Familie mit Frau und vier Kindern. Fast zwei Jahre lang hatte er an meiner Seite gearbeitet und viel gelernt. Doch schließlich war es soweit: Meine Armeezeit würde in drei Wochen vorüber sein. Dann musste ein anderer meinen Job machen. Mein Kommandeur versuchte, mich zu überzeugen, weiter im Klub zu arbeiten, und zwar als ziviler Angestellter, aber ich lehnte ab. Obwohl der Klub ein toller Arbeitsplatz war und wir im schönen Georgia viele Freunde gewonnen hatten, wollten wir nach San Francisco. Es war nicht einfach, aber ich überzeugte meinen Kommandeur, dass Clark der geeignete Mann wäre, um meinen Job zu übernehmen. Für ihn und seine Familie bedeutete der Job mehr Geld und eine bessere Lebensperspektive. Clark war begeistert und hörte nicht auf, sich bei mir zu bedanken.

Im Juli 1962 war meine Ausmusterung. Ich hatte viele Erfahrungen gesammelt, besonders über mich selbst. Auch wenn ich die amerikanische Staatsbürgerschaft nicht hatte, fühlte ich mich doch immer mehr als Amerikaner. In zwei Jahren würde ich die Staatsbürgerschaft beantragen können. Und ich musste weitere vier Jahre für dieses Land bereitstehen. Der

Krieg in Vietnam dauerte an, immer mehr Truppen wurden dorthin gebracht. Rita und mir machte dieser Zustand große Sorgen, er lag wie ein Schatten über uns. Bis jetzt schickte die Armee hauptsächlich ledige Soldaten in den Krieg, aber irgendwann würde sie auch Familienväter nach Vietnam abkommandieren.

22

Wir freuten uns auf San Francisco, denn hier würden wir einen neuen Lebensabschnitt beginnen, arbeiten und Geld sparen. Und wenn endlich die vier Jahre Warteschleife der Armeereserve überstanden waren, wollten wir uns ein eigenes Geschäft kaufen. Aber jetzt brauchten wir erst einmal ein gutes Auto für die 2.000 Meilen weite Strecke. Von dem zusätzlichen Gehalt im Offiziersklub hatten wir etwas Geld beiseitelegen können, genug für die Anzahlung eines neuen Wagens. Wir entschieden uns für die Marke Rambler American Station. Es war das erste Mal, dass ich etwas auf Kredit kaufte. Die Autofirma gab mir den Kredit ohne Bedenken. Mit den Deutschen habe man gute Erfahrungen gemacht, erklärte sie mir. Danach hatten wir gerade noch genügend Geld für die lange Reise.

Obwohl unser neues Auto mehr Platz hatte, war es so vollgestopft mit unserem wenigen Hab und Gut, dass wir kaum noch hineinpassten. Einen großen Teil unserer Kleidung hatten wir auf dem Dach befestigt. Monica war jetzt ein Jahr alt und saß auf Ritas Schoß. Ich war froh, dass sie die Fahrt so gut ertrug. Das monotone Brummen des Motors und die Countrymusik im Radio waren ein gutes Schlaflied für sie. Als wir durch El Paso in Texas fuhren, spielten sie zufällig das Lied „Out in the west, Texas town of El Paso" von Marty Robbins. Ein besseres Setting konnte man nicht haben, blauer Himmel und Westernatmosphäre. Wir sangen munter mit. Arizona, Utah und Nevada folgten. Am siebten Tag, es war schon spät abends, kamen wir in San Francisco an. Zum Glück fanden wir ein Motelzimmer an der Van Ness Street. Wir waren dankbar, dass unsere Reise so gut verlaufen war. Trotzdem war ich unruhig, denn hier war das Ende, hier war unser Ziel, es war Showtime. Ich musste meine Familie versorgen und eine Wohnung finden.

Am nächsten Morgen blätterte ich in der Zeitung, konnte aber keine Jobanzeigen finden. Ich erinnerte mich an die Vertreter, die regelmäßig die Bäckereien besuchten, um ihre Waren zu verkaufen. Einige kannte ich noch aus der Zeit in der schwedischen Bäckerei in Berkley. Diese Vertreter waren fast alle bestens über ihre Kunden informiert. Normalerweise wussten sie, wenn ein Geschäft eine neue Arbeitskraft brauchte.

Das Glück war weiter mit uns, denn schon zwei Tage später erhielt ich die Information, dass eine Bäckerei einen guten Bäcker suche. Ich telefonierte mit dem Chef, stellte mich vor und bekam den Job, zwei Wochen Probezeit. „Eagles Bakery" war der Name des Geschäfts, es lag ungefähr zwanzig Autominuten von San Francisco entfernt in Daily City in einem großen Shoppingcenter. Der Boss, Mr. Hughs, hatte drei weitere Filialen in der Stadt. Er war mir sofort sympathisch. Von den acht Angestellten waren Ralph und Fritz die Schlüsselleute, sie hatten das Sagen. Für mich war es ein Vorteil, dass beide deutscher Abstammung waren und ich gerade aus der Armee kam. Uns Veteranen wollte man immer eine Extrachance geben, immerhin hatten wir zwei Jahre unseres Lebens für unser Land geopfert. Es war ein ungeschriebenes Gesetz. Die Kollegen verschwendeten keine Zeit, mich in meine Aufgaben einzuweihen, wenn ich Hilfe brauchte, sollte ich fragen. Ich war begeistert, denn die Bäckerei war spezialisiert auf Feinbackwaren, Torten aller Art und Hochzeitstorten, also viel

Kreatives, viel dekorieren. Ich würde eine Menge dazulernen. Außerdem war es ein Gewerkschaftsbetrieb, das bedeutete gute Bezahlung und geregelte Arbeitszeiten.

Wir fanden ein Apartment an der Steiner Street an der Westseite der Stadt. Es war ein älteres Gebäude im viktorianischen Stil mit insgesamt sechzehn Wohnungen und sehr preiswert. Die Nachbarschaft war ein buntes Gemisch von vielen verschiedenen Kulturen. In den USA waren die Küchen in den Wohnungen bereits eingerichtet, die Zimmer hatten Wandschränke. Deshalb konnten wir uns Zeit nehmen und in Ruhe preiswerte Möbel kaufen.

Wir hatten schon wieder Glück, denn wir lernten Trudi kennen, eine Deutsche, die im selben Haus wohnte. Ihr Mann Richard war Amerikaner, die beiden waren sich während seiner Armeezeit in Deutschland begegnet. Trudi betreute einige Kinder aus der Nachbarschaft, so etwas wie ein kleiner Kindergarten. Wir wurden gute Freunde und trafen uns für gemeinsame Spaziergänge und zum abendlichen Kartenspiel.

Monica war jetzt vierzehn Monate alt und taumelte munter durch die Wohnung. Wir waren eine glückliche Familie. Durch die Zeitungen erfuhren wir, dass Ritas alter Arbeitgeber, die Telefonfirma, auf der Suche nach neuen Angestellten war. Wir zögerten nicht lange, denn wir waren uns sicher, dass Monica gut bei Trudi aufgehoben war. Rita bekam den Job, wir hatten zwei Einkommen, unser Konto wuchs und wir kamen unserem Ziel immer näher.

Ein Tag, den ich nie vergessen werde, war der 22. November im Jahr 1963, als ich mit meinem Auto auf der Van Ness Street auf dem Weg zur Waschanlage war. Es war einer dieser sonnigen Herbsttage, welche die Seele massieren. Ich hatte Feierabend und aus dem Radio ertönte belebende Countrymusik. Dann plötzlich eine Unterbrechung, Eilmeldung. „The Assassination of Präsident Kennedy." Ein eiskalter Schauer lief durch meinen Körper, ich war wie gelähmt und musste mein Auto an die Straßenseite fahren. Ich brach in Tränen aus. Es war das erste Mal in meinem Leben, dass ich um einen Politiker weinte. Kennedy war unsere Hoffnung, unsere Zukunft gewesen.

Im Juli 1964 bekam ich die Nachricht von der Armee, dass ich mich am 1. August für mein Reservetraining in Fort Irwin melden müsse. Ich hatte die Botschaft erwartet. Das Manöver sollte vier Wochen dauern. Nach dem Gesetz musste mein Boss mir freigeben, aber er sagte, dass er zwei Wochen von meinem Urlaub abziehen würde. Fort Irwin war eine kleine Militärbasis in der Mohave-Wüste in der Nähe der Stadt Barstow. Ich konnte mich noch gut an die Stadt erinnern, auf unserem Trip nach San Francisco waren wir dort vorbeigekommen. Die Hitze war so intensiv, dass man sie sehen konnte, fünfzig Grad im Schatten. Ich vermutete, dass man uns mal wieder auf Vietnam vorbereiten wollte.

Meine Reise dauerte ungefähr fünf Autostunden. Bei meiner Ankunft war ich überrascht, als ich meine Leidensgenossen sah, es waren ausschließlich Mexiko-Amerikaner aus der Stadt Tucson im Staat Arizona. Warum man mich, einen Deutschen, hierher kommandiert hatte, war mir ein Rätsel. Wir hatten sofort einen guten Draht miteinander, denn sie achteten die Deutschen. Sie seien fleißig und hätten eine gute Fußballmannschaft, sagten sie. Die amerikanischen „Gringos" mochten sie überhaupt nicht, sie seien arrogant und hätten keinen Respekt vor den Mexikanern.

Trotz der überwältigenden Hitze waren die folgenden vier Wochen die besten, die ich in der Armee verbrachte. Von Militärtraining war nichts zu spüren. Wir saßen fast die ganze Zeit im Schatten der Baracke, spielten Poker, tranken Bier und aßen gebackene Bohnen. Diese Bohnen waren eine Spezialität der Mexikaner und mussten vierundzwanzig Stunden im Ofen bleiben, verrieten mir meine Kameraden. Nachdem wir die vier Wochen absolviert hatten, waren wir beim Abschied etwas wehmütig und hofften, im folgenden Jahr, wenn die letzte Trainingseinheit stattfinden würde, uns wieder alle hier zu treffen. Für mich hieß es nun: zurück nach San Francisco, zu meiner Familie und meiner Arbeit in der Bäckerei.

Mit meinen Kollegen in der Bäckerei verstand ich mich sehr gut, ich fuhr gerne morgens zur Arbeit. Fritz und Ralph waren Virtuosen im Dekorieren, ich konnte einiges von ihnen lernen. Sie gaben mir Tipps und spornten mich an. Üben, üben, üben war ihr Credo. Ich nahm Buttercreme mit nach Hause und das nötige Handwerkszeug und übte und übte, stundenlang, jeden Abend. Ich dekorierte Rosen, Blumen aller Art, Schriftzüge, verschiedene Muster, malte Landschaften, Sportszenen, alles, was die Kunden verlangten. Ich war mir sicher, dass ich mit solchen Kenntnissen eines Tages in meinem eigenen Geschäft viel Erfolg haben würde.

Das folgende Jahr verlief reibungslos. Monica entwickelte sich prächtig und wir verbrachten viel Zeit zusammen. Mit dem Kinderwagen spazierten wir durch den Golden Gate Parc oder über den Great Highway entlang der Küste. In der Nähe unserer

Wohnung war ein kleiner, hügeliger Park mit einem steilen Abhang. Von hier aus konnte man die Skyline von San Francisco sehen. Als ihre Beine sie besser tragen konnten, ging ich mit Monica an meiner Hand diesen Hügel herunter und wurde absichtlich immer schneller, sodass meine Tochter auch ihre Schritte beschleunigen musste, um zu vermeiden, dass sie stolperte. Immer gewann sie den Boden zurück, der ihr zu entrinnen drohte. Dann funkelten ihre Augen und ich erkannte ihren Ehrgeiz. Natürlich war sie an meiner Hand sicher, trotzdem war es ein mieser Trick von mir. Manchmal fuhren wir an den Wochenenden zum Strand nach Stinson Beach oder Santa Cruz. Monica hatte so viel Spaß im Ozean, dass sie nicht zurück nach Hause wollte.

Im August des Jahres 1965 erfüllte ich meine letzten vier Wochen Armeedienst, zum Glück wieder in Fort Irwin mit meinen Latino-Kameraden. Wir machten das Gleiche wie im Jahr zuvor: Bier, Bohnen und Poker. Diesmal war der Abschied viel schwerer, denn wir wussten, dass wir uns nicht wiedersehen würden. Die zwei Jahre der aktiven Reserve waren vorbei und damit auch das Sommertraining. Nun musste ich zwei weitere Jahre in der inaktiven Reserve verbringen. Der Krieg in Vietnam wütete immer mehr, was bedeutete, dass einige von uns wahrscheinlich zum Einsatz nach Vietnam mussten. Der mögliche Kriegseinsatz belastete unseren Alltag. Wir hörten täglich Nachrichten, denn der Verteidigungsminister Robert McNamara sprach von einer eventuellen Mobilisierung der Reserve. Mein Jahrgang gehörte dazu, aber man versicherte uns, dass Männer mit Familie und Kindern die letzten sein würden, die man nach Vietnam schickte. Der Briefkasten war in dieser Zeit unser Furchtobjekt.

Jeden Tag konnte die Nachricht vom Einsatz kommen.

In der Bevölkerung war der Krieg unbeliebt. Universitäten waren eine Quelle des Widerstands, besonders die Universität in Berkeley. Ich selbst hatte ein ambivalentes Gefühl. Klar, man musste dem expandierenden Kommunismus Paroli bieten, aber warum mussten immer junge Amerikaner ihr Leben dafür riskieren? Was war mit den Europäern, war der Kommunismus nicht auch ihr Feind? Schon in Korea waren es hauptsächlich die Amerikaner gewesen, die ihren Kopf hingehalten hatten. Trotzdem, wenn die Armee mich einziehen sollte, würde ich gehen.

In der Bäckerei hatte ich in der Zwischenzeit fast alles gelernt, was meine Kollegen zu bieten hatten. Das Warenangebot war vielfältig, genauso wie die Kundschaft. In dieser Nachbarschaft lebten Menschen aus vielen Ländern und das Angebot sollte sie alle zufrieden stellen.

In der Zwischenzeit machten Rita und ich die Prüfung für die US-amerikanische Staatsbürgerschaft. Im Februar 1966 wurden wir zusammen mit 200 anderen Immigranten aus allen Erdteilen eingeschworen. Es war eine feierliche Zeremonie im Justizgebäude im Zentrum der Stadt und das zweite Mal, dass ich dem Staat Treue schwören musste. Jetzt waren Rita und ich Amerikaner, genau wie unsere kleine Tochter Monica. Das bedeutete aber auch, dass ich meine deutsche Staatsbürgerschaft verlor, denn es war nur eine erlaubt. Aber unsere Pläne waren klar: Hier in Amerika war unsere Zukunft.

Wir waren im Jahr 1967. Ich hörte nichts von der Armee, trotz des Vietnamkriegs. Es war eine Erlösung. Nach diesen zwei Jahren war meine Pflicht endlich erfüllt und der Weg frei für unsere Wünsche. Wir hatten 6.000 Dollar auf der Bank. Jetzt galt es, ein gutes Geschäft zu finden, am besten in San Francisco. Die sicherste Quelle für Informationen über mögliche Geschäfte waren wieder einmal die Vertreter. Sie waren die Verbindung zum Netzwerk. Außerdem konnten sie die Qualität der Bäckereien gut einschätzen. Und es war auch in ihrem Interesse, mir zu helfen, denn ich konnte ein zukünftiger Kunde sein, sogar ein langjähriger Kunde, weil ich noch jung war.

Ich war nicht wenig überrascht, als mir ein Vertreter verriet, dass mein jetziger Arbeitgeber eine seiner Filialen verkaufen wollte. Die Bäckerei war am Geary Boulevard, mitten in der Stadt. Ich kannte die Filiale gut, weil ich schon einige Male dort geholfen hatte, wenn einer der Bäcker krank gewesen war. Im Betrieb arbeiteten drei Bäcker und vier Verkäuferinnen. Warum gerade diese Filiale von seinen vier zu verkaufen war, konnte ich nur vermuten. Ich hatte bemerkt, dass die Waren dort nicht die gleiche Qualität hatten wie bei uns an der Sky Line Plaza und in den anderen Filialen. Die Kollegen in dieser Filiale hatten nicht die gute Ausbildung wie die deutschen Bäcker. Doch ich war überzeugt vom Potenzial dieses Ladens, ich brauchte nur gute Ware. Immerhin lag er an einer Hauptgeschäftsstraße mit einem ständigen Fluss von Fußgängern. Hinter dem Block der Geschäfte war eine Parkzone für fast fünfzig Autos. Richmond District nannte man diesen Stadtteil, hier lebte die sogenannte Mittelklasse, die Arbeiterklasse, sie waren bekannt als gute Kunden.

Schon nach dem ersten Gespräch mit meinem Chef wurde meine Vermutung bestätigt. Sein Verkaufspreis entsprach nicht der Summe, die man für ein blühendes Geschäft verlangen würde. Die Bücher zeigten einen guten Umsatz, aber der Profit war zu gering. 16.000 Dollar wollte er haben, die Anzahlung betrug 10.000 Dollar. Damit standen 4.000 Dollar zwischen mir und dem ersehnten Geschäft.

Mische nie eine Freundschaft mit Geld, sagt ein alter Spruch, aber als unsere Freunde Trudi und Rick uns die 4.000 Dollar anboten, griffen wir zu. Trotz ihrer Abneigung gegen einen offiziellen schriftlichen Vertrag bestanden wir darauf, mit dem Versprechen, die Schulden mit Zinsen so schnell wie möglich abzuzahlen.

23

Schon am ersten Tag unserer Geschäftsübernahme war mir klar, dass wir mit den vorhandenen Arbeitskräften keine Verbesserung des Geschäfts erreichen würden. Ich musste diese Angelegenheit so schnell wie möglich verändern.

Sharon war die angebliche Seele des Ladens, so wurde uns gesagt, und der Liebling der Kunden. Die attraktive vierzigjährige Frau arbeitete schon seit zwanzig Jahren im Geschäft. Sie hatte das Sagen und bis jetzt hatte ihr anscheinend noch niemand widersprochen. Sharon kannte ihre Machtposition genau und nutzte sie auch. Ich erfuhr, dass sie zusätzlich zu ihrem Job als Bäckereiverkäuferin eine Lizenz als Immobilienmaklerin hatte und tatsächlich in diesem Bereich auch aktiv war. Das war soweit okay. Aber: Sie machte ihre Maklergeschäfte nicht nur während ihrer Arbeitszeit im Geschäft, sondern auch über das Firmentelefon. Es war bekannt, dass sie drei Wohnhäuser besaß, angeblich alle mit ihrem Lohn als Verkäuferin finanziert. Ein Gerücht lautete, dass sie eine Beziehung mit dem früheren Besitzer gehabt hatte und sich deswegen als Teilhaberin des Geschäfts sah. Leider konnte sie das nicht vergessen, als wir die Bäckerei übernahmen, und machte Rita, die noch keine Erfahrung mit einer Bäckerei hatte, das Leben zur Hölle. Schnell bemerkten wir auch, dass es Unregelmäßigkeiten mit der Kasse gab, die auf Sharons Konto gingen. Niemand wusste, wie lange sie schon Geld unterschlug. Sie war sehr wahrscheinlich der Grund gewesen, warum der Vorbesitzer keinen Profit gemacht hatte und das Geschäft so billig verkaufte. Sharon hatte ihn in der Hand: Er hatte mit ihr eine Affäre, obwohl er verheiratet war. Wir entschieden, ihr zu kündigen. Natürlich hatten sich in diesen zwanzig Jahren, die Sharon in der Bäckerei arbeitete, viele Freundschaften mit den Kunden entwickelt. Wir hingegen, meine Frau und ich, waren Neulinge und die Kunden uns gegenüber skeptisch. In dieser Situation konnten wir kaum gewinnen. Trotzdem musste Sharon gehen.

Ich vergesse nie ihren Blick, als wir ihr kündigten. „Mich wollen Sie feuern, die Königin des Ladens?" Fast jeden Nachmittag, zwei Wochen lang, stand sie vor der Bäckerei, fing die Kunden ab und versuchte, sie zu beeinflussen. Tatsächlich mieden einige Kunden daraufhin unser Geschäft, doch zum Glück nicht die Mehrzahl. Nachdem Sharon ihre Rache gesättigt hatte, kamen langsam auch die anderen Kunden wieder zu uns. Und als ich schließlich die vorhandenen Bäcker ersetzt hatte, blühte das Geschäft auf. Rita entwickelte sich zu einer hervorragenden Ladenmanagerin und machte die Buchführung. Für die monatliche Abrechnung hatten wir einen Buchhalter.

Die Bäckerei war sieben Tage die Woche geöffnet. Das war damals in den USA schon möglich. Doch es war eigenartig: Obwohl ich in Deutschland eine gute Ausbildung in der Herstellung von Brot und Brötchen bekommen hatte, backte ich in den USA kaum Brot. Hier war man der Ansicht, dass man mit Brot und Brötchen nicht viel verdienen konnte. Darum backten wir hauptsächlich Kuchen, Torten aller Art, wenigstens vierzig verschiedene Sorten, Hochzeitstorten und ein großes Sortiment von Feinbackwaren. Wir erfüllten fast alle Wünsche der Kunden. Im Gegensatz zu vielen unserer Konkurrenten, die mit Fertigmischungen arbeiteten, waren unsere Backwaren handgemacht und ohne Zusatzmittel. Im Grunde waren wir so beschäftigt, dass wir keine Zeit hatten, unsere Einnahmen wieder auszugeben. Außerdem wollten wir so schnell wie möglich unsere Schulden abzahlen. Das Geschäft lief gut. Während der Woche arbeitete ich zwölf Stunden täglich, an Samstagen und sonntags sechzehn Stunden. Ich kannte keine Müdigkeit, ich war wie im Rausch. Das Klingeln der Ladenkasse war Musik in meinen Ohren, es war mein Ansporn.

Manchmal schlief ich an den Wochenenden, nach einem sechzehnstündigen Arbeitstag, auf den Mehlsäcken in der Bäckerei ein. Ich erinnere mich daran, dass ich nach einer solchen Schlafpause am Montag einen geschwollenen Fuß hatte. Ich dachte, es wäre nur eine leichte Verstauchung, und machte munter meine Arbeit weiter. Am Dienstag war das Fußgelenk so dick, dass ich kaum den Schuh anziehen konnte. Trotzdem arbeitete ich weiter. Am dritten Tag plagten mich die Schmerzen so sehr, dass ich zusammenbrach und das Bewusstsein verlor. Als ich wieder das Tageslicht sah, stand Doktor Schmid, unser Hausarzt, über mir. Die Diagnose lautete: „Blutvergiftung, sofort ins Krankenhaus!" Doktor Schmid vermutete, dass ich von einer Schwarzen Witwe gestochen worden war. Wahrscheinlich war die Spinne in einer der Kisten mit Feigen oder anderen getrockneten Früchten gewesen, die im Lagerraum standen. Er wirkte sehr nervös und fuhr mich in seinem Wagen sofort zum Krankenhaus. Offenbar war ich in Lebensgefahr. Ich hatte Angst. Im Hospital gab er mir Infusionen und Umschläge. Doch das Glück war wieder einmal auf meiner Seite. Drei Tage später war ich zurück in meiner Bäckerei. Meine Angestellten hatten den Betrieb in der Zwischenzeit allein weitergeführt. Ich war ihnen sehr dankbar und gab ihnen einen Bonus.

Vor allem an den Feiertagen verdienten wir viel Geld. Diese Tage waren jedes Mal eine gute Gelegenheit, neue Kunden zu gewinnen. Ich war überzeugt von der Qualität meiner Waren und dass ich jeden Käufer als Stammkunden gewinnen könnte. Erntedankfest, Weihnachten, Valentinstag, Ostern, Muttertag, 4. Juli, an diesen Tagen arbeitete ich achtundvierzig Stunden durch, ohne Pause oder Schlaf und in vollem Tempo. Auch Rita machte viele Überstunden. Am Abend vor Thanksgiving kam sie schon um ein Uhr nachts, um hunderte Bestellungen einzupacken, während unsere Monica, mittlerweile sechs Jahre alt, nebenan im Büro schlief.

Die Belohnung kam am folgenden Tag, wenn der Laden so voll war mit Kunden, dass sie bis draußen auf den Bürgersteig standen. Nach diesem Arbeitsmarathon saß ich total erschöpft auf der Treppe zwischen Backstube und Laden, ausgehungert und durstig, und fühlte mich wie auf Wolken. In meiner Hand hielt ich eine Flasche Bier und auf der Treppe neben mir stand eine Wan-Tan-Suppe vom chinesischen Nachbarn. Es war die ultimative Genugtuung, unvergesslich. Die Kasse klingelte und klingelte, ein Symphoniekonzert.

Fast alle Feiertage waren ein totaler Gewinn, außer wenn das Wetter schlecht war. So passierte es manchmal am Tag vor Weihnachten, wenn es tagsüber anhaltend geregnet hatte, dass wir noch viele Weihnachtswaren übrig hatten. Doch auch dafür fanden wir eine Lösung: Wir öffneten am Weihnachtstag, wenn es nicht mehr regnete. Während Rita und ich die Waren verkauften, spielte Monica in der Backstube. Dann wurde der Laden leergekauft und die Kunden waren uns sehr dankbar. Ich hoffte, dass der liebe Gott uns verzieh.

Jack Shelton war ein berühmter Gastrokritiker. Seine Heimat war das San Francisco Magazine. Während sein Name den meisten vertraut war, kannten nur wenige sein Aussehen. Das war seine Stärke, denn er wollte anonym sein, wenn er Restaurants, Bäckereien und andere Geschäfte besuchte und bewertete. So wichtig wie in Deutschland die Sterne für Restaurants waren, so wichtig war das Urteil von Jack Shelton in der Bay Area. Es war unser Glück, dass ich gerade einen Aprikosen-Walnuss-Kaffeekuchen erfunden hatte, den Jack Shelton ohne unser Wissen probierte. Er war begeistert und berichtete davon mit großem Lob in seinem Artikel. Dieser Bericht bescherte uns noch mehr Kunden. Da wir jetzt einen Draht zu Jack Shelton hatten, besaß ich den Mut, ihm vor Weihnachten einen meiner Stollen zu schicken. Danach schrieb er einen langen Artikel über die Geschichte der Weihnachtsstollen und wertete meinen als den besten, noch besser als das Original von Dresden. Das Resultat war, dass ich 2.000 Stollen backen musste, denn nicht nur meine deutschen Kunden, sondern auch Amerikaner fanden jetzt Geschmack daran. Doktor Schmid, mein Lebensretter, kaufte 100 Stollen und beschenkte damit seine Patienten. Doch mein Misstrauen an den Kenntnissen von Jack Shelton war bereits bestätigt, denn er hatte beim Kuchen nicht bemerkt, dass die Marmelade eine Mischung aus Aprikosen und Mandarinen war. Nur Aprikosen waren mir zu teuer gewesen, außerdem gaben die Mandarinen dem Kaffeekuchen einen besseren, pikanteren Geschmack. Das hatte Mr. Shelton nicht herausgeschmeckt. Wahrscheinlich hatte er auch noch nie in seinem Leben einen Dresdener Stollen gegessen.

Wir waren jetzt drei Jahre im Geschäft. Unsere Jahresbilanz war ausgezeichnet und Herb, unser Buchhalter, schlug uns vor, die Gewinne steuergünstig anzulegen. Wir brauchten Abschreibemöglichkeiten wegen unserer hohen Einnahmen. Schon wenige Monate später hatten wir unsere Schulden bei Trudi und Richard abgezahlt. Ich belohnte ihr Vertrauen in uns mit einem kleinen Bonus. Sie hatten uns zur Seite gestanden, als wir sie brauchten, das würden wir nie vergessen. Unsere nächste Aufgabe bestand darin, die restliche Kaufsumme von 6.000 Dollar bei meinem ehemaligen Chef abzuzahlen, aber dafür hatten wir noch zwei Jahre Zeit.

Den besten Profit machten wir mit Hochzeitstorten. Hier konnte ich mein Können zeigen. Es war eine Kunst, diese mehrstufigen Biskuittorten mit einer speziellen Creme zu dekorieren und zur Hochzeit zu liefern, besonders im hügeligen Gelände von San Francisco. Auch hier musste ich Lehrgeld zahlen.

Eines Tages sollte ich eine Torte, bestehend aus fünf Stufen, liefern. Die fünf Stufen waren auseinander genommen größer als die Kombifläche meines Fords. Ich hatte keine andere Wahl, als zwei Stufen übereinanderzustellen. Als ich einen Hügel hinauffuhr, kippte dieser kleine Turm nach hinten, hinein in die anderen Stufen. Der Hochzeitskuchen war ruiniert. Ich war verzweifelt, denn die Hochzeitsfeier würde in vier Stunden beginnen und in den USA war die Torte der Mittelpunkt der Festlichkeit. Es war Tradition, auch heute noch ist es so. 200 Gäste und kein Kuchen. So viele Arbeitsstunden hatte die Torte in Anspruch genommen, jetzt hatte ich gerade mal vier Stunden, um zu improvisieren. Zuerst musste der Kunde informiert werden, meistens die Eltern des Brautpaares, die sowieso schon unter hohem Stress standen.

Vorwürfe und Drohungen drangen durch den Telefonhörer, als ich sie über das Unglück informierte. „Wie konnte so etwas passieren? Die ganze Party ist ruiniert. Das gibt ein Nachspiel." Doch ich war der Einzige, der ihnen helfen konnte, also nahmen sie meinen Vorschlag, in den vier Stunden etwas Vergleichbares zu produzieren, gezwungenermaßen an. Nichts traf mich mehr als die Ungunst eines Kunden. Hier war nicht nur er das Opfer, sondern 200 Gäste würden Zeugen unseres Missgeschicks sein. Und diese Gäste hatten wiederum Bekannte und Freunde. Ich musste mir also schnell etwas einfallen lassen.

Für späte Bestellungen und ökonomische Arbeitseinteilung hatte ich immer gebackene Böden im Gefrierschrank. Statt der bestellten runden Torte in fünf Stufen stellte ich nun eine viereckige her, die drei Stufen hatte. Es war ein Meisterwerk und ich war fast stolz auf mich, denn ich schaffte es in drei Stunden, und wir hatten noch genügend Zeit für die Lieferung. Der zerstörte Kuchen hatte zwischen jeder Stufe eine fünf Zentimeter hohe Säule gehabt, sodass die Torte über einen Meter hoch war und entsprechend spektakulär aussah. Der neue Hochzeitskuchen hatte keine Säulen und die Stufen standen direkt übereinander, waren aber leichter zu transportieren.

Zu dritt machten wir uns auf den Weg durch die Straßen von San Francisco. Es war halb acht, die Party begann in einer halben Stunde. Zum Glück war der Berufsverkehr vorbei. Wir erreichten unser Ziel um zehn nach acht. Der Saal war voll mit fröhlichen Menschen, wie man es auf einer Hochzeitsparty erwartete, nur mit dem Unterschied, dass ein Tisch mitten im Saal noch leer war. Dorthin gehörte die Torte. 200 Augenpaare folgten uns, als wir uns mit dem Kuchen den Weg durch die Menge bahnten, wie drei Knechte, die durchs Fegefeuer gingen. Als der Kuchen auf dem mit bunten Tüchern bedeckten Tisch stand, schaute er recht gut aus. Auch im Gesicht des Gastgebers entdeckte ich einen Hauch von Erleichterung. Die Feier war gerettet.

Mein Vertrauen in die Menschheit wurde gestärkt, als mich drei Tage später der Brautvater anrief und mir ein großes Kompliment gab für meine Improvisation. Nicht nur habe die Torte sehr gut ausgesehen, sie habe auch gut geschmeckt. Er bestand darauf, dass ich den Scheck für die Torte annahm. Den hatte ich nämlich in der Zwischenzeit an ihn zurückgeschickt. Auf das Geld hätte ich gerne verzichtet, denn das zurückgewonnene Vertrauen des Kunden war mir wichtiger. Doch vor allem konnte ich jetzt wieder besser schlafen.

24

Eine Grundlage unseres Geschäfts war die ethnische Mischung der Kunden. Russen, Juden, Deutsche, Polen, Italiener, Chinesen, alle hatten ihre kulturellen Feiertage. Um ihre Ansprüche zu erfüllen, stellte ich die jeweiligen traditionellen Backwaren her. Es war eine Herausforderung, die ich mit Freuden annahm. Mein jüdischer Kundenkreis war besonders groß. Sie hatten einen hohen Anspruch und honorierten Qualität. Ich lernte einige dieser Kunden besser kennen und wurde wieder mit dem Leid vieler jüdischer Familien während der Nazi-Zeit konfrontiert. Die meisten von ihnen hatten Verwandte verloren. Obwohl diese Verbrechen stattgefunden hatten, als ich ein Kind gewesen war, hatte ich als Deutscher Schuldgefühle.

Natürlich hatte auch ich während der Kriegszeit gelitten, aber das milderte nicht mein schlechtes Gewissen. Es war ein Wunder, dass ich die letzten Kriegsjahre mit den vielen Bomben überstanden hatte, auch die tägliche Mühsal nach dem Krieg war kaum zu bewältigen gewesen. Noch jetzt hörte ich manchmal in einem Alptraum die Furcht erregenden Sirenen, die uns vor den Bombenangriffen gewarnt hatten. Trotzdem, ich kam aus Deutschland und war damit einer der Schuldtragenden. Immer wieder wurden wir Deutsche in den US-amerikanischen Medien und durch die Bevölkerung damit konfrontiert. In gewissem Sinne waren die deutschen Einwanderer der Blitzableiter für die Verbrechen der Nazis. Ich dachte an meine Familie, an meine Freunde und Verwandten in Deutschland. Wurden auch sie damit konfrontiert? Ich bezweifelte es.

Die meisten deutschen Einwanderer fühlten sich wegen dieser Vergangenheit eingeschränkt. Wie sonst konnte man erklären, dass amerikanische Bürger mit deutscher Herkunft keinen politischen Einfluss in den USA hatten, obwohl sie die größte Minderheit waren? Politiker besuchten fast immer kulturelle Veranstaltungen der ethnischen Minderheiten wie Italiener, Polen, Spanier usw. und warben um deren Stimmen, aber zu den Veranstaltungen der Deutschen kamen sie nicht, obwohl sie dort viele potenzielle Stimmen hätten holen können.

In der Politik ging es drunter und drüber. Wir waren im Jahr 1970 und der Vietnamkrieg wütete weiter. Immer mehr junge Leute mussten dorthin. Auch Familienväter wurden mittlerweile eingezogen. Ich fand es absonderlich, dass Väter, die auch noch einen nützlichen Job hatten, in den Krieg mussten, während junge und gesunde College-Studenten geschont wurden. Wäre ich jetzt noch in der Armeereserve gewesen, hätten sie mich eingezogen, obwohl ich Vater war und ein Geschäft führte mit dreizehn Arbeitsplätzen. Wo war die Logik? Der zweiundzwanzigjährige Sohn einer meiner Angestellten erwartete seine Einberufung. Um sich zu entziehen, bewarb er sich schnell für ein College. Von seiner Familie war keine finanzielle Unterstützung möglich, darum beantragte er einen staatlichen Studentenkredit. Prompt nahm er einen großen Teil des Kredits und kaufte sich ein Auto. Ich möchte wetten, dass die Söhne der regierenden Politiker nicht in den Krieg mussten, sondern alle zur Universität gingen. War das Gerechtigkeit?

In dieser Zeit entschied die Regierung, dass auch Studenten zum Militär mussten. Erst jetzt fingen die ernsthaften Antikriegsdemonstrationen an. Bis dahin war das kein großes Thema gewesen. Wir Arbeiter konnten nicht demonstrieren, wir hatten keine Zeit. Die Quelle der Antikriegsbewegung waren die Universitäten, besonders Berkeley. Von hier aus wurden die Demonstrationen organisiert. Ende April 1970 gab es wieder mal einen solchen Aufmarsch, mitten durch unsere Nachbarschaft. Eine gute Gelegenheit fürs Geschäft, dachte ich und hatte eine volle Besetzung, um den erhofften Andrang bedienen zu können. Immerhin waren 3.000 Demonstranten angekündigt. So viel Laufkundschaft würden wir nie wieder haben.

Es war nicht die Laufkundschaft, sondern ein Tsunami, der alles mit sich riss. In nur wenigen Minuten war der Laden leergefegt, und zwar durch Enteignung. Fast niemand zahlte, die vielen Hände nahmen, was immer zu greifen war, aus der Theke, aus dem Schaufenster, aus den Regalen. Dann verschwanden sie, so schnell sie gekommen waren, und hinterließen ungefähr 1.200 Dollar Schaden. Es war eine Lehre, die ich nie vergessen werde. Die angeblich so gewissenhaften Antikriegsdemonstranten waren gnadenlos gegenüber ihren Mitmenschen. Das passte nicht zusammen.

Auch Kennedys Nachfolger Lyndon Johnson konnte den Vietnamkrieg nicht beenden, im Gegenteil, er schickte noch mehr Truppen in den Krieg. Die Antikriegsbewegung wurde ständig größer. In dieser Zeit wurde die Hippiebewegung, die sogenannten Blumenkinder, immer lauter. Der Stadtteil Haight-Ashbury war ihr Revier, nicht mehr als einen Kilometer von unserem Geschäft entfernt. Drogen und freie Liebe war ihr Motto, sie wollten mit dem Establishment nichts zu tun haben. Es war nicht selten, dass wir und andere Geschäfte, aber auch öffentliche Gebäude,

Bombendrohungen bekamen. Dann mussten wir den Betrieb stilllegen und das Gebäude evakuieren. Obwohl fast alle Drohanrufe Fakes waren, hatten sie ihren Effekt, denn sie waren zeit- und kostenintensiv.

Mittlerweile lebten wir in dem Apartment direkt über der Bäckerei. Die Mieter waren endlich ausgezogen. Dieses Arrangement machte vieles leichter für uns. Besonders Monica freute sich, denn jetzt musste sie nicht mehr im Büro schlafen, wenn Rita früher zur Arbeit kam. Die katholische Schule, auf die Monica ging, war auf derselben Straße, 100 Meter entfernt. Es war eine Privatschule, geleitet von Nonnen. Im Vergleich zum öffentlichen Schulsystem herrschte hier mehr Disziplin, eine bessere Voraussetzung fürs Lernen. Wir waren froh, dass unsere Tochter dort hingehen konnte, denn die Schule war begehrt. Die monatlichen Gebühren von 150 Dollar waren es wert und wir konnten es uns gut leisten.

Das Geschäft lief immer besser. Meine drei Bäcker und ich konnten kaum noch die Nachfrage befriedigen. Eigentlich brauchte ich noch einen Bäcker. Es war eine Rechenaufgabe, denn die Nebenkosten eines solchen Arbeitsplatzes waren hoch. Würde es sich am Ende lohnen? Ich entschied mich dagegen. Stattdessen erhöhte ich die Preise mit dem Ergebnis, dass einige Kunden sich beschwerten und nicht mehr kamen. Aber ich brauchte keinen neuen Bäcker und machte mehr Profit und später kamen auch die verlorenen Kunden wieder zurück.

25

Wir dachten an den Ratschlag des Buchhalters: investieren. Vielleicht eine neue Filiale eröffnen? Erfolg würden wir haben, denn ich war überzeugt von der Qualität meiner Torten. Aber die zusätzliche Arbeit würde bedeuten, mehr an andere zu delegieren. Denn der Tag hatte auch für mich nur vierundzwanzig Stunden und ich nur zwei Hände. Ich selbst war das Problem, denn ich wollte jeden Kunden beeindrucken. Seine Augen sollten strahlen und sein Gaumen jubilieren, wenn er unsere Backwaren genoss. Das Feedback meiner Kunden war meine Inspiration. Deshalb war auch jeder unzufriedene Kunde für mich ein Dorn im Auge und bescherte mir schlaflose Nächte. Ich wusste, dass diese Einstellung fast krankhaft war, aber ich nutzte sie als Antrieb.

Nach intensiven Überlegungen entschieden wir, unsere Gewinne in Immobilien zu investieren. Es war schon immer ein Traum von mir gewesen, Häuser zu besitzen. Dafür brauchte man keine Arbeitskräfte und vermieten konnten wir selbst. Außerdem eigneten sie sich gut für Steuerabschreibungen. Zuerst mussten wir uns für eine Gegend entscheiden, in der die Immobilie eine gute Zukunftsperspektive hatte, wo sie im Wert am meisten steigen würde. „Location is everything", sagen die Amerikaner. „Die Gegend ist alles." So lautete auch das erste Gebot für Immobilien. Wie würde die Nachbarschaft in fünf bis zehn Jahren aussehen? Ich hatte gelesen, dass im Marin County, gegenüber von San Francisco, viele Künstler und erfolgreiche Geschäftsleute lebten. So entschied ich, in Marin County zu kaufen. Es würde mir nicht schaden, mich in ihrer Umgebung zu bewegen.

Marin County hat eine Traumlandschaft und gehört zum Distrikt des Golden Gate Parcs. Es liegt nördlich von San Francisco auf der anderen Seite der Golden Gate Bridge. Städte wie Sausalito, Belvedere, Tiburon oder Mill Valley waren die teuersten in der Bay Area. Hier lebten und arbeiteten wohlhabende Leute. Außerdem war man nur fünfzehn Autominuten von San Francisco entfernt. Ideale Bedingungen. Wir entschieden uns für Mill Valley, ein Städtchen mit ungefähr 10.000 Einwohnern, das am Fuß des Mount Tamalpais lag. Das Städtchen hatte europäisches Flair. Die Krönung war der 1.000 Meter hohe Mount Tamalpais, bestückt mit Redwood-Bäumen. In dieser Landschaft gab es kleine Nachbarschaften, eine Welt wie aus einem Märchen. Hier wollten wir investieren und irgendwann auch leben.

Mill Valley Real Estate war das erste Immobilienbüro, das wir sahen. Zu unserer Überraschung war der Besitzer ein deutscher Immigrant. Rocky von Wetzig war schlesischer Abstammung und schon dreiundzwanzig Jahre in den USA. Eine Stunde lang informierte er uns über die Gelegenheiten und Tücken des Marktes. Dann verfrachtete er uns in sein Auto, fuhr uns durch die Siedlungen und zeigte uns einige Objekte. Wir erkannten schnell, dass in dieser Traumgegend eine exklusive Gesellschaft lebte. 30.000 Dollar und mehr lauteten die Angebote. Ein gutes Mietshaus konnte man schon für 40.000 Dollar bekommen. Für uns musste es unterm Strich rentabel sein. Wie hoch war die Anzahlung, wie hoch war die monatliche Hypothek, wie hoch die allgemeinen Unkosten, Grundsteuer und Versicherung? Und: Wie viel Miete würde man für das Haus bekommen? Es war eine komplizierte Rechenaufgabe.

Vier Monate später entschieden wir uns für ein Haus in einer ruhigen Nachbarschaft an der Sysamore Avenue. Der Preis betrug 40.000 Dollar. Wegen unserer gut laufenden Bäckerei hatten wir keine Probleme, eine Bank zu finden, die das Haus finanzierte. Die Anzahlung lag bei 8.000 Dollar, monatlich abzahlbar samt Unkosten mit 300 Dollar. Noch bevor wir das Haus kauften, versicherte uns Rocky, dass er einen Mieter für uns finden würde, für eine Miete von 350 Dollar. Damit konnten wir unsere Hypothek abzahlen. Wir waren begeistert, so leicht verdiente man sonst kein Geld. Ein eigenes Haus zu besitzen erinnerte mich an meine Kindheit in Arzheim, an die Dorfbewohner mit ihren Häusern und Gärten, die ich sehr beneidet hatte. Und es erinnerte mich an Philadelphia. Als ich noch bei meiner Tante wohnte, hatte ich schon mein erspartes Geld in eine Immobilie investieren wollen, aber meine Tante hatte sich geweigert, ihre Unterschrift zu geben, weil ich ihrer Meinung nach noch zu jung war. Jetzt hatte ich endlich die Gelegenheit, Häuser und Grundstücke zu besitzen. Ich war wie besessen. Meine Absicht vermittelte ich Rocky. Ich ließ ihn wissen, dass er auch zukünftig Geschäfte mit uns machen könnte. Dies würde ihn motivieren, einen guten Job zu machen. Seine Provision betrug sechs Prozent vom Verkaufspreis des Hauses, die bekam er vom Verkäufer. Im Durchschnitt lebten Amerikaner nur sieben Jahre in einem Haus, dann verkauften sie es wieder um ein besseres zu kaufen. Dementsprechend dachte ein guter Makler schon sieben Jahre weiter.

Nur zwei Wochen später hatte Rocky einen geeigneten Mieter gefunden. Die Anfrage sei groß gewesen, informierte er uns, wir konnten uns also einen

guten Mieter aussuchen. Der Mieter musste ein Formular ausfüllen, in dem er uns über sein Einkommen
informierte, Arbeitsstelle, mögliche Schulden, der
Name des letzten Vermieters usw. Danach überprüf-
ten Rocky und seine Mitarbeiter die Glaubwürdigkeit
der Antworten. Nichts wurde dem Zufall überlassen.

Ein Jahr später kauften wir das zweite Haus. Der
Immobilienmarkt war in bester Laune und die Preise
stiegen weiter. Noch nie hatten wir Geld so leicht
verdient. Deshalb wollten wir weiter eisern sparen und
so viele Häuser wie möglich kaufen. Trotzdem hatte
ich das Gefühl, dass es an Gerechtigkeit fehlte. Wie
konnte es sein, dass man mit Geld mehr verdiente als
mit harter, ehrlicher Arbeit? Klar, der Investor hatte
das Risiko, immerhin konnte man auch Geld verlieren, wenn der Markt einbrach. Und unsere ersparte
Anzahlung hatten wir ja auch nicht geschenkt bekommen, dafür hatten wir hart gearbeitet und viele
Opfer gebracht. Trotz dieser Gedanken freute ich
mich über den wirtschaftlichen Erfolg.

26

Unsere ausgiebige Arbeitswoche machte das Familienleben sehr schwierig, an Ferien dachten wir sowieso nie. Die wenige freie Zeit wollten wir für Monica nutzen. Nach vier Jahren ständiger Arbeit hatte ich gelernt, etwas mehr zu delegieren. Mein Arbeitstag startete nun um zwei Uhr nachts und endete zehn bis zwölf Stunden später. So hatte ich nachmittags mehr Zeit für Monica, wenn sie aus der Schule kam.

Mittlerweile war sie elf Jahre alt. Sie war unser ganzer Stolz und sollte eine gute Zukunft haben. Glücklicherweise ging sie gerne in die Schule und machte große Fortschritte. Außerdem ging sie regelmäßig zur Ballettschule und hatte Spaß am Tanzen. Ich vergesse nie, wie ihre Augen glänzten, als sie einmal während der Weihnachtszeit an einer Vorführung des „Nussknackers" teilnahm.

Doch beim Ballett blieb es nicht, es kam das Eislaufen hinzu. Dreimal die Woche gingen wir zum Üben in die Eishalle an der 40. Straße im Sunset-Viertel. Monicas Eislauftrainer bestätigte uns immer wieder, dass sie ein großes Talent sei.

Ich freute mich über ihr Interesse am Sport, wünschte mir aber, dass sie sich nicht sofort auf eine Sportart festlegte, sondern weitere ausprobieren würde. Sie schaute mich etwas skeptisch an, als ich Tennis erwähnte, ließ sich aber darauf ein. Also buchten wir einige Kurse im Tennisklub des Golden Gate Parcs. Er war eine tolle Kulisse für die mehr als zwanzig Tennisplätze. Im Gegensatz zur Eishalle stand hier immer ein Platz zur Verfügung, die Luft war besser und Tennis war weniger kostspielig als

Eislaufen. Der Tennislehrer versuchte sein Bestes, Monica zu begeistern, aber nach nur drei Wochen entschied sie sich dagegen. Sie wollte Eislaufen, nichts anderes.

Natürlich wollten wir sie fördern, also wurde das Eislaufen zur Routine. Aus drei Nachmittagen wurden fünf. Immer in meiner Anwesenheit, denn ich musste sie zur Eishalle fahren. Monica machte schnell Fortschritte, sodass ihr Trainer uns bat, sie an Wettkämpfen teilnehmen zu lassen. Das würde noch mehr unserer Zeit in Anspruch nehmen, aber wir versuchten es.

Die Eishalle organisierte regelmäßig eine Show für die Öffentlichkeit, ein großer Ansporn für die Kinder, denn alle wollten mitmachen, auch Monica. Am Abend dieser Vorführungen war die Eishalle vollgestopft mit Zuschauern. Natürlich hatten die besten Läufer die besten Rollen und die meiste Zeit auf dem Eis, und so entwickelte sich schon hier ein Konkurrenzkampf. Ehrgeiz hat seine eigene Dynamik und die natürliche Folge dieser Shows war der Wettkampf.

Ein Wettkampf bestand aus zwei Disziplinen, Freestyle und Figurenlaufen. Freestyle war bei vielen beliebter. Hier konnten sie Temperament, Mut, Kreativität und sportliches Talent zeigen und die Zuschauer begeistern. Beim Figurenlaufen hingegen waren Konzentration, Disziplin und Geduld notwendig, die meisten Kinder fanden es langweilig. Aber genau dieser Kontrast machte das Eislaufen so interessant, denn nur wenige Läufer beherrschten beide Disziplinen. Auch Monica hatte die größte Freude am Freestyle und empfand das Figurenlaufen als reine Pflichtübung. Für das Üben der Figuren war spiegelsauberes Eis notwendig. Das hatte man aber nur frühmorgens zur Verfügung, wenn das Eis noch nicht benutzt worden war und fast alle noch im Bett lagen. Was das für uns bedeutete? Rita brachte unsere Tochter dreimal die Woche um vier Uhr morgens zur Eishalle, lieferte Monica dann in der Schule ab und kam zur Arbeit. Nachmittags, wenn Monica aus der Schule kam, ging es dann mit mir weiter. Für unsere Tochter war dieser Tag sehr lang und wir machten uns Sorgen, dass es vielleicht zu viel für sie sein könnte, aber sie war strebsam. Sie wollte sein wie Peggy Fleming. Ich war froh, dass sie ehrgeizig war und ein Ziel hatte. Zu oft hörte man von jungen Menschen, die etwas anfingen, aber dann leider nicht zu Ende brachten.

Als Zuschauer machte das Eislaufen auch mir Spaß. Immerhin verbrachte ich viel Zeit mit Monica in der kalten Eishalle und studierte diese Kunst, hörte die Korrekturen der Trainer und lernte vieles theoretisch, denn ich selbst konnte es nicht. Während der Wartezeit wollte ich aber auch etwas Nützliches für mich tun und entschied, meine Dauerläufe zu machen. Schließlich hingen meine hohe Arbeitsleistung und der Erfolg des Geschäfts vor allem von meiner Gesundheit ab. Für solche Läufe war der Golden Gate Parc eine schöne Kulisse. Normalerweise lief ich etwa zehn Kilometer, das dauerte eine Stunde. Danach ging ich zurück in die Eishalle und setzte mich in das dazugehörige Restaurant. Von dort hatte man einen guten Blick auf die übenden Kinder. Hier warteten auch die „Eismütter". Ich war der einzige „Eisvater". Ab und zu gab es auch mal eine Ausnahme, wenn noch andere Männer präsent waren.

Ich erinnere mich an einen Tag, an dem ein leicht betrunkener Mann mit einer Bierflasche in der Hand allein an einem Tisch in meiner Nähe saß. Er beobachtete mich mit kritischen Blicken. Anscheinend hatte er ein Problem mit meinem deutschen Akzent. Plötzlich sprang er auf und salutierte vor mir mit „Heil Hitler". Dann versuchte er, eine von Hitlers Parolen mit lauter Stimme zu imitieren. Währenddessen hatte er mich mit einem wütenden Blick im Visier, als ob er mir die Worte wie eine Ohrfeige ins Gesicht schleudern wollte. Es war nicht das erste Mal in den USA, dass jemand meinen deutschen Akzent höhnisch nachahmte, aber noch nie in dieser beleidigenden Form. Für einen solchen Moment hatte ich mich gerüstet.

So richtig betrunken schaute er nicht aus, als ich mit lauter Stimme und deutlich hörbarem deutschen Akzent meine Antwort gab. „Ich bin amerikanischer Staatsbürger. Ich war in der Armee und habe für dieses Land in Korea und Vietnam mein Leben riskiert. Heute bin ich selbstständig und schaffe Arbeitsplätze für Amerikaner. Ich muss mir von niemandem so eine Scheiße anhören." Ich konnte sehen, wie sich die Räder in seinem Kopf drehten, klick, klick. Er schien perplex, konfus, kämpfte mit sich. Dann kam er mit ernster Miene zu mir, sah mir in die Augen und entschuldigte sich für sein dummes Geschwätz. Natürlich war ich nie in Korea und Vietnam gewesen, aber es hätte durchaus sein können, denn es war vielen Deutsch-Amerikanern so ergangen. Fakt war: Meine Geschichte hatte ihre Wirkung nicht verfehlt, der einzige Grund für meine Vorführung. Es war mein Beitrag gegen Vorurteile.

Die Freude am Eissport war zwar wichtig, aber der Höhepunkt waren die Wettkämpfe. Vorbei waren dann Kameradschaft und Harmonie. Am Ende konnte nur einer gewinnen und weinte vor Freude, der Rest weinte, weil er nicht gewonnen hatte. Natürlich traf es die Eltern besonders hart, wenn sie die enttäuschten Gesichter ihrer Kinder sahen, nachdem die Resultate bekannt gegeben worden waren. Dann wurde besänftigt und ermutigt, bald würde ja der nächste Wettkampf kommen und dann würde es besser sein. So wuchsen der Ehrgeiz und der Zeitaufwand. Es war wie eine ansteckende Krankheit. Natürlich fragten wir uns, ob dies eine gute Entwicklung war, aber wir entschieden, so ist das Leben.

Ich erinnere mich an einen großen Wettbewerb in Santa Rosa. Charles Schultz, der Erfinder der Snoopy-Cartoons, war Eigentümer der Redwood Empire Ice Arena, der Snoopy-Eishalle. Dort fand der Wettbewerb statt. Unter anderem nahmen auch seine zwei Töchter Liesa und Frieda daran teil. Die Halle war voll besetzt, als die Eisläufer ihre Künste zeigten. Die Eltern waren am auffälligsten, sie waren nervös, laut, versuchten ihre Kinder zu ermutigen und ihnen den letzten Schliff zu geben. Eigentlich war das die Aufgabe der Trainer, aber immer wieder drängelten sich die Eltern dazwischen. Zwischendurch gab es einen kleinen Skandal, denn einer der Favoritinnen waren auf mysteriöse Weise die Schlittschuhe abhanden gekommen. Die Schuhe waren maßgeschneidert. Würden sie nicht gefunden, müsste sie ausscheiden. Nur durch Zufall wurden die Schuhe in der Tasche einer anderen Eisläuferin entdeckt. Es stellte sich heraus, dass sie von der Mutter einer Läuferin gestohlen worden waren, um ihrer Tochter eine bessere Chance zu verschaffen.

Eugene Turner, Monicas Trainer, gestand mir auf dem Weg nach Hause, er würde mehr Freude an seinem Beruf empfinden, wenn die Eltern nicht wären. Immer wieder würden sie ihm den Spaß verderben. Er war übrigens im Jahr 1940 Eiskunstlauf-Champion in den USA gewesen und ein renommierter Trainer. Seitdem Monica unter seiner Obhut war, hatte sie große Fortschritte gemacht. Bei dem Wettbewerb hatte sie den dritten Platz gemacht.

„Es ist der Killerinstinkt, der die Guten von den Besten unterscheidet", fuhr er fort. Ich war neugierig und bat ihn, mir das zu erklären. Er sagte, es habe nichts mit Killen zu tun, sondern bezeichne die Kapazität eines Sportlers, im entscheidenden Moment positiv zu denken und aggressiv zu handeln, ohne Ängste. Als Beispiel nahm er eine Eisläuferin, die für einen Doppelsprung ansetzt. Sie könne sich bei diesem Sprung gefährlich verletzen, wenn sie einen Fehler mache und aufs harte Eis knalle. Was gehe ihr in dem Moment durch den Kopf? Nur der Hauch von Angst oder einem negativen Gedanken würde den Sprung beeinflussen und könne in einem Desaster enden. Das sei der entscheidende Unterschied. Fast jeder könne viel üben und gut werden, aber um sehr gut zu sein, brauche man diesen „Killerinstinkt". Damit würde man geboren. Nur wenige hätten dieses Glück.

Ich dachte lange über seine Aussage nach. Sie veränderte meine Perspektive auf die Wettbewerbe. „Killerinstinkt" hatte etwas Unbehagliches an sich, dazu kamen die fanatischen Eltern. War ich einer von ihnen? Ich entschied, das Ganze etwas lockerer anzugehen. Trotzdem würde ich Monica so lange unterstützen, wie sie Spaß am Eislaufen hatte.

27

In unserem Geschäft ging der Wettkampf auch weiter, unsere Erfolge hielten an. Mittlerweile hatten wir in drei Häuser investiert. Für mich war dieser Erfolg ein Elixier, damit konnte ich trotz regelmäßiger Rückenschmerzen meine Sieben-Tage-Woche durchhalten. In Abständen von drei Monaten überfielen mich diese Schmerzen und dauerten erbarmungslos vier Tage. Das Aufstehen morgens war eine Tortur, nicht mal meine Strümpfe konnte ich allein anziehen, ich brauchte Ritas Hilfe. Wegen dieses Handicaps startete ich während dieser Zeiten meinen Arbeitstag drei Stunden früher, bis der Rest meiner Mitarbeiter eintraf. Ich muss gestehen, dass ich manchmal etwas Mitleid mit mir hatte, es flossen sogar ein paar Tränen, aber dann machte ich mir Mut. „Der Knippy wieder mal allein gegen die Elemente."

Dr. Schmid bezeichnete meine Rückenprobleme als „Scheuermann'sche Krankheit", nachdem er eine Röntgenaufnahme gemacht hatte. Ich war zweiunddreißig Jahre alt und hatte den Rücken eines Sechzigjährigen, lautete seine Diagnose. Mangelernährung während meiner Kindheit und Jugend sowie zu schwere Arbeit seien der Grund dafür. Ich dachte zurück an meine Lehrzeit und die 100-Kilo-Mehlsäcke, die ich auf meinem Rücken getragen hatte. Damals hatte ich selbst gerade mal sechzig Kilo gewogen. Nicht dass ich dazu gezwungen worden war, aber einer der verantwortlichen Erwachsenen hätte mich stoppen sollen. Ich wollte damals aber auch so stark sein. Der Grund für meinen Ehrgeiz waren die Karl-May-Bücher. Old Shatterhand pries die Werte der harten Arbeit, als er in einer Mine arbeitete. Im Buch hieß es, dies sei die Ursache seiner starken Schmetter-faust. Aber jetzt empfahl mir Dr. Schmid, nie wieder schwer zu heben. Das schmeckte mir natürlich gar nicht, denn es passte nicht in meinen Tageslauf und war zudem gegen mein Naturell. Was blieb mir übrig? Ich machte die Flucht nach vorn. Von nun an trainier-te ich an Geräten mit Gewichten, um meine Rücken-muskeln zu stärken. Zusätzlich absolvierte ich dreimal die Woche meine Dauerläufe. Nur mit sehr guter Or-ganisation konnte ich das Geschäft, den Sport und Monicas Eislaufen meistern.

Auch der Besitz und das Vermieten von Häusern war kein Selbstläufer. Es galt, Probleme zu lösen und sich um alles zu kümmern. Der amerikanische Mieter war mobil und blieb normalerweise nie länger als ein Jahr im Haus. Danach musste gesäubert und meistens neu angestrichen werden. Gelegentlich waren auch versäumte Reparaturen fällig. Dafür war Rudi verant-wortlich, ein deutscher Immigrant aus Schlesien. Er war Rentner und froh, nebenbei etwas Geld verdienen zu können. Wann immer etwas kaputt ging, war Rudi zur Stelle. Für mich war Rudi ein Glücksfall, denn er befreite mich von der Verantwortung für diese Dinge. Ich hatte dafür einfach keine Zeit.

Für die Betreuung der Mieter war ich zuständig. Ab und zu gab es welche, die ihre Miete nicht mehr zahlen konnten, aber auch nicht ausziehen wollten. Eine Drohung, sie gerichtlich zu belangen, hatte meis-tens keine Wirkung. Einen Anwalt einzuschalten war teuer, ungefähr 2.000 bis 3.000 Dollar. Rechnete ich die verlorene Miete dazu, waren es etwa 5.000 Dollar zusätzliche Kosten. Fakt war aber: Von einem mittel-losen Mieter konnte auch ein Gericht keinen Schaden-ersatz bekommen. Denn wo kein Geld war, konnte man auch keins holen. Außerdem bestand das Risiko, dass ein schlecht gelaunter Mieter im Haus Schäden hinterließ, indem er die Wasserrohre verstopfte und vieles andere. Diese Sachen passierten oft genug. Die einzige Lösung war, die Kosten so gering wie möglich zu halten.

Es war auch für mich offensichtlich: Wenn ein Mieter kein Geld hatte, konnte er sich auch keine andere Wohnung leisten. Er musste ja irgendwo leben. Deshalb würde er solange wie möglich bleiben und erst nach einer richterlichen Entscheidung ausziehen. Damit würde er viel Zeit gewinnen und ich immer mehr Miete verlieren. Für diese Fälle überlegte ich mir eine Strategie: Ich bot einem solchen Mieter 500 Dollar fürs Ausziehen und stellte ihm weitere 500 Dollar in Aussicht, wenn das Haus leer und sauber wäre. Dies war ein guter Anreiz, ein Weg raus aus der Misere. Natürlich war es für uns ein finanzieller Verlust, aber mit einem Rechtsanwalt wäre es doppelt so teuer gewesen. So hatte ich wenigstens das Haus wieder zur Verfügung, noch dazu ohne Schäden und leer. Nach dieser Erfahrung verstand ich auch, warum die meisten Vermieter ihren Problemmietern gute Referenzen gaben, denn sie wollten sie so schnell wie möglich loswerden. Damit übergaben sie das Problem an den nächsten Vermieter. Hauptsache war für mich, dass unterm Strich schwarze Zahlen standen. Dazu trug auch die Wertsteigerung der Häuser und der Gegend bei. Es war also trotz des Ärgers und dieser Kosten schlussendlich eine „no loosing situation", wie der Amerikaner sagt.

28

In San Francisco stand das kulinarische Gewerbe unter der strengen Obhut einer sehr starken Gewerkschaft. Deshalb war der Lebensstandard der Angestellten und der Besitzer relativ gut. Kein Geschäft mit Esswaren konnte existieren, ohne Mitglied der Union zu sein. Dementsprechend hatten wir alle die gleichen Bedingungen, kein Betrieb hatte einen unfairen Vorteil wegen billigerer Arbeitskräfte. Mindestens einmal im Monat kam ein Repräsentant von der Gewerkschaft und nahm unseren Betrieb unter die Lupe, sprach mit jedem Angestellten, wollte wissen, ob sie fair behandelt wurden und ihren vollen Lohn bekamen. Außerdem prüfte er, ob in unserer Bäckerei jemand arbeitete, der nicht zur Gewerkschaft gehörte. Als Besitzer fragte ich mich: „Wer ist hier eigentlich der Chef?"

In unserem Bezirk war Herrmann Pelz der Vertreter der Gewerkschaft. Er kam aus Deutschland, aus Nordrhein-Westfalen. Mit seiner Körperlänge von zwei Metern und zwei Zentnern Gewicht war er eine respektable Erscheinung. Die Aufgabe schien ihm auf den Leib geschrieben zu sein. Wenn ich gehofft hatte, dass Herrmann mich als Landsmann etwas moderat behandelte, dann hatte ich mich kräftig geirrt. Ich hatte den Eindruck, dass er uns Deutsche noch sorgfältiger prüfte, als er es ohnehin schon machte. Bei ihm gab es keine Kumpel. Er bediente das Klischee, das ich von einem Westfalen hatte, nämlich dass er stur sei. Er nahm seinen Job sehr ernst und war total unflexibel, alle Regeln mussten rigoros eingehalten werden.

Wenn ein Geschäft ablehnte, der Gewerkschaft beizutreten, dann hatte diese eine starke Waffe: die sogenannten Picketträger, die Streikposten. Mitglieder der Union wurden mit Plaketten ausgestattet und marschierten vor dem entsprechenden Geschäft auf und ab, wie eine Kolonne feindlicher Soldaten. Auf den Schildern standen Anschuldigungen wie „Unfaire Arbeitsbedingungen" oder „Ausbeutung". Für Amerikaner war und ist es eine Ehrensache, die Picketlinie nicht zu überschreiten. Es ist ein ungeschriebenes Gesetz. Wir hatten also einen fairen Wettbewerb – bis die Chinesen kamen.

Die Wandlung in der Nachbarschaft vollzog sich subtil, man nahm sie kaum wahr. Bis zu diesem Zeitpunkt lebten hier überwiegend Weiße und Schwarze, aber dann sah man immer mehr Asiaten. Zuerst fielen mir die Chinesen gar nicht auf, aber dann wurden es immer mehr. Sechs Jahre nach der Übernahme der Bäckerei waren sie die treibende Kraft. San Francisco hatte ein zweites China-Viertel. Chinesische Geschäfte sprossen wie Pilze aus dem Boden: Restaurants, Gemüseläden, Bäckereien. Damit hatten wir ernsthafte Konkurrenten, denn die Chinesen kauften nur in den Geschäften ihrer Landsleute. Ich war neugierig und besuchte einige dieser Läden. Überrascht stellte ich fest, dass die Auswahl und Qualität ihrer Produkte unseren Waren weit unterlegen waren. Und es gab einen entscheidenden Unterschied: die Preise. Die Backwaren in den chinesischen Bäckereien waren viel billiger als unsere. Wie konnten sie sich diese Dumpingpreise leisten? Und wie konnten wir mit den niedrigen Preisen konkurrieren? Leider hatte ich kaum Spielraum bei den Kosten, denn die Löhne waren durch Verträge mit der Gewerkschaft geregelt und

Qualität war ohnehin unser Motto. Und: Die chinesischen Bäckereien wollten keine Gewerkschaft.

Als ich Herrmann Pelz, unseren Gewerkschaftsvertreter, mit dieser Nachricht konfrontierte, antwortete er, dass sie schon einiges versucht hätten, um die Chinesen in die Gewerkschaft zu bekommen. Zuerst habe man mit ihnen verhandelt. Kein Erfolg. Dann hatte man Streikkolonnen vor den Geschäften aufgestellt. Umsonst. Im Gegensatz zu den Amerikanern hatten die chinesischen Kunden keinen Respekt vor einer Picketlinie. Sie kauften trotzdem in den bestreikten Geschäften ein. Ich konnte deutlich erkennen, dass Herrmann Pelz davon irritiert war. Verschwunden war seine Dominanz, er war ratlos. Dann erzählte er mir, dass man an die Hersteller der Produkte auch nicht herankäme. Die Chinesen seien eine eng verbundene Gemeinschaft und trauten anderen nicht. Ihre Waren würden sehr wahrscheinlich im mysteriösen Chinatown an der Grand Avenue produziert werden, in irgendwelchen Kellern von illegalen Einwanderern. Die Chinesen nannten diese Arbeitskräfte „Coolies". Ich war überrascht, dass sie ihre eigenen Landsleute so ausbeuteten.

Aus unserem fairen Wettbewerb war durch die Chinesen ein unfairer Kampf geworden. Dies würde für uns alle große Konsequenzen haben. Gegen billige Arbeitskräfte und niedrige Ansprüche bei der Qualität konnte eine übersättigte, verwöhnte Gesellschaft wie die amerikanische schlecht bestehen. Um konkurrenzfähig zu bleiben und ihren Erfolg zu stabilisieren, hatten die etablierten Betriebe keine andere Wahl, als der Gewerkschaft zu kündigen. Fazit: Unser aller Lebensstandard sank. Das ist eine Erfahrung, von der wir alle lernen sollten, denn genau dieses Ereignis ist das

Problem, mit dem wir heutzutage auf der ganzen Welt konfrontiert sind.

Für mich war klar: Es war nur noch eine Frage der Zeit, dann würden sich mein Fleiß und Qualitätsanspruch nicht mehr lohnen. In der Zwischenzeit galt für uns, so viel wie möglich in unserem Geschäft zu verdienen und in drei oder vier Jahren die Bäckerei an einen Chinesen zu verkaufen. Ich hatte gehört, dass ein Ausländer in den USA die Greencard bekam, wenn er ein Geschäft kaufte und Arbeitsplätze schuf. Das bedeutete: Er konnte in den USA bleiben. Viele Immigranten aus Hongkong und Taiwan, auf der Flucht vor dem Kommunismus, nutzten diese Möglichkeit. Es gab Gerüchte, dass sie oft mit Koffern voller Bargeld in die USA kamen. Mittlerweile hatten wir fünf Häuser und wohnten in Mill Valley. Die Preise stiegen weiter. Damit hatten wir trotz der unsicheren Situation der Bäckerei zumindest die Sicherheit der erfolgreichen Immobilieninvestitionen. Für uns war es ein tolles Gefühl, das auch die Arbeit im Geschäft leichter machte.

Mit Freude und etwas Wehmut dachte ich zurück an meine Jugendzeit in Arzheim, die Kriegszeit und die Zeit nach dem Krieg, die Auseinandersetzungen mit den Einheimischen. Danach kamen die harte Lehrzeit und meine Flucht, um mich auf ein Schiff zu schleichen und in die USA zu kommen. Dann die Zeit in Frankfurt, das Straßenfegen, die kriminellen Seitensprünge. Ich hatte großes Glück gehabt, denn ich hätte auch im kriminellen Milieu landen können. Dann säße ich jetzt irgendwo in Deutschland im Gefängnis. Nur ein Schritt in die falsche Richtung und alles wäre anders gekommen. Ich war unermesslich dankbar und nahm mir vor, bescheiden zu bleiben. Von dieser Tugend hatte mein Vater immer wieder gesprochen. Er war bescheiden. Natürlich waren wir fleißig und hatten unseren Erfolg in der Bäckerei verdient, aber mit der Wertsteigerung der Immobilien hatten wir nichts zu tun, das war reine Glückssache.

Wenn man finanzielles Glück hat, dann lauern auch irgendwo die Haie, die sich an deinem Erfolg bereichern wollen. Unser Notar, bei dem wir vor einiger Zeit unser Testament gemacht hatten, erwähnte, dass er einen Anlageberater kenne, der uns vielleicht gute Tipps geben könne, um unsere Investitionen zu maximieren. Auch er selbst habe ihn bereits in Anspruch genommen. Die Ratschläge seien für ihn sehr lukrativ gewesen. Wir dachten, es könne ja nicht schaden. Trotzdem war ich misstrauisch, denn dieses Netzwerk funktionierte so: Du schiebst mir einen Kunden zu und ich dir. Diese Kerle hielten zusammen.

Bei mir kommt immer eine innere Antenne hoch, wenn ich Menschen begegne, die mir zu poliert erscheinen. Genau so war es mit Mr. Harz. Er kam in einem dunkelblauen Mercedes und trug einen maßgeschneiderten blauen Anzug mit weißem Hemd und blauer Krawatte mit weißen Streifen. Ich schätzte sein Alter auf ungefähr dreißig Jahre. Mr. Harz versuchte, einen seriösen Eindruck zu machen. Mich erinnerte er an junge Männer, die mit dem Studium ihre Militärpflicht umgingen. Er war mir zu glatt. Aber ich dachte, dass es nicht schaden könnte, ihn mal anzuhören. Er sprach von Aktien, von Wertpapieren, von Bonds und vielem anderen, das wir nicht kannten. Er würde diese Investitionen für uns machen, sagte er, und bekäme dann von uns eine Kommission in Höhe von zehn Prozent. Wir wollten uns seine Vorschläge überlegen. Er war enttäuscht und schaute aus, als hätte er erwartet, dass wir sofort einen Vertrag mit ihm unterschreiben. Ich war überzeugt, dass wir unser hart erarbeitetes Geld niemals so einem Investor anvertrauen würden. „Schuster, bleib bei deinen Leisten", ging es in meinem Kopf herum. Bisher waren wir mit unseren Anlagen und unseren Ideen gut gefahren, warum sollten wir uns davon trennen? Die Entscheidung war gefallen: Wir würden uns nie an einen Anlageberater binden.

Eines Tages kam ein Mann in Priesterkleidung in unseren Laden und bat mich um ein Gespräch. Ich war etwas erstaunt. Wollte er mich bekehren? Er sagte: „Mein Name ist Knopp und wir beide sind weitläufig miteinander verwandt." Ich war perplex, ließ ihn aber weiterreden. Texas sei seine Heimat und dort lebe er in einer Stadt namens Fredericksburg, wo der Name Knopp von großer Bedeutung wäre. Er habe es zu seiner Mission gemacht, den Stammbaum des Namens zu erforschen.

Ich erfuhr Folgendes: 1845 landeten ungefähr 2.000 deutsche Siedler in Corpus Christi an der texanischen Küste auf der Suche nach einer neuen Heimat. Sie waren überhaupt nicht ausgerüstet für ihren langen, beschwerlichen Weg durch Texas: die erbarmungslose Natur, die Indianer, der Hunger. Viele von ihnen starben. Am Ende waren nur noch 1.000 übrig, bis sie endlich in der grünen texanischen Gebirgslandschaft ein paradiesisches Fleckchen Erde fanden. Hier wollten sie sich niederlassen. Also gründeten sie die Stadt Fredericksburg, in der damals, als Ken Knopp mich aufsuchte, noch viele Bewohner Deutsch sprachen. Die Stadt, so viel wusste ich, war ein beliebtes Urlaubsziel.

Ken erzählte, die Siedler versuchten, das Land gerecht unter sich zu verteilen, und zwar demokratisch und fair. Sie entschieden, dass das Zentrum der Stadt sowie Geschäfte und Behörden direkt im Tal sein sollten. Das Land im Umkreis würde man verteilen, um den Ansprüchen der Pioniere gerecht zu werden. Je größer die Entfernung vom Zentrum, desto mehr Land sollten die einzelnen Siedler bekommen. So entstand das Städtchen Fredericksburg. Zu den Siedlern gehörten auch einige Familien mit dem Namen Knopp. Noch heute stehe das selbst gebaute Haus von Adolf Knopp unter Denkmalschutz und sei eine wichtige Touristenattraktion. Eitelborn, eine kleine Gemeinde im Westerwald, sei der Geburtsort von Adolf Knopp. Ich war überrascht, denn Eitelborn war der Geburtsort meines Vaters. Das Einzige, was dieser Stadt jetzt noch fehle, sagte Ken, sei eine gute deutsche Bäckerei, so wie meine in San Francisco, und ein Bäcker von meinem Format.

Einer seiner Mitbürger aus Fredericksburg hatte unsere Bäckerei gesehen, als er in San Francisco Urlaub gemacht hatte. Seitdem schwärme er ständig von unseren Backwaren. Und dann rückte Ken mit seinem eigentlichen Angebot heraus. In Fredericksburg gäbe es einen „reichen Investor", gestand er, der gerne eine Konditorei im deutschen Stil gründen wolle. Er sei nun gekommen, mir diesen Job anzubieten. Geld habe man genügend.

Ich war etwas verblüfft über dieses Angebot. Immerhin lebten wir schon fünfzehn Jahre in der schönen San-Francisco-Gegend. Hier war unsere Heimat. Wir würden nie diese tolle Stadt verlassen. Außerdem konnte Ken nicht wissen, dass für mich das oberste Gebot meine Selbstständigkeit und Unabhängigkeit waren, dass ich entschlossen war, nie wieder in meinem Leben ausgebeutet zu werden. Wahrscheinlich glaubte er, ich würde das Angebot als Ehre empfinden, weil sie mich ausgewählt hatten.

Was mich störte, war seine Vorgehensweise: Er brachte mich auf die sentimentale Schiene und klopfte mich mit meinen Vorfahren weich. Für meinen Geschmack wirkte er etwas arrogant und ich fand sein Vorgehen beleidigend. Er benutzte das Wort Gott zu oft und erinnerte mich an einen Bibelprediger. Außerdem standen seine frommen Sprüche im Kontrast zu seinen verächtlichen Bemerkungen über die mexikanischen Landwirtschaftsarbeiter, er nannte sie herabwürdigend „Wet Bages", ein Begriff, den Rassisten für diese Campesinos nutzten, weil sie während ihrer Odyssee von Mexiko in die USA den Rio Grande überqueren mussten. Es war ein Fehler, denn diese Immigranten lagen mir sehr am Herzen. Ich hatte das Glück gehabt, mit ihnen in Lodi auf der Obstfarm zu arbeiten.

Es war mir bekannt, dass die von Ken genannte Gegend in Texas zum Bibelgürtel gehörte. Dort lebten Fundamentalisten und grenzten sich gegen alles ab, was ihnen fremd und anders erschien. Ich vermutete, dass Kens Gemeinde ebenfalls zu diesen Fundamentalisten gehörte. Anscheinend hatte er vergessen, dass seine deutschen Vorfahren in Fredericksburg auch zuerst Fremde gewesen waren. Jedenfalls versprach ich Ken, seinen „reichen Investor" anzurufen. Mit meinem Versprechen in der Tasche verabschiedete er sich.

Ich war überrascht, dass im tiefen Texas einige meiner Vorfahren gelebt haben sollten, ich selbst würde nie dort wohnen wollen. Doch vielleicht konnte ich aus dem Angebot etwas Positives machen. Also rief ich den „Investor" an. Sein Name war Neumann. Meine Aversion wurde bestätigt, als ich seine melodiöse Stimme mit dem südlichen Akzent hörte. Mr. Neumann erinnerte mich an einen fundamentalistischen Bibelprediger. Für mich war damit entschieden: Ich würde ihm ein Angebot machen, das er ablehnen musste. Ich wollte seine Leute in meinem Geschäft in San Francisco schulen, sodass sie die erworbenen Kenntnisse in Fredericksburg umsetzen könnten. Dafür verlangte ich fünf Prozent vom Nettogewinn der Bäckerei. Außerdem wollte ich für jedes meiner Rezepte eine Gebühr. Ihm blieben die Worte im Hals stecken. Seine Stimme wurde kalt. Letztendlich wollte er nicht mal mehr verhandeln, sondern legte den Hörer auf. Genau das war meine Absicht gewesen. Vielleicht würde ich irgendwann in der Zukunft mal Fredericksburg besuchen.

Wir waren im Jahr 1973 und in der Politik ging es drunter und drüber. Watergate. Nixon musste als Präsident abdanken. Ich vergesse nie, als er im Fernsehen mit andächtiger Miene sagte, er habe nichts mit Watergate zu tun. Diese Lüge empfand ich als persönliche Beleidigung. Bisher hatte ich keine Probleme mit seiner Politik gehabt. Immerhin hatte er es geschafft, den Vietnamkrieg zu beenden und die Tür nach China zu öffnen. Die Jahre seiner erfolgreichen Politik aber waren durch Watergate und seine Lüge ausradiert, schade. Er wurde verurteilt, aber sein Nachfolger Präsident Gerald Ford begnadigte ihn.

Wenn man am Boden liegt, dann kommen immer noch einige, die auf dir herum trampeln. Zufälligerweise hatte das Finanzamt noch eine offene Rechnung mit Nixon. Obwohl er als Präsident die Bestätigung vom obersten „Finanzguru" bekommen hatte, dass seine Steuerabschreibung korrekt war, galten diese Regeln jetzt, wo er gestürzt war, nicht mehr. Nixon musste nachzahlen, inklusive Strafe und Zinsen. Ich lernte daraus.

Die Strafe für Nixon erhielten die Republikaner bei der Präsidentschaftswahl im Jahr 1976. Gewählt wurde der Demokrat Jimmy Carter. Er war das Gegenteil von Nixon, nicht nur politisch, sondern auch im Charakter. Carter erinnerte mich an einen Pfarrer. Er machte einen aufrichtigen Eindruck und die Wähler hatten das Gefühl, dass man ihm trauen könnte. Ich dachte, dass seine Weltsicht etwas naiv war, für mich war er ein Träumer.

Es dauerte nicht lange, bis wir mit der nüchternen Realität konfrontiert wurden. Nach nur kurzer Amtszeit von Carter ging es mit der amerikanischen Wirtschaft bergab. Die Zahl der Arbeitslosen stieg, Inflation und Kreditzinsen stiegen. Ich war froh, dass wir in der Zwischenzeit noch ein Haus gekauft hatten, denn jetzt waren die Zinsen so hoch, dass der ganze Immobilienmarkt zum Stillstand kam. Die Hypothekenzinsen lagen bei achtzehn Prozent, das machte den Erwerb eines Hauses für die meisten unmöglich. Von sieben Prozent rauf auf achtzehn bedeutete: Die monatlichen Raten waren jetzt doppelt so hoch wie zu Beginn unserer Investitionen. Doch wir hatten wieder mal großes Glück, denn die Zinsen für unsere Hypothekenverträge waren nie höher als sieben Prozent und abgesichert für dreißig Jahre. Im Bankengewerbe sagt man: „Wir tilgten unsere Hypotheken mit altem, billigem Geld." Für die Banken waren wir aber ein Dorn im Auge. Die Inflation lag bei sechzehn Prozent, die Hypothekenzinsen bei achtzehn und wir zahlten nur sieben Prozent. Wir freuten uns, denn wie oft konnte ein Laie schon die Banken vorführen. Schon bekamen wir von ihnen Angebote, weil sie sich aus diesen ungünstigen Verträgen rauskaufen wollten. Zwanzig Prozent unserer Grundlast würden sie tilgen, wenn wir unser ganzes Darlehen abzahlen würden. Mit anderen Worten: Sie würden einen 100.000-Dollar-Kredit auf 80.000 Dollar reduzieren. Wir schmunzelten und nahmen diese Angebote nicht an.

Allerdings dachten wir darüber nach, ein Haus zu verkaufen. Der Wert unserer ersten Häuser war stark gestiegen und wir würden hohe Gewinne erzielen. Aber auf diese hohen Gewinne kamen hohe Kapitalsteuern, nämlich bis zu dreißig Prozent. Das wollten wir vermeiden, natürlich im Rahmen des Gesetzes. Dank unseres Steuerberaters wussten wir, dass in den USA auch Privatpersonen Hypothekenkredite anbieten konnten. Wir konnten es also so einrichten, dass wir den Profit vom Verkauf des Hauses nicht in einer Summe bekommen würden, sondern auf viele Jahre verteilt. Auf diese Weise würde auch unsere Kapitalsteuer auf viele Jahre verteilt werden. Hinzu kam, dass Verkäufer im Gegensatz zu den Banken mehr Flexibilität hatten: Sie konnten niedrigere Zinsen anbieten, zum Beispiel nur vierzehn Prozent. Das machte für einen Käufer einen Unterschied von weit über 100 Dollar, die er monatlich einsparen konnte. Für die Amerikaner war die Höhe der monatlichen Rate fast noch wichtiger als der Verkaufspreis des Hauses, denn es ging nicht um die Tilgung des Kredits, sondern um die Teilhabe am steigenden Wert des Hauses.

Die Transaktion wurde überwacht von einer Treuhandfirma. Sie war die Verbindung zwischen Verkäufer und Käufer und erledigte die gesetzlichen Formalitäten. Eine solche Firma war staatlich qualifiziert und arbeitete unabhängig.

Unser Makler Rocky freute sich, als wir ihm von unserem Vorhaben erzählten und ihm den Auftrag gaben, einen Käufer für das Haus zu finden, mit der Bedingung, dass wir auch der Kreditgeber sein würden. Für Rocky bedeutete das eine Provision von sechs Prozent des Verkaufspreises. Für unsere Sicherheit verlangten wir eine Anzahlung von fünfundzwanzig Prozent des Verkaufspreises. Versicherung gegen Feuer und Erdbeben war eine zusätzliche Bedingung. Sollte der Käufer all das nicht einhalten, würde er nicht nur das gekaufte Haus verlieren, sondern auch die Anzahlung. Wir wussten, dass unser Preis etwas hoch war, aber wir hatten die Zinsen als Anreiz.

Dann trat ein Ereignis ein, das die Situation komplett veränderte. Die Lobbyisten der Banken hatten es geschafft, ein Gesetz zu lancieren, nach dem Zinsen von Privatdarlehen sich nicht mehr als zwei Prozent von den Zinsen der Banken unterscheiden durften. Dieses Gesetz wurde praktisch über Nacht und ohne lange Debatte von der Politik entschieden. War das die bejubelte freie Marktwirtschaft? Ich hatte keine Illusionen mehr.

Und dann passierte noch etwas. Ein Mieter rief mich an und sagte, dass unser Haus in Mill Valley fast abgebrannt sei. Ich eilte sofort dorthin. Ein großer Sachschaden war entstanden, aber zum Glück war niemand verletzt. Das Haus lag am Chamberlain Court, nahe der Straße zum Mount Tamalpais, meine Lieblingsgegend. Ich hatte schon mal dort gewohnt, als ich einen Mieter für das Haus suchte. Jetzt standen nur noch die Umrisse. Die Mieter hatten in der Zwischenzeit eine andere Unterkunft gefunden, die von ihrer Versicherung bezahlt wurde.

Der Rechtsanwalt meiner Versicherung informierte mich, dass sie alle meine Kosten decken und den Mieter wegen Unachtsamkeit verklagen würden. Auch ich sollte für die Verhandlung zur Verfügung stehen. Das Gericht musste klären: Wer trägt die Verantwortung für den Brand und wer muss dafür zahlen, die Versicherung des Mieters oder meine Versicherung? Der Schaden betrug ungefähr 150.000 Dollar. Angeblich hatte der Mieter seine Bettwäsche in einem der Wandschränke so hoch gestapelt, dass sie eine Glühbirne berührte. Danach habe er vergessen, das Licht auszumachen, und das sei der Grund des Brandes gewesen. Normalerweise sollte diese Birne von einer Fassung geschützt sein, aber diese Fassung war angeblich nicht vorhanden. Der Prozess sollte in einem Monat in San Rafael im Civic Center stattfinden.

Schon oft war ich über den Highway 101 an dieser Stadthalle im Civic Center vorbeigefahren. Jedes Mal hatte ich mich gefragt, wie es in ihrem Inneren aussehen würde. Mit ihrer außergewöhnlichen rosa Fassade und dem blauen Dach erweckte das Gebäude die Aufmerksamkeit eines jeden Autofahrers. Natürlich hätte ich mir nie eine Gerichtsverhandlung für einen Besuch ausgesucht, aber jetzt war ich hier und viel zu nervös, um das Umfeld wahrzunehmen.

Der kleine Gerichtssaal war voll mit Beobachtern, alle Bänke waren besetzt. Anscheinend hatte die Verhandlung öffentliche Aufmerksamkeit erregt. Die zwölf Geschworenen saßen mit ernsten Gesichtern nebeneinander auf der linken Seite des Saals, die Kanzel des Richters war in der Mitte vorne, direkt daneben der Zeugenstand. Man konnte die Spannung fühlen. Das Objekt der Konfrontation war die Glüh-birne im Wandschrank. War die Stelle, wo die Birne befestigt war, sicher und legal?

Zeuge nach Zeuge wurde aufgerufen. Die Anwäl-te der Gegenpartei kamen mit großen Geschützen: Sie hatten Feuerwehrmänner in imposanter Uniform und Brandexperten von Mill Valley, dem Nachbarort Corte Madera und San Rafael dabei. Im Gegenzug hatte unser Anwalt seine eigenen Experten. Die soge-nannten Experten oder Gutachter versuchten, sich zu überbieten mit ihrer Erfahrung, jeder wollte der Quali-fizierteste sein. Obwohl ihr Beruf mit Feuer und Bränden zu tun hatte, war das anscheinend nicht ge-nug, um den Geschworenen zu imponieren, sie hatten auch Seminare in Universitäten anzubieten. Man hörte ständig das Wort „Units". Jeder wollte die meisten Units gelehrt haben. Ich hatte den Ausdruck noch nicht gehört, aber ich vermutete, dass in einem Kurs mehrere „Units" oder Einheiten vorhanden waren. In den Gesichtern der Geschworenen konnte man Lan-geweile erkennen, einige gähnten. Es war peinlich, diese Selbstdarstellung. Ich weiß nicht, warum, aber ich fand es eigenartig, dass gerade ich, ein Laie, direkt nach den sogenannten Experten in den Zeugenstand gerufen wurde. Der Richter forderte mich auf, meinen Namen und Beruf zu sagen. In Amerika sagt man oft: „Timing is everything." Also antwortete ich: „Heinz Knopp, ich bin Bäcker von Beruf und ich habe über-haupt keine Units." Es war ein perfektes Timing. Für einen Moment war die Seriosität des Gerichtssaals wie weggewischt. Die Geschworenen, das Publikum und der Richter brachen in spontanes Gelächter aus. Dann bat mich der Richter, meine Aussage zu wieder-holen. Wieder kam spontanes Lachen. Vier Stunden später wurde das Verfahren beendet. Fazit: Trotz der erfahrenen Gutachter mit allen ihren „Units" gewann unsere Versicherung den Prozess. Einer der kritischen Feuerwehrmänner von der Verteidigung war übrigens derselbe, der das Haus vor zwölf Jahren, als es gebaut worden war, begutachtet und genehmigt hatte.

29

Marin County war der teuerste Distrikt in der Bay Area. Hier lebte die vermögende Upperclass und fast keine Minderheiten oder sozial benachteiligte Menschen. Es war für sie zu teuer. Diese Entwicklung war auch im Sinne der Einwohner, denn sie wollten in keiner Weise die hohen Immobilienpreise gefährden. Viele Bewohner hatten gut bezahlte Jobs in San Francisco und konnten sich die tägliche Gebühr von fünf Dollar für die Überquerung der Golden Gate Bridge leisten. Schon diese hohe Gebühr diente zur Abschottung. Man wollte unter sich sein.

Im Jahr 1968 verabschiedete der Kongress ein Gesetz, das unter Strafe stellte, wenn man einer Person wegen ihrer Rasse, Religion oder sexuellen Orientierung eine Wohnung verweigerte. Das Gesetz hieß „Fair Housing Act". Normalerweise war es schwierig, Diskriminierung zu beweisen, aber seit der Einführung des Gesetzes reagierte die Justiz sehr sensibel und schnell auf dieses Vergehen. Schon der Anschein einer Diskriminierung wurde mit hohen Geldsummen bestraft, sie lagen zwischen 2.000 und 3.000 Dollar. Deshalb nutzten einige angebliche Wohnungssuchende, meistens Minderheiten oder Familien mit Kindern, die Gelegenheit und testeten die Vermieter in vorwiegend von Weißen bewohnten teuren Vierteln, obwohl es Wohnungen waren, die sie sich in der Regel nicht leisten konnten. Nach einer Absage wurde der Vermieter verklagt und fast immer entschied das Gericht zugunsten des Klägers.

Auch wir wurden getestet. Eine etwa dreißigjährige weiße Frau wollte ein Haus von uns mieten. Nachdem sie sich das Objekt angesehen hatte, füllte sie die erforderlichen Formulare aus. Arbeitsplatz, Verdienst, letzter Vermieter und ein allgemeiner Kreditcheck waren Fragen auf dem Formular. Wie gewöhnlich prüfte Rocky, unser Makler, die Korrektheit der Antworten. Alles schien in Ordnung zu sein. Bevor sie den Vertrag unterschrieb, sagte die Frau, dass Sam, ihr Lebenspartner, auch das Haus sehen wolle. Wir machten einen Termin für drei Uhr nachmittags am nächsten Tag.

Wie abgemacht war ich zur verabredeten Zeit am Haus und wartete und wartete. Fast eine Stunde später hielt ein großer schwarzer Leichenwagen vor dem Haus und ein mittelgroßer, dreißigjähriger, dunkelhäutiger Mann stieg aus dem Wagen. Ich war überrascht, denn normalerweise wurde so ein Auto nur für Beerdigungen genutzt. Sam trug einen schwarzen Anzug, ein blaues Hemd und eine rote Krawatte, dazu eine dicke goldene Halskette. Eine dunkle Sonnenbrille ruhte auf seiner Nase. An seiner Seite hatte er einen gefährlich aussehenden Dobermann. Auf mich wirkte er wie ein Zuhälter, jedenfalls stellte ich mir so einen Zuhälter vor. Grüßen war anscheinend nicht seine Art. Und er roch nach Alkohol. Sam wollte offensichtlich keinen guten Eindruck machen. Mir war klar: Hier lauerte eine Falle. Nachdem ich ihm das Haus gezeigt hatte, sagte er, dass alles zu seiner Zufriedenheit sei und dass er mieten wolle.

Fakt war: Wäre dieser Mann ein Weißer gewesen, dann wäre mir die Entscheidung leicht gefallen, ich hätte ihm nie dieses Haus vermietet. Aber jetzt hatte ich ein Problem, denn für mich war offensichtlich: Dieser Mann wollte, dass ich ihm das Haus verweigerte, damit er eine Entschädigungsklage einreichen konnte. Ich musste schnell reagieren und entschied, ihm das Haus zu vermieten, aber nur mit der Bedingung, dass beide, er und seine Partnerin, den Vertrag unterschrieben. Wenigstens hatte seine Freundin einen Job und arbeitete für eine bekannte Firma, im Notfall konnte ich meine Verluste einklagen. Ich dachte, es sei das Risiko wert und besser als eine Klage gegen mich als Rassist mit 3.000 Dollar Entschädigung.

Doch ich hatte nicht mit der Reaktion der Nachbarn gerechnet, denn in diesem Viertel war mein Mieter der erste Schwarze. Übers Telefon beschimpften mich die Nachbarn, nannten mich einen „Nestbeschmutzer" und noch mehr, und dass ich verantwortlich sei für den Wertverlust ihrer Häuser. Es klang, als ob das Ende der Welt gekommen wäre.

Schon nach dem zweiten Monat bezahlte Sam seine Miete nicht mehr. Ich rief an, um ihn zu ermahnen, worauf er antwortete, dass kein Geld vorhanden sei. Als ich ihn fragte, ob er ausziehen würde, gab er mir ein klares Nein. Auch meine Bemühungen, seine Partnerin zu informieren, waren nutzlos. Die dritte Monatsmiete blieb ebenfalls aus. Jetzt hatte ich ein noch größeres Problem als die vermiedene Klage: Ich hatte monatliche Hypothekenzahlungen, aber keine Mieteinnahmen. Die Frage war: Wie konnte ich die Mieter wieder aus dem Haus rauskriegen?

Bislang hatte ich in ähnlichen Fällen den Mietern das Angebot gemacht, ihnen Geld zu geben, wenn sie das Haus leerräumten und auszogen. Mit dem Geld konnten sie sich dann eine andere Wohnung suchen. Diese Strategie hatte gut funktioniert und war viel billiger für mich als ein Rechtsanwalt, der für mich die Klage führte. Aber in dieser sensiblen Situation musste ich alles mehr als korrekt machen, denn ich wollte keine Klage wegen Diskriminierung. Also hatte ich keine andere Wahl: Ich musste einen Anwalt hinzuziehen.

Der Anwalt bestätigte meine Befürchtung: Es dauere normalerweise etwa drei Monate, bis ein Mieter auf gesetzlicher Grundlage ausziehen müsse. Sein Honorar betrug zunächst 1.000 Dollar, entsprechend der Zeitdauer kämen weitere 1.000 bis 2.000 Dollar hinzu. Er war sicher, dass wir den Prozess gewinnen würden. Seiner Meinung nach könnte ich den Lohn der Mieterin einklagen und die Unkosten wieder zurückbekommen. Ich war mir da nicht so sicher, sah aber keine andere Möglichkeit.

Zwei Monate später gewannen wir den Prozess. Der zuständige Richter entschied, dass die Mieter binnen zwei Wochen ausziehen müssten. Wenn sie nicht darauf reagieren würden, dann wäre es die Aufgabe des Sheriffs, sie aus dem Haus zu entfernen. Zusätzlich müsse die rückständige Miete in monatlichen Raten abgezahlt werden. Das Geld würde vom Lohn der Partnerin abgezogen. Wir waren zufrieden, das Gesetz und die Gerechtigkeit hatten gewonnen.

Ein Monat verging, ohne dass etwas passierte. Der Sheriff erklärte mir, als ich ihn anrief, dass dies eine delikate Angelegenheit sei, aber irgendwann würde er seinen vom Richter angeordneten Job machen. Ich erkannte zu meinem Erstaunen, dass er nicht die Courage hatte, er spielte auf Zeit. Hier, im „weißen" Marin County, wollte man nicht als Rassist abgestempelt werden. Die Angelegenheit war zum Politikum geworden.

Es dauerte sieben Wochen, bis der Sheriff seiner Aufgabe nachkam und die Mieter zum Ausziehen aufforderte. Ich weiß nicht, wie er es gemacht hat, aber das Haus war endlich wieder frei. Insgesamt hatten wir sechs Monate Miete verloren und 2.500 Dollar für den Rechtsanwalt bezahlt. Das Haus war komplett verwüstet. Die Renovierung kostete 1.500 Dollar. Die vom Richter angeordnete monatliche Abzahlung der Schulden hörte nach drei Monaten auf, denn die Ex-Mieterin kündigte ihren Job und war nicht mehr erreichbar. Wahrscheinlich war sie in einen anderen Staat gezogen. Wir blieben auf den ganzen Kosten sitzen.

Natürlich war mir bewusst, dass es auf dem Wohnungsmarkt nicht immer gerecht zuging, und vielleicht waren diese Tests und die Strafen eine nützliche Taktik gegen Diskriminierungen, aber in dieser Situation fühlte ich mich als Opfer.

30

Obwohl ich gerade mal vierzig Jahre alt war und mir mein Beruf immer noch Spaß machte, wollten wir uns den Stress nicht mehr lange antun. Die Zeit war gekommen, mehr an unsere Gesundheit zu denken, insbesondere wegen meiner Rückenprobleme. Außerdem hatten Rita und ich auch andere Interessen, für die wir dann Zeit haben würden. Finanziell waren wir einigermaßen abgesichert. Mittlerweile hatten wir sechs Häuser und die Mieteinnahmen reichten für unseren bescheidenen Lebensstandard. Zusätzlich profitierten wir jetzt auch von der überraschenden Reduzierung der „Property Tax", der Grundsteuer. Wir waren im Jahr 1978 und Kalifornien war im Wahlkampf. Der Abgeordnete Howard Javiers machte sich stark für die Reduzierung der Grundsteuer. Er nannte es „Referendum Nr. 13". In den letzten Jahren waren die jährlichen Grundsteuern der Immobilien ins Endlose gestiegen, sodass sich viele Senioren ihr Haus nicht mehr leisten konnten, obwohl sie ihre Hypotheken abgezahlt hatten. Wann immer der Bezirk mehr Geld brauchte für Schulen, Feuerwehr oder Polizei, wurde einfach die Grundsteuer erhöht. Für die Politiker war dies der bequemste Weg, an mehr Geld zu kommen. Aber jetzt war Schluss damit, denn für Howard Javiers war das eine Herzenssache. Sein Referendum Nr. 13 wurde mit großer Mehrheit der Wähler entschieden.

Auf unser Verkaufsangebot der Bäckerei meldeten sich mehrere Bewerber. Die meisten von ihnen waren Chinesen, vornehmlich aus Taiwan. Klar, unser Geschäft befand sich ja in einer fast rein chinesischen Nachbarschaft. Die Interessenten wollten ein Geschäft kaufen und sich damit für eine Greencard qualifizieren, um so für immer in den USA bleiben zu können. Was mich überraschte, war, dass die meisten Bewerber keine Erfahrung im Bäckerhandwerk hatten. Auch der Verkaufspreis schien für sie fast nebensächlich zu sein, wichtig war nur, sie qualifizierten sich für die Greencard.

Eine Familie aus Taiwan machte uns das beste Angebot. Die Eltern wollten die Bäckerei für ihren fünfundzwanzigjährigen Sohn. Wie ich verlangt hatte, zahlten sie in bar. Ihr Sohn Bob und sein Freund John sollten die Bäckerei übernehmen, aber mit der Bedingung, dass ich den beiden den Beruf zeigen würde. Diese Forderung fand ich etwas bedenklich, denn ich wusste ja nicht, mit wem ich es zu tun haben würde. Wenn sie zielstrebig und ehrgeizig waren, würde das Anlernen leicht sein, aber wenn es ihnen an Interesse fehlte, dann wäre es schwierig. Ich wusste, dass es einige Zeit dauern konnte, bis die beiden in der Lage waren, das Geschäft allein zu führen, darum bestand ich auf einem Zeitlimit von sechs Monaten. Dennoch kam mir das Angebot entgegen, denn so abrupt wollte ich sowieso nicht aus meiner Bäckerei verschwinden. Immerhin war es mein „Baby". Ich hatte das Geschäft zum Erblühen gebracht, und als Gegenleistung hatte uns die Bäckerei mit einer guten Zukunft beschert: finanzielle Unabhängigkeit und eine bessere Lebensqualität. Ich war dankbar und tief in meinem Herzen wollte ich mich langsam verabschieden. Außerdem ließ ich mich für mein Wissen auch sehr gut bezahlen.

Für uns war es ein guter Vertrag und wir waren zufrieden, aber die beiden jungen Männer waren eine Katastrophe. Die reichen Eltern waren in der Zwischenzeit wieder zurück nach Taiwan geflogen. Nicht nur hatten ihr Sohn und sein Freund keine Ahnung vom Bäckerhandwerk, die beiden hatten offensichtlich auch noch nie in ihrem Leben gearbeitet. Nach meiner Ansicht war Bob der Prototyp Sohn von reichen Eltern, er war verwöhnt. Ich vergesse nie seinen Blick, als ich ihm sagte, dass sie um vier Uhr morgens anfangen müssten. Es war praktisch, dass sie das Apartment über dem Geschäft bewohnten, denn so brauchte ich nicht weit zu gehen, um sie am ersten Morgen aus dem Bett zu werfen. Nur mit Widerwillen übernahm Bob die Verantwortung für den Betrieb. Sein Partner John war etwas älter, aber genauso wenig geeignet für die Arbeit wie Bob. Er hatte angeblich vier Jahre in Oxford studiert und ein Diplom in Theologie. Dies war nicht die ideale Voraussetzung für den Beruf als Bäcker, aber er war wenigstens entschlossen, die Arbeit zu lernen. Mit seinen vierzig Jahren hatte er eine gewisse Vaterfunktion für Bob.

Ein ungeeigneteres Paar gab es nicht. Dies bestätigte mich in meiner Entscheidung, mir das Geld für den Verkauf im Voraus auszahlen zu lassen, sonst hätte Bob schon in der ersten Woche aufgegeben. Genau das sagte er, als er mich hysterisch aufforderte, ihm das Geld zurückzugeben, weil er nicht mehr weitermachen wolle. John beruhigte ihn. Ich hatte bisher den Eindruck gehabt, dass alle Chinesen strebsam und fleißig waren. Aber Bob war definitiv anders, er war nur Nehmen und Konsumieren gewöhnt, vom Geben und Bedienen verstand er nichts. Er war überrascht, als der Mercedes, den ihm seine Eltern gekauft hatten, auf einmal nicht mehr fahren wollte. Bob wusste nicht, dass man den Wagen ab und zu auch mal warten musste. Ich glaube, dass seine Eltern das Geschäft und meine Dienste gekauft hatten, um ihrem Sohn einen Kurs in Verantwortung zu geben. Sehr wahrscheinlich hatten sie irgendwo etwas von deutscher Disziplin und deutschen Tugenden gehört. Ich entschied, mein Bestes zu geben.

Aber bald wurde mir bewusst, dass die beiden nicht die Absicht hatten, diese Arbeit auf Dauer selbst zu machen. Es war klar, dass sie von mir so viel wie möglich lernen wollten, aber dann würden sie, wie viele andere chinesische Geschäftsleute, Immigranten als billige Arbeitskräfte ausnutzen. Es war eine Zwei-Klassen-Gesellschaft: Zuerst kamen die Geldleute von der Upperclass und kauften ein Geschäft, bekamen die Greencard und die Arbeitserlaubnis. Danach nahmen sie sich billige Arbeitskräfte, die aus den unteren sozialen Schichten Chinas kamen. Das erklärte auch die extreme Wandlung in der Bevölkerungsschicht, denn im Bezirk Richmond waren Chinesen fast in der Mehrzahl.

Meinem Nachbarn, einem russischen Delikatessenhändler, passte diese Entwicklung nicht. Sam und noch viele andere russische Immigranten hatten sich in dieser Nachbarschaft vor einigen Jahren angesiedelt. Hier war ihre neue Heimat. Sam wollte nicht wieder von den Chinesen vertrieben werden, sagte er zu mir. Während der Zarenzeit waren sie vermögende russische Bürger gewesen. Dann kam der Kommunismus und sie flohen mit dem Vermögen, das sie retten konnten, nach Shanghai. Dort gehörten sie zur Elite und lebten wie die Fürsten, mit großen Häusern und billigem chinesischen Dienstpersonal. Aber dann, wie ein Fluch, kam auch in China der Kommunismus an die Macht und trieb sie wieder in die Flucht. Die USA war ihre nächste Heimat, besonders an San Francisco fanden sie Gefallen.

Ihre Erlebnisse hatten sie abgehärtet und widerstandsfähig gemacht, denn auch in den USA etablierte sich eine erfolgreiche russische Geschäftswelt. Was sie aber auch mitbrachten, waren ihre Abneigung und ihr Misstrauen gegenüber Chinesen. Es war eine stupide, absurde Aversion, von der sie sich jedoch nicht trennen wollten. Chinesische Restaurants und Delikatessenläden erschienen fast an jeder Ecke und ich hörte Gerüchte, dass auch Sam sein Geschäft an einen Chinesen verkaufen wollte. Es war eine unaufhaltbare Entwicklung. Trotz aller Probleme war San Francisco eine lebhafte Multikulti-Gesellschaft. Sie ist immer noch bekannt als eine sehr liberale Stadt und ein Magnet für viele frei denkende Menschen.

Aber wie viele pulsierende Großstädte hatte auch San Francisco Probleme. Denn im Jahr 1978 war die Stadt in allen Nachrichten. Bürgermeister George Moscone und der Stadtverordnete Harvey Milk waren ermordet worden. Das ganze Land war im Schockzustand. Dan White, ein ehemaliger Stadtverordneter, war der Attentäter. Seine Motive waren angeblich politisch. Die Gerichtsverhandlung schlug die USA in den Bann und das Strafmaß war einmalig in der amerikanischen Rechtsprechung. Dan White wurde zu einer Gefängnisstrafe von sieben Jahren verurteilt. Ein Schock, denn bis dahin galt für Mörder die Todesstrafe, besonders wenn es ein politisches Attentat war. Der Grund für dieses milde Urteil war folgender: Der Rechtsanwalt von Dan White hatte eine brillante Idee: Zucker. Er behauptete, dass sein Klient vor der Tat vier Twinkys gegessen hatte. Das Übermaß an Zucker habe Dan White dann in eine Rage versetzt, die dafür verantwortlich war, dass er alle Kontrolle über sich verlor. Die Argumente des Rechtsanwalts waren offensichtlich so überzeugend, dass sich die zwölf Juroren für diese milde Strafe entschieden. Das Urteil ging als „Twinky defense" in die Geschichte ein. Twinky war übrigens ein sehr populäres Süßgebäck, das in keiner Lunchbox fehlte. Es dauerte nicht lange und der Staat Kalifornien änderte das Gesetz, sodass ein solches Fehlurteil zukünftig ausgeschlossen wurde. Im Andenken an George Moscone errichtete die Stadt das Moscone-Center, ein beliebtes Center für große Events und Touristen.

Dan White wurde nach fünf Jahren aus dem Gefängnis entlassen, zwei Jahre später brachte er sich um.

31

Ein schönes, großes Haus auf dem Land, umgeben von Weiden und Obstbäumen, das war schon immer unser Traum gewesen. Dafür hatten wir geschuftet. Wenn wir manchmal am Wochenende etwas Zeit hatten, fuhren Rita und ich mit Monica meistens nach Bodega Bay. Das kleine verträumte Hafenstädtchen lag am Pacific Coast Highway. Es war ein Ausflug über die Golden Gate Bridge, durch Marin County, Petaluma, weiter über den Gravenstein Highway nach Sebastopol, ein kleines Städtchen mit ungefähr 10.000 Einwohnern. Man wurde begrüßt mit dem Schild: „Welcome to the Apple Capitel of America". Sebastopol lag zwischen grünen Hügeln, bestückt mit Apfelbäumen, so weit man sehen konnte. Im April, wenn die Apfelbäume blühten, war es wie ein Naturwunder, ein großer weißer Teppich. Von hier waren es nur zehn Kilometer bis nach Bodega Bay. Wir waren fasziniert von den vielen kleinen Farmen mit ihren Apfelplantagen. Hier verlief das Leben langsamer und ruhiger. Genau das wollten und brauchten wir jetzt.

Interessanterweise hatten einige Ortschaften russische Namen wie Sebastopol oder Guerneville, sogar einen Fluss mit dem Namen „Russian River" gab es. 1811 war diese Küstengegend von russischen Pionieren besiedelt worden. Sie kamen von einer Alaska-Kolonie auf der Suche nach Seeotterpelzen und Nahrung. Sie errichteten Fort Ross und breiteten sich aus bis nach Bodega Bay, ungefähr sechzig Meilen westlich. Anscheinend wurden ihre Ambitionen aber nicht erfüllt, denn dreißig Jahre später verkauften sie Fort Ross an den amerikanischen Pionier John A. Sutter.

Wir machten einen Termin mit einem Makler. Nachdem er uns mehrere Objekte gezeigt hatte, fanden Rita und ich das Haus unserer Träume. Es lag am Rand von Sebastopol, inmitten von drei Hektar Weideland, es gab einen Obstgarten und einen kleinen Weinberg. Das Haus war im New-England-Stil gebaut, hatte drei Schlafzimmer, zwei Badezimmer und ein großes Wohnzimmer mit einem herrlichen Ausblick auf die Landschaft. Hier wollten wir leben. Ich hatte zwar noch Verpflichtungen in San Francisco und die Fahrt hin und zurück dauerte fast drei Stunden, aber in vier Monaten war das erledigt, dann war ich ein freier Mann.

Auch Monica war begeistert von unserem neuen Domizil, denn jetzt konnten wir auch einen ihrer Träume erfüllen: Sie hatte sich schon lange ein Pferd gewünscht. Sie war im fünfzehnten Lebensjahr und konnte die Verantwortung übernehmen. Außerdem gab es in der neuen Heimat perfekte Bedingungen fürs Eislaufen, denn in Santa Rosa, nur zwanzig Minuten mit dem Auto entfernt, gab es die Snoopy-Eishalle, die wir schon von Wettbewerben kannten. Ich hoffte, dass dies Monica neue Motivation geben würde, denn ihr Interesse am Eislaufen hatte nachgelassen.

Es dauerte nicht lange, bis wir uns in der neuen Umgebung eingelebt hatten. Unsere Nachbarn waren sehr freundlich und hilfsbereit. Familie Walton war unser nächster Anwohner, ungefähr 200 Meter entfernt. Auf ihrem Grundstück weideten einige Schafe. Ich zögerte nicht lange, als sie mir anboten, ein paar ihrer Schafe zu übernehmen, denn sie würden mir das Rasenmähen ersparen. Jetzt waren wir Farmer. Auf einer Weide grasten drei Schafe und auf der anderen lebte das Pferd. Die Schafe bestanden aus drei Generationen: Großmutter, Mutter und Tochter. Wir nannten sie Edeltraut, Walburga und Gertrud. Das Pferd bekam den Namen Chip. Das Einzige, was noch fehlte, war ein Hund.

Wie das Schicksal so will, sollte auch dieser Wunsch erfüllt werden. Auf einer kleinen Farm am Gravenstein Highway wohnte ein deutscher Hundezüchter. Herr Rau war fünfundsechzig, kam aus Köln und war vor zwei Jahren in die USA immigriert. Deutschland rücke zu weit nach links, schimpfte er. Alles Kommunisten, es könne nicht gut enden. Seine Frau habe noch ein Jahr Dienst, bevor sie ihre Rente bekomme, dann würde sie zu ihm ziehen. Herr Rau war Spezialist im Züchten von Schäferhunden. Seine Hunde waren besonders geeignet für den Polizeidienst und als Begleiter für Blinde. Er hatte nicht nur einen hervorragenden Ruf in Deutschland, sondern auch in den USA. Und er hatte sogar ein Buch über das Züchten von Schäferhunden geschrieben.

Für Herrn Rau war es reine Routine, dass er neugeborene Hunde röntgte, denn er konnte es sich nicht leisten, Hunde mit Gesundheitsproblemen zu trainieren und zu verkaufen. Es war bekannt, dass Schäferhunde anfällig für Hüftprobleme waren. Normalerweise schläferte er einen kranken Hund sofort ein. Reine Geschäftssache, so erklärte er uns, als wir ihn auf seiner Farm besuchten.

Der aktuelle Wurf bestand aus sechs Welpen, mit Ausnahme von einem waren alle gesund. Sie waren schon sechs Monate alt, doch bisher hatte Herr Rau das Einschläfern des einen Welpen aufgeschoben. „Morgen ist es vorbei mit ihm", sagte er. Der arme Kerl war an einen Baum gebunden, ahnungslos und hilflos, und schaute uns mit seinen treuen braunen

Augen an, fast flehend. Wir schmolzen dahin und es war klar, wir mussten ihm helfen. Und schon hatten wir ein neues Familienmitglied, wir nannten ihn Tilo. Denn was war eine Farm ohne Schäferhund?

Es stellte sich heraus, dass Tilo alles andere als pflegeleicht war. Anscheinend hatte Herr Rau den Hund nicht gut behandelt. Wir wussten, dass Tilo dabei zusehen musste, wie seine Geschwister trainiert wurden und viel Zuwendung bekamen, während er am Baum hockte. Wer weiß, was sonst noch passiert war? Jedenfalls erkannten wir, dass Tilo Angst vor Menschen hatte und sehr aggressiv auf alles reagierte, was vier Beine hatte. Wir mussten gut auf ihn aufpassen.

Die Schafe waren die Ersten, die Tilos Aggressivität zu spüren bekamen. Sie hasteten in verschiedene Richtungen, wenn er sie jagte. Gut, dass sie sicher hinter einem Zaun waren und nicht ziellos in der Gegend herumirrten. Unser Pferd Chip hingegen hatte keinen Respekt vor Tilo. Chip wieherte ein paar Mal, als ob er sagen wollte: „Was willst du denn, Kleiner?" Schließlich entschieden wir, Tilo auf dem Grundstück freien Lauf zu lassen, es war genügend Platz vorhanden und die Nachbarn waren weit genug entfernt. Besonders für die Nächte hofften wir auf seine Aufmerksamkeit.

Einmal hörte ich ihn jaulen, mitten in der Nacht, immer wieder. Vom Fenster aus sah ich, wie er nervös hin und her rannte und den Kopf schüttelte. Eine Blechdose hing an seinem Maul. Es war eine leere Dose Hundefutter, die ich mit dem Büchsenschneider geöffnet und einen Teil des Deckels hängen gelassen hatte. Tilo war anscheinend in den Mülleimer getaucht, hatte sich die Dose geangelt und dann mit der Zunge den Deckel reingedrückt, um an die Futterreste zu kommen. Natürlich war seine Zunge jetzt in der Falle und er konnte sich nicht von der Büchse befreien. Mit Mühe entfernte ich die Dose von seiner blutenden Zunge.

In den folgenden Wochen wuchs er mir immer mehr ans Herz. Ich entschied, Tilo auf meine Joggingtouren mitzunehmen. Vielleicht würde das Laufen seine Hüfte stärken. Ich band seine Leine um meine Hüfte, sodass meine Arme frei waren, und dann joggten wir im gleichen Rhythmus durch die Landschaft. Es machte uns beiden richtig Spaß. Aber mit den Schafen hatte Tilo nicht mehr so viel Spaß. Er musste erkennen, dass sie mit der Zeit immer weniger Respekt vor ihm hatten. Am Ende ergriffen sie sogar die Initiative, wenn sie Tilo kommen sahen. Wie drei Soldaten stellten sie sich in eine Reihe und marschierten auf ihn zu. Tilo war so perplex, dass er das Feld verließ.

Von unserem Wohnzimmer aus hatte ich einen guten Blick auf unsere 100 Meter lange Einfahrt. Ich konnte fast jeden Besuch erkennen. Aber den älteren Mann, der eines Tages dort auftauchte, mit einer Pfeife in der einen Hand und einem offensichtlich alten Hund an der Leine in der anderen, hatte ich noch nie gesehen. Trotz des wilden Umkreisens und drohenden Bellens von Tilo humpelte er mit seinem Hund auf unser Haus zu. Sein Name war Martin und der Hund hieß Helga. Martin war zweiundachtzig Jahre alt, er war schwerhörig und halb blind, genauso wie sein Hund. Der deutsche Akzent war unverkennbar, sogar Helga bellte auf Deutsch. Martin war in Sachsen geboren und aufgewachsen und emigrierte mit neunzehn Jahren nach Brasilien, erzählte er mir. Im Alter von vierzig Jahren kam er in die USA. Er war einer meiner

Nachbarn und besuchte uns von nun an fast jeden Tag. Auch wenn seine Augen und Ohren nicht mehr gut funktionierten, sein Verstand war messerscharf, er war kommunikativ, angenehm und hatte viel Humor. Fast immer fand er ein Stichwort in unserer Unterhaltung, um ein passendes deutsches Gedicht zu rezitieren. Martin und Helga waren ein perfektes Team, sie waren eine Familie. Mit ihren alten, schwerfälligen Körpern und den langen grauen Haaren waren sie sich ziemlich ähnlich, es fehlte nur die Pfeife bei Helga. Tilo hatte sich mit den beiden angefreundet. Der Garten hinter seinem Haus war Martins ganzer Stolz. Er züchtete Gurken, Zucchini, Kartoffeln und Tomaten und rühmte sich, dass sein Gemüse das beste und die Wassermelonen die größten seien.

Bernd, ein anderer Nachbar, lebte mit seiner Frau und drei Kindern schon fünfzehn Jahre in Sebastopol. Er war Lehrer von Beruf. Auch er stattete uns regelmäßig einen Besuch ab. Ich merkte, dass er jemanden brauchte, bei dem er sich aussprechen konnte. Seine Familie habe keinen Respekt vor ihm, erzählte er uns. Seine drei Teenie-Kinder machten, was sie wollten, und hörten nicht auf seinen Rat. Seine Frau wollte sich von ihm scheiden lassen. Armer Kerl, er tat mir leid. Aber ich muss sagen, dass er schon etwas seltsam war. Manchmal, mitten in unseren Gesprächen, hörte er einfach auf zu reden und machte Yoga-Übungen. Sie dauerten fast eine halbe Stunde, ohne dass er ein Wort sprach. Es war kurios, aber ich fand es lustig. Bernd war ein Unikum.

32

Drei Monate später war meine Pflicht für den Käufer der Bäckerei erledigt. Die Nachfolger hatten nur so viel gelernt, wie sie unbedingt mussten. Wie ich vermutet hatte, sah ich chinesische Arbeiter in der Bäckerei. Zuerst kamen sie, nachdem ich Feierabend hatte, dann, als es dem Ende meines Auftrags zuging, waren sie auch tagsüber da. Na ja, die beiden neuen Eigentümer hatten, was sie wollten, und ich hatte den Eindruck, dass sie froh waren, mich, den schonungslosen Deutschen, endlich los zu sein. Damit fiel uns der Abschied auch leichter.

Ich dachte mit Wehmut an unsere vielen Beschäftigten, denn auch sie hatten einen großen Anteil an unserem Erfolg gehabt. Die meisten waren verlässlich und treu gewesen. Einige waren Freunde geworden. Nur wenige waren eine Enttäuschung, weil sie uns hintergangen und bestohlen hatten. Nicht selten war es jemand, von dem wir es am wenigsten erwartet hatten. Aber die positiven Erfahrungen überwogen bei Weitem die schlechten Erinnerungen. Während der zehn Jahre hatten wir ungefähr dreißig Angestellte gehabt. Es war nicht nur um meine Bäckerei gegangen und deren Erfolg, sondern auch um ihre Lebensqualität. Einige von ihnen sind mir ganz besonders in Erinnerung geblieben.

Insgesamt hatten wir ungefähr acht verschiedene Verkäuferinnen gehabt, drei davon waren die gesamte Zeit bei uns. Tamara war aus Russland, Grace kam aus Hongkong und Gale war Amerikanerin. Alle drei waren eine Bereicherung und sind unvergesslich. Sie waren Familie.

Benny, ein sechzigjähriger Philippine, war einer meiner ersten Bäcker. Er war fleißig, zuverlässig und angenehm, ein Mensch, den man sofort gern hatte. Benny war Einzelgänger und erlaubte wenig Einsicht in sein Leben. Ich glaube, dass er sehr einsam war. Wenn ich versuchte, ihm näher zu kommen, dann blockierte er. Ich machte mir Sorgen, als er immer öfter erwähnte, dass man ihn verfolgen würde. Zuerst war es sein Nachbar, der ihn angeblich beobachtete und ihm nachspionierte. Dann wurde er von einer fremden Person bis zum Arbeitsplatz verfolgt. Mir wurde klar, dass mit Benny etwas nicht stimmte. Mein Verdacht wurde bestätigt, als er am Backofen arbeitete und jemanden aus dem heißen Ofen kommen sah, der ihm an den Kragen wollte. Nach dieser Situation war er drei Monate in einer Klinik, wo man ihn wieder für den Alltag fit machte. Benny arbeitete noch vier Jahre für uns, dann ging er in Rente.

Auf die drei Alexander-Boys war ich besonders stolz. Meine erste Bekanntschaft mit dieser Familie war der Vater. Es machte mir Freude, dass mein Arbeitsweg von Mill Valley nach San Francisco über die fantastische Golden Gate Bridge führte. Die Brücke war die beliebteste Touristenattraktion in den USA und ich nutzte sie jeden Morgen. Die Überfahrt kostete zu dieser Zeit fünf Dollar, die man an der San-Francisco-Seite der Brücke an einen Zolleinnehmer zahlen musste, der in einer kleinen Bude saß. Diese Transaktion war für mich Routine. Aber eines Morgens hatte ich mein Portemonnaie vergessen. Der Zolleinnehmer war gar nicht verwundert und sagte, dass ich nicht der Erste oder der Letzte sei, der sein Geld vergessen habe. Und schon hatte er eine Lösung parat. Er sagte, dass ich meine Armbanduhr bei ihm lassen sollte, und wenn ich später wieder zurückfahren würde, dann könnte ich am Büro stoppen, meine Schulden zahlen und die Uhr zurückbekommen. Ich war etwas irritiert wegen dieser simplen Lösung, aber sie machte Sinn. Das Namensschild des Angestellten zeigte den Namen Alexander.

Einige Monate später wurde ich zum zweiten Mal mit diesem Namen konfrontiert. In unseren Betrieb kam am Ende des Arbeitstages ein Senior-Highschool-Student und machte die Reinigungsarbeiten. Auf diese Weise verdiente er sich etwas Geld und sammelte Erfahrung auf dem Arbeitsmarkt. Es war eine ziemliche Drecksarbeit und eine Prüfung für den jungen Mann. Normalerweise waren es Studenten im letzten Highschool-Jahr, danach gingen sie aufs College. Ein Jahr lang diese Drecksarbeit – es konnte nur besser werden. Also hatten wir jedes Jahr nach den Sommerferien einen neuen studentischen Mitarbeiter. Im September 1972 war es Richard Alexander. Ich war sehr überrascht, als Richard mir erzählte, sein Vater arbeite an der Golden Gate Bridge. Wir lachten sehr, als ich ihm von meinem Abenteuer mit seinem Vater berichtete. Richard wurde eine Bereicherung für unseren Betrieb. Nicht nur, dass die Bäckerei immer super sauber war, sondern er zeigte Interesse und Neugier am Bäckerhandwerk. Sogar an seinen freien Tagen, samstags und sonntags, kam er in unsere Bäckerei und wollte lernen. Dies war gegen die Regel der Gewerkschaft, aber am Wochenende hatte Herrmann Pelz frei. Am Ende des Schuljahres bat mich Richard, ihn als Bäcker auszubilden. Dabei hatte er ein gutes Abschlusszeugnis und hätte aufs College gehen können. Doch er wollte nicht mehr auf der Schulbank sitzen, sondern mit seinen Händen arbeiten und kreativ sein. Er hatte das alles sogar schon mit seinen Eltern besprochen. Ich hatte seiner Entscheidung nichts entgegenzusetzen, und war mir darüber hinaus bewusst, dass ein Angestellter mit seinem Wissensdurst ein guter Arbeiter sein würde.

Jetzt hatte ich einen neuen Bäcker, brauchte aber wieder einen Studenten zum Reinigen der Bäckerei. „Ist überhaupt kein Problem", sagte Richard. Er habe einen Bruder, der im letzten Schuljahr sei, und der hätte gerne die Stelle. „Wenn er so fleißig ist wie du, dann kann er die Stelle haben", antwortete ich ihm.

Dennis war etwas schüchterner als sein Bruder Richard und etwas langsamer, aber er war sehr gewissenhaft. Wieder eine Alexander-Bereicherung. Irgendwie hatte ich Glück mit dem Namen. In den folgenden Monaten war Richard auf dem Weg, ein sehr guter Bäcker zu werden. Wie sein Bruder zeigte auch Dennis Interesse für den Bäcker-Beruf. Es war keine große Überraschung, als am Ende des Schuljahres auch Dennis mich um eine Stelle bat. Mir kam es gelegen, denn ein anderer meiner Bäcker war gerade in Rente gegangen. Und schon hatte ich zwei Alexander-Arbeiter, aber brauchte mal wieder einen neuen Reinigungsstudenten. „Überhaupt kein Problem", sagte Dennis. „Wir haben noch einen Bruder, der jetzt im letzten Schuljahr ist."

Jonny, der jüngste der Alexander-Brüder, war ebenfalls fleißig, aber etwas empfindlich und sehr sensibel. Ich merkte, dass man ihn etwas sanft behandeln musste, aber dann machte er seine Arbeit genauso gut wie Richard und Dennis. So nebenbei entpuppte er sich als talentierter Zeichner. Fast täglich machte er Karikaturen von Ereignissen in unserer Bäckerei und befestigte sie, ohne etwas zu sagen, am Schwarzen Brett. Diese Zeichnungen wurden zu einem der Höhepunkte jedes neuen Arbeitstages. Wir alle wollten wissen, was er sich hatte einfallen lassen. Seine letzte Karikatur war von Benny, der fast in den Backofen gefallen wäre, nur noch die Beine strampelten aus der Ofentür. Es war genial. Und es kam, wie es kommen musste: Auch Jonny wollte eine Lehrstelle und bekam sie natürlich auch. Besonders das Dekorieren von Torten gefiel ihm. Ein Genie wie Jonny war für uns ein Glücksfall.

Nachdem ich die Bäckerei verkauft hatte und die neuen Besitzer ihr eigenes Personal hatten, war es für mich sehr wichtig, dass die drei Alexander-Boys einen anderen guten Job finden würden. Das Glück war mit uns. Fritz, ein ehemaliger Kollege von der Eagles Bakery in Daily City, war jetzt Manager einer führenden Supermarktkette in Nordkalifornien. Wir waren gute Freunde und er kannte meine Arbeitsmoral, ich hatte viel von ihm gelernt. Fritz gab Richard, Jonny und Dennis einen Job in der Bäckerabteilung der Supermarktkette.

Ich war stolz, als Vater Alexander mich anrief und sich bei mir bedankte. Sein Fazit: „Sie waren eine wichtige Person für meine Jungs in einer Zeit, in der sie es wirklich brauchten."

33

Für Rita und mich öffnete sich mit dem Umzug eine neue Welt. Noch nie hatten wir so viel Freizeit gehabt, ohne Druck und Stress. Während der Geschäftsjahre hatte ich mir oft Sorgen wegen meiner Gesundheit gemacht. Ich wusste, wenn man achtundvierzig Stunden ohne Schlaf und Ruhe durcharbeitete, wie ich es an wichtigen Feiertagen gemacht hatte, konnte dies negative Auswirkungen haben. Zusätzlich hatte ich meinen chronisch schmerzenden Rücken. Immer hatte das Geschäft Priorität gehabt. Aber damit war Schluss. Jetzt hatten wir ein neues Ziel: Gesundheit. Ich hatte Lust aufs Leben und wollte so viel wie möglich davon haben.

Tennis und Jogging waren meine Lieblingssportarten. Fast jeden Vormittag verbrachte ich wenigstens zwei Stunden auf den Tennisplätzen im Howard Park in Santa Rosa. Meine Spielpartner bestanden aus einer lustigen Gruppe von ungefähr zehn Personen, alle Senioren, verschiedene Nationalitäten und Berufe, aber alle mit demselben Ehrgeiz: Sie wollten gewinnen. Ab und zu gab es auch mal eine Auseinandersetzung, wenn man unterschiedlicher Meinung war wegen eines Balls im Aus – oder eben nicht im Aus. Während der Spiele wartete Tilo brav, aber ungeduldig in meinem Pick-up, denn er wusste, danach würden wir gemeinsam joggen, zehn Kilometer rund um den See des Howard Parks. Die ersten drei Kilometer bestimmte Tilo das Tempo, danach waren wir im Gleichschritt und auf den letzten drei Kilometern musste ich ihn mitziehen. Wir waren ein eingespieltes Team und es funktionierte gut, es sei denn, dass ein anderer Hund uns begegnete. Dann musste ich ausweichen, denn Tilo wollte jeden Hund angreifen.

Wie meistens an einem Samstagnachmittag war der Parkplatz am See auch an diesem Tag überfüllt mit Autos. Nur ein Platz war noch frei. Ich glaube, es waren der alte, verrostete Kombi auf dem Nebenplatz und die laute Musik, die aus dem Auto zu hören war, weshalb er noch zur Verfügung stand. Der Kombi war vollgestopft mit Klamotten und Nutzgegenständen. Hinter dem Steuer saß ein junger Mann, eingewickelt in einen Schlafsack. Er sah aus wie ein Obdachloser. Es war klar, der Mann lebte in seinem Auto. „Armer Bursche", dachte ich.

Es war ein warmer Sommertag, ich trug nur eine leichte Turnhose und ein dünnes Hemd. In meiner Turnhose war kein Platz für meine Geldbörse, darum steckte ich sie unter den Autositz. Es war reine Routine, ich machte es schnell und unauffällig. Dann schloss ich den Wagen ab und Tilo und ich machten unseren Lauf. Das Ganze dauerte etwa eine Stunde.

Natürlich gaben wir uns nach dem Lauf eine Belohnung, das gehörte zum Ritual. Ich wollte so schnell wie möglich nach Hause, schön warm duschen und danach ein kaltes Bier trinken. Nie schmeckte ein Bier so gut wie nach einem Dauerlauf. Aber ich hatte tags zuvor die letzte Flasche geleert, deshalb musste ich am Supermarkt stoppen und Nachschub holen. Als ich unter den Autositz griff, entdeckte ich mit Entsetzen, dass meine Börse nicht mehr dort war. Mein erster Gedanke war der Heimatlose auf dem Parkplatz am See. Ich war verblüfft, hatte ich doch das Portemonnaie so unauffällig unter den Sitz geschoben. Außerdem war das Auto verriegelt gewesen und der Parkplatz voll mit Menschen. Ich glaubte nicht, dass der

Fremde etwas mit dem Diebstahl zu tun hatte, und wenn, dann wäre er längst vom Parkplatz verschwunden. Doch es war einen Versuch wert. So schnell wie möglich fuhr ich zurück. Der alte Kombi stand immer noch dort und der Platz daneben war frei. Der junge Mann war wach und hatte sogar ein Lächeln für mich, als ich neben ihm parkte. Durch sein offenes Fenster klang klassische Musik, ich glaube, es war Vivaldi. Die Angelegenheit war delikat, denn ich konnte ihn ja nicht beschuldigen, diesen Diebstahl begangen zu haben, ich musste es diplomatisch angehen. Also entschuldigte ich mich, dass ich ihn störte, und erzählte von meinem Debakel. Dann fragte ich ihn, ob er jemanden gesehen habe, der sich mit meinem Wagen beschäftigt hatte. „Tut mir leid, aber ich habe geschlafen", lautete seine Antwort. Außerdem sei er überrascht, dass so etwas in einer Stadt wie Santa Rosa passieren würde. Ich versuchte, betrübt auszuschauen, und sagte, dass mir die fünfzig Dollar egal seien, aber die Papiere, Führerschein, Sozialversicherung und andere Karten, die hätte ich gerne zurück, weil deren Wiederbeschaffung mit vielen Schwierigkeiten verbunden sei. Damit beendete ich unsere Unterhaltung und ging zur öffentlichen Toilette, die ungefähr zwanzig Meter entfernt war. Absichtlich nahm ich mir viel Zeit, bevor ich zurück zu meinem Wagen ging. Hier erwartete mich eine Überraschung: Mitten auf der leeren Ladefläche des Pick-ups lag ein kleiner brauner Gegenstand: meine Geldbörse. Die fünfzig Dollar waren weg, aber zu meiner großen Erleichterung waren noch alle Karten vorhanden. Mein Blick wanderte zu dem jungen Mann. Mit der geöffneten Börse in meiner Hand schauten wir uns an, zehn Sekunden lang. Ich beugte meinen Kopf etwas nach vorne.

„Thank you very much", kam es geräuschlos von meinen Lippen. Er antwortete mit der gleichen Geste: „You're welcome." Wir waren beide zufrieden. Ich hatte meine Papiere zurück und eine Lehre bekommen. Außerdem hätte ich ihm ohnehin nichts nachweisen können. Irgendwie fühlte ich sogar eine gewisse Solidarität. Immerhin war ich ja auch mal ein Ausreißer gewesen und hatte mich nicht immer im Rahmen des Gesetzes bewegt.

Obwohl ich körperlich ausgelastet war, merkte ich, dass in mir noch ein Feuer brannte, ich war nicht vollkommen zufrieden. Meine alte Leidenschaft für das Schreiben stieg wieder auf. In der Vergangenheit hatte ich nie die Zeit gehabt, diese Passion zu pflegen, aber nun hatte ich die Gelegenheit. Seit meinem 14. Lebensjahr war ich nicht mehr in einer Schule gewesen. Meine Englischkenntnisse hatte ich mir selbst beigebracht. Hatte ich etwas verpasst? Ich war neugierig, wie es im College zuging und ob ich mit den „normalen Studenten" mithalten konnte. Santa Rosa Junior College – ich komme.

Ich buchte Kurse für kreatives Schreiben, Anthropologie, Philosophie und deutsche Geschichte. Mit meinen 39 Jahren war ich natürlich der Opa, aber ich war ein stolzer Opa, denn ich konnte gut mithalten. Mit guter Note bestand ich den Englisch-Test für das kreative Schreiben. Für mich war dies eine Bestätigung, denn ich war schon immer neugierig und etwas neidisch gegenüber Studierten gewesen. Vielleicht würde mein Traum, ein Buch zu schreiben, irgendwann in Erfüllung gehen.

Unser Lehrer für deutsche Geschichte hieß Herrmann Hoffmann. Seine Familie war 1946 in die USA eingewandert. Sein richtiger Name war Adolf, erzählte er, aber seine Schulkameraden hätten ihn immer geärgert wegen Adolf Hitler. Also hatte er ihn ändern lassen. Er war ein begeisterter Vegetarier. Sogar während des Unterrichts knabberte er an einer Möhre. Ich glaube, in Deutschland wäre er ein vorbildlicher Grüner gewesen. Er kritisierte den Massenkonsum und die Zerstörung der Umwelt. Mit einem wehmütigen Lächeln erzählte er von seiner Kampagne im Norden von Kalifornien, in Eureka. Damals protestierte er gegen die Abholzung der Redwood-Bäume. Aber dort oben war der Lebensunterhalt fast jeder Familie von der Holzindustrie abhängig, denn es gab keine andere Industrie. Als er Drohungen erhielt, fuhr er auf dem schnellsten Weg wieder zurück nach Santa Rosa.

Hoffmann war ein Intellektueller und Träumer. Seine Interpretationen von Autoren wie Heinrich Böll, Hermann Hesse und Franz Kafka waren fantastisch und er konnte seine Begeisterung gut auf uns Schüler übertragen. Wäre ich einem Hesse-Buch früher begegnet, hätte ich es sofort zur Seite gelegt. Aber jetzt erkannte ich die Qualitäten. Mein Favorit war der Roman „Siddhartha".

Rita und ich gingen zweimal die Woche zu Anthonys Immobilien-Schule. Über zehn Jahre waren wir mit Immobilien beschäftigt gewesen, hatten gekauft, vermietet und dann wieder verkauft. Dafür hatten wir immer einen Agenten gebraucht, der für jede Transaktion seine sechs Prozent Provision bekam. Nun wollten wir unsere Geschäfte selbst machen, ohne einen Mittelsmann. Nach vier Monaten intensiven Lernens machten wir erfolgreich unsere Staatsprüfung und bekamen unsere Immobilienlizenz. Jetzt konnten wir unsere Transaktionen selbst machen.

Zur gleichen Zeit, wir hatten das Jahr 1979, kamen viele Einwanderer aus dem Iran in die USA. Der Schah war entthront und Khomeini hatte die Zügel in der Hand, deshalb war es für Anhänger des Schahs gefährlich geworden. Viele von ihnen hatten große Vermögen angehäuft und versuchten zu retten, was möglich war. Auch sie kamen mit Koffern voller Geld. Ihre bevorzugte Anlage waren Immobilien, ihre Lieblingsgegend Marin County. Die Konsequenz war, dass unsere Häuser noch mehr und schneller im Wert stiegen. Mit der Wertsteigerung der Immobilien kam der Profit nicht von unserem Schweiß, sondern allein vom Geld. Ich erinnerte mich an einen Spruch aus der Bibel: „Im Schweiße deines Angesichtes sollst du dein Geld verdienen." Das hatte ich ja schon immer in der Bäckerei gemacht, im wahrsten Sinne des Wortes, aber nun kam die eiskalte Ernüchterung: Viel Geld verdiente man nur mit Geld. Wo blieb da die Gerechtigkeit?

Ajatollah Khomeini hatte mit seinen Anhängern die Macht übernommen. Diese religiösen Fanatiker wollten alle westlichen Einflüsse eliminieren. Der Hass auf Israel und die USA bekam neue Nahrung. Das amerikanische Konsulat in Teheran wurde von Khomeinis Anhängern gestürmt, sie nahmen zweiundfünfzig amerikanische Diplomaten als Geiseln. Präsident Carters Versuch, die Geiseln mit einer Elitetruppe zu befreien, schlug fehl. Daraufhin stürzte sein ohnehin angeschlagenes Image noch mehr ab. Für die anstehenden Wahlen verlor er dadurch sogar die Unterstützung von einem Teil seiner eigenen Partei.

Seine demokratischen Gegner waren schon eifrig im Wahlkampf, um ihn abzulösen. Jesse Jackson, Walter Mondale und Gary Hart waren seine Kontrahenten. An einem Abend hatten sie eine Auseinandersetzung in einem jüdischen Kulturzentrum. Die Diskussion wurde von allen großen Fernsehsendern übertragen. Die drei saßen an einem runden Tisch und versuchten, die Fragen der Journalisten zu beantworten. Einer der Reporter fragte die Kandidaten, was sie tun würden, wenn Khomeini die Straße von Humus blockieren und damit die Öllieferungen des Iraks für den Westen bedrohen würde. Jackson und Mondale legten sich nicht richtig fest, typische Antworten von Politikern. Gary Hart aber antwortete ohne Zögern, dass er nicht das Leben von jungen amerikanischen Soldaten riskieren würde für Öl für Deutschland. Ich war schockiert, denn es klang anti-deutsch. Als ob Deutschland das einzige Land wäre, das vom Öl abhängig war. Jetzt wusste ich, warum ich diesen Kerl nicht leiden konnte und ihn als arrogant empfand.

In den Tagen nach dem Wahlkampfduell erwartete ich einen Einspruch vom deutschen Konsulat gegen die Aussage Harts, so wie es die Japaner immer wieder machten, wenn eine Fehlinformation über Japan durch die Medien gejagt wurde. Diese Korrektur konnte man dann in den Nachrichten hören und lesen. Aber Fehlanzeige, es gab keine Korrektur. Ich war so enttäuscht, dass ich einen Leserbrief an die deutsch-amerikanische Zeitung schrieb. Zu meiner Überraschung wurde der Brief unter der Rubrik „Zur Sache" veröffentlicht, dazu mein Name und meine Telefonnummer, was ich überhaupt nicht gewollt hatte. Doch die vielen Anrufe und Zustimmungen von Landsleuten waren überwältigend. Es war klar zu erkennen: Hier herrschte eine große Unzufriedenheit wegen der Aussage von Hart.

Aber irgendwie gibt es eine gewisse Gerechtigkeit, denn auch Gary Hart konnte seine Natur nicht überlisten, er konnte nicht aus seiner Haut. Ein Reporter hatte ihn gefragt, ob er eine Geliebte habe. Gary Hart war empört und rügte den Reporter. Dieser war skeptisch, worauf Hart ihn aufforderte: „Wenn Sie mir nicht glauben, dann können Sie mich ja beschatten." Gary war sich sicher, dass er mit dieser gewagten Aussage sein Problem erledigt hatte, aber er hatte nicht mit der Hartnäckigkeit des Reporters gerechnet. Hart wurde beschattet und mit einer Geliebten erwischt. Es war das Ende seiner Kandidatur.

Langsam kamen Rita und ich zu der Überzeugung, dass die Steigerung der Immobilienwerte nicht mehr lange anhalten konnte. Die Preise in Kalifornien, besonders in Marin County, waren so hoch, dass sich kaum noch jemand ein Haus leisten konnte. Es war eine Frage von Angebot und Nachfrage und irgendwann kamen auch die Wohlhabenden an ihre Grenzen. Wir entschieden, unsere Häuser zu verkaufen, wenn sich die Gelegenheit bot. Gleichwohl waren unsere Häuser gut vermietet, also mussten wir warten, bis ein Mietvertrag auslief, bevor wir das jeweilige Haus auf den Markt geben konnten.

Im November 1979 bekam ich die Nachricht, dass meine Tante Agnes in Philadelphia gestorben war. Leider erreichte mich die Nachricht erst zwei Wochen nach ihrem Tod. Ich fühlte mich wie vom Blitz getroffen. Erst jetzt, wo sie gestorben war, wurde mir plötzlich bewusst, was sie alles für mich getan hatte. Tante Agnes und Onkel Alois hatten mir das Tor in die USA geöffnet und es möglich gemacht, dass ich für mich und meine Familie eine gute Zukunft schaffen konnte. Sie hatten ihr ganzes Leben für mich umgekrempelt, damit ich eine bessere Chance hatte. In den letzten Jahren hatten wir einige Male telefoniert, aber wir hatten uns nie wieder gesehen. Onkel Alois war schon vor einigen Jahren gestorben. Ich hatte meine Tante eingeladen, uns in San Francisco zu besuchen, aber sie wollte nicht kommen. Und jetzt hatte ich ihre Beerdigung verpasst. Wieso war ich all die Jahre so egoistisch gewesen, so rücksichtslos? Ich hatte alles Menschliche meinem finanziellen Erfolg untergeordnet. Ich hatte versagt. Ich schämte mich.

Meiner Tante war es auch zu verdanken, dass Monica in den USA geboren wurde. Sie war jetzt im siebzehnten Lebensjahr, war selbstständig und zeigte es. Ihre Interessen änderten sich. Im Mittelpunkt standen nicht mehr ihr Pferd Chip und das Eislaufen, sondern Jungs gewannen ihre Aufmerksamkeit. Wir hatten abgemacht, dass sie die Verantwortung und Pflege für Chip hatte und ihre Eislaufzeit so einteilte, dass die Schularbeiten nicht darunter litten. Doch nun wurde ihre Zeit knapp. Also entschieden wir gemeinsam, Chip zu verkaufen. Rita und ich wussten, dass es eine schwierige Zeit für Monica war, eine Schlüsselzeit.

Von unseren Nachbarn hörten wir von einem Schüler-Austauschprogramm mit Deutschland. Ein Jahr sollte so ein Austausch dauern. Zwei Familien, jeweils eine deutsche und eine amerikanische, nahmen das Kind der anderen Familie auf. Die Schüler würden in den Gastfamilien leben und in dem anderen Land zur Schule gehen. Sie konnten also die Sprache und Kultur kennenlernen. Monica hatte schon einige Deutschkenntnisse von ihrem regelmäßigen Deutschunterricht in einer speziellen Schule in San Francisco. Nun bekam sie die Gelegenheit, ihre Kenntnisse zu erweitern und neue Erfahrungen zu sammeln. Sie war begeistert von unserem Vorschlag. Immerhin war sie zum ersten Mal in ihrem Leben unabhängig und weg von zu Hause. Mit einem Wort: Freiheit!

Drei Monate später war Lübeck in Schleswig-Holstein Monicas neue Heimat. Familie Neumann war ihre Gastfamilie. Im Gegenzug empfingen wir deren Tochter Anke. Nicht nur mussten sich die beiden Teenager an ihr neues Umfeld gewöhnen, sondern auch wir Eltern mussten kompromissbereit sein. Es verlangte Bemühungen von beiden Seiten, denn es gab immense Gegensätze. Die Neumanns glaubten an strenge, disziplinierte Strukturen, während wir in den USA den Tagesablauf etwas lockerer sahen, mit dem Ergebnis, dass es für unsere Tochter Monica am Anfang sehr schwierig war, sie fühlte sich wie im Gefängnis. Anke hingegen blühte bei uns so richtig auf, sie fühlte sich erlöst. Es war ein Kontrast der Lebensstile.

Schon nach zwei Wochen rief Monica uns an. Sie wollte zurückkommen. Nachdem wir uns ihre Begründung angehört hatten und danach mit der Gastfamilie gesprochen hatten, ermutigten wir sie, Deutschland und den Neumanns noch eine Chance zu geben. Wir versicherten ihr, wenn sie erst mal in der Schule wäre und einige Freunde hätte, dann würde es viel besser werden. Wir waren überzeugt, dass dieses Jahr in Deutschland gut für ihre Entwicklung wäre. Ein anderes Umfeld, andere Menschen, eine andere Kultur und eine andere Sprache – sie konnte davon nur profitieren. Im amerikanischen Schulsystem wurde eine solche Erfahrung sehr anerkannt. Wenn sie nächstes Jahr aufs College gehen würde, könnte ihr das Jahr im deutschen Schulsystem deutlich zugutekommen. Wir versprachen ihr ein neues Auto, wenn sie das Jahr durchhalten würde.

Anke hatte fast keine Probleme mit ihrem neuen Umfeld. Während ihre Eltern in Deutschland streng und unnachgiebig waren und ihr wenig Freiraum erlaubt hatten, war es bei uns fast das Gegenteil, was sie auch total ausschöpfte. Wir waren überrascht über die amerikanische Bewertung der deutschen Schule. In Deutschland war Anke in der achten Klasse, aber hier in den USA stufte man sie nach kurzer Zeit aufgrund ihrer Leistungen eine Klasse höher ein. Ihre Englischkenntnisse waren sehr gut. Anke war intelligent, aber sehr eigensinnig, eine Herausforderung für uns. Jedenfalls empfanden wir eine große Verantwortung ihr gegenüber und auch gegenüber ihren Eltern.

Diese Zeit war für uns alle eine Bereicherung. Anke gehörte zu unserer Familie und Monica empfand das Gleiche bei den Neumanns in Deutschland. Außerdem hatte Monica endlich die Gelegenheit, ihre Großeltern wiederzusehen. Meine Eltern hatten uns schon einmal in San Francisco besucht, als Monica zwölf Jahre alt war, aber Ritas Vater kannte seine Enkelin noch nicht.

Als das Jahr vorbei war, kehrten Monica und Anke mit Wehmut zurück in ihre jeweilige Heimat. Wir versprachen Anke, dass wir immer ihre Ersatzeltern bleiben würden. Auch zwischen uns Eltern war während des Jahres eine gute Beziehung entstanden. Wir wollten uns gegenseitig besuchen. Wir waren erstaunt und erfreut, wie sehr sich Monica weiterentwickelt hatte, es bestätigte unsere Entscheidung. Wie versprochen kauften wir ihr einen roten Volkswagen Käfer.

1980 beendete Monica die Highschool. Der Abschluss ist ein Meilenstein im amerikanischen Schulsystem, und wir waren sehr stolz, als sie mit ihren Schulkameraden dieses Ereignis feierte. In schwarzer Robe, mit schwarzem Zylinderhut und einem Zepter in der Hand kamen die Abiturienten ins Stadion, in dessen Mitte eine Bühne stand, umgeben von USA-Flaggen. Der Direktor stand auf der Bühne und hieß alle willkommen. Dann erklang die US-amerikanische Nationalhymne, gefolgt von einigen offiziellen Sprechern mit Huldigungen und Ermutigungen für die Abgänger. Und dann flogen alle Zylinder in die Luft, begleitet von einem lauten Jubel der Schüler.

Monica hatte sich für das Sacramento State College entschieden. Nachdem sie eine Wohnung in der Nähe der Schule gefunden hatte, halfen wir ihr beim Umzug. Ich mietete dafür einen LKW von einem Bauern in unserer Nachbarschaft. Sacramento war etwa sechzig Meilen entfernt von Santa Rosa, also nicht allzu weit weg von uns.

Für Rita und mich begann mit Monicas Auszug ein neuer Lebensabschnitt. Wir waren jetzt allein in unserem großen Haus. Irgendwie fühlten wir uns einsam. Rita nahm einen Job in einer Bank an. Sie habe Langeweile und fühle sich nicht ausgelastet, war ihre Erklärung. Dabei gab es auf unserem Grundstück immer etwas zu tun. Zierbüsche mussten gestutzt werden, Obstbäume und Trauben brauchten Pflege. Der größte Feind waren die Maulwürfe. Es gab kaum eine Wurzel, an der sie nicht nagten und damit den Baum oder Busch zerstörten. Wenn ich einen neuen Busch pflanzte, dann nur mit einer engen Umzäunung um die Wurzel herum. Dreimal die Woche ging ich zum Santa Rosa College und hatte meinen Sport, Jogging und Tennis. Trotzdem, irgendetwas fehlte.

Wenn Rita abends von der Arbeit kam, hatten wir uns kaum etwas zu sagen, wir hatten keine gemeinsamen Interessen mehr, keinen Draht mehr zueinander. Als wir noch die Bäckerei führten, hatten wir ein gemeinsames Ziel. Wir wollten uns eine gute Zukunft schaffen. Unsere Zeit war gefüllt gewesen mit Arbeit und nochmals Arbeit. Es waren schwere Jahre gewesen und nun hatten wir unser Ziel erreicht. Doch jetzt hatten wir einfach zu viel Zeit zum Grübeln.

Es schien, als drifteten wir auf der Suche nach persönlicher Zufriedenheit in verschiedene Richtungen. Ich ertappte mich oft beim Nachdenken über meine Rolle in dieser Welt. Ja, die zehn Jahre Schufterei waren sehr schwer gewesen, aber es hatte Spaß gemacht, es waren als Paar unsere besten Jahre gewesen. War der Weg etwa wichtiger als das Ziel? Klar, wir genossen die Früchte unseres Erfolgs. Doch wir waren beide nicht zufrieden, uns fehlte das gemeinsame Ziel. Und mir fehlte der Druck, das Risiko. Seit meinem dreizehnten Lebensjahr kannte ich nichts anderes als Arbeit. War das der Sinn meines Lebens? Ziele, Arbeit, Erfolg?

34

Als wir die Nachricht bekamen, dass mein Schwiegervater in Deutschland sehr krank war, entschieden wir, dass ich ihn besuchen würde. Rita hatte keinen guten Draht zu ihrem Vater und mir war es recht, denn es war sowieso an der Zeit, dass ich meine Eltern und meine Schwester besuchte. Es war schon einige Jahre her, dass ich sie gesehen hatte. Mein Schwiegervater hatte keine Verwandtschaft mehr in Deutschland. Die einzige Bezugsperson war eine vierzigjährige Nachbarin mit dem Namen Annamaria. Sie hatte meinem Schwiegervater geholfen, als er krank wurde, und war meine Kontaktperson, als ich in Düsseldorf landete. Sie begleitete mich zum Krankenhaus.

Mein Schwiegervater Karl konnte mich kaum erkennen. Seine Stimme war gebrochen und seine Worte waren sinnlos. Die Ärzte sagten mir, dass es nicht gut mit ihm stünde, er würde nicht mehr lange leben, vielleicht noch ein paar Wochen. Annamaria versuchte, mich zu trösten, obwohl ich keinen Trost brauchte. Für mich war es im Grunde ein Pflichtbesuch, ich war der Ersatz für seine Tochter Rita.

Ich bedankte mich bei Annamaria für ihre Hilfe. Wir verabredeten uns für die folgende Woche, wenn ich meinen Schwiegervater wieder besuchen würde. Sie versprach mir, dass sie mir dann Düsseldorf zeigen würde. Sie beeindruckte mich sehr, denn sie war nicht nur sehr hübsch, sondern auch sympathisch, dynamisch und menschlich.

Noch am selben Abend fuhr ich mit einem Mietwagen zu meinen Eltern nach Koblenz. Meine Eltern waren froh, mich endlich wiederzusehen. Vor vier

Jahren hatten wir ihnen einen Besuch bei uns in San Francisco geschenkt. Sie hatten den Aufenthalt sichtlich genossen. Klar, wir hatten ein gut laufendes Geschäft und ein paar Häuser. Sie waren stolz auf mich, das hatte ich gemerkt. Für mich war ihr Stolz ein großes Kompliment.

Ich war vor siebenundzwanzig Jahren von Deutschland nach Amerika ausgewandert und befürchtete, dass die alte Unsicherheit und die Ängste von früher wiederkommen könnten. Doch ich fühlte mich einfach nur befreit und glücklich. Ich konnte es kaum glauben. War das Nostalgie? Als Jugendlicher hatte ich es kaum erwarten können, von hier wegzukommen. Was war los mit mir? Irgendwie waren es nicht mehr dieselben spießigen Deutschen, sie waren lockerer, weniger penibel.

In den folgenden Tagen besuchte ich meine Schwester im Sauerland und weitere Verwandtschaft. Alle waren froh, mich endlich wieder in die Arme schließen zu können, und wollten wissen, ob ich zurückkommen würde. Meine Schwester Gertrud war zwölf Jahre alt gewesen, als ich in die USA gegangen war. Jetzt war sie verheiratet und hatte drei Kinder, zwei Mädels und einen Jungen. Michael und Sabine hatten wir, als sie siebzehn und achtzehn Jahre alt waren, eine Reise zu uns geschenkt.

Doch die Woche verging mir nicht schnell genug. Ich freute mich sehr auf das Treffen mit Annamaria. Aber vorher musste ich nochmals ins Krankenhaus. Der Zustand meines Schwiegervaters war unverändert schlecht, der Arzt konnte nichts mehr für ihn tun. Meine Anwesenheit hatte Karl auch nicht geholfen, er erkannte mich nicht mehr. In einer Woche musste ich wieder zurück. Annamaria versprach mir, dass sie meinen Schwiegervater weiter besuchen und mich über seinen Zustand informieren würde. Ich war erleichtert, nicht nur wegen meines Schwiegervaters, sondern auch wegen des Kontakts zu Annamaria. An unserem letzten gemeinsamen Tag bummelten wir durch die Düsseldorfer Altstadt, besuchten das Geburtshaus von Heinrich Heine, tranken Killepitsch im „Kabüffke" und genossen die Atmosphäre und das gute Altbier mit Knackwürsten im „Uerige". Für mich war es ein unvergesslicher Tag. Annamaria ging es ähnlich. Wir verabschiedeten uns mit schweren Herzen, aber mit dem Versprechen, dass ich sie öfter anrufen würde.

Zurück in den USA hatte ich das Gefühl, dass Rita nicht froh war, mich zu sehen. Das Interesse an dem Zustand ihres Vaters hielt sich auch in Grenzen. Sie konnte ihm sein Verhalten nach dem Tod ihrer Mutter nicht verzeihen. Drei Jahre lang war Rita damals im Internat gewesen, ihr Vater hatte sie nicht einmal besucht. Und dann sagte sie mir, dass sie eine Beziehung zu einem Professor hatte. Es war klar, wir würden uns scheiden lassen.

Zweiundzwanzig Jahre hatten wir zusammen gelebt und gearbeitet. Wir waren erfolgreich und hatten unser Ziel erreicht: finanzielle Unabhängigkeit. Doch wir waren eine Zweckgemeinschaft, keine Liebesgemeinschaft mehr. Das war uns beiden gewusst geworden. Mit der Hilfe eines Anwalts einigten wir uns, dass wir unser Eigentum gerecht verteilten. Dies war eine gute Lösung für uns beide. Das große Haus in Sebastopol sollte verkauft werden. Rita und ihr neuer Partner wollten sich ein anderes Haus kaufen und ich wollte vorübergehend ein Apartment mieten. Dann konnte ich in Ruhe meine Zukunftspläne machen.

Aber da war auch noch der Hund Tilo. Rita wollte ihn nicht, ich würde ihn nehmen.

35

Der Spruch „Aus den Augen, aus dem Sinn" trifft nicht immer zu. Denn in dieser Zeit war Annamaria für mich omnipräsent. Als ich ihr von meiner Scheidung erzählte, sagte sie: „Du sagtest einmal, du hättest mit Deutschland noch eine Rechnung zu begleichen. Vielleicht wäre jetzt der richtige Zeitpunkt dafür gekommen?" Ich fand diese Idee verlockend. Mir war klar, es wäre ein großer Schritt in eine ganz andere Welt. War ich darauf vorbereitet? Oder gab es noch einen anderen Weg? Natürlich freute ich mich auf Deutschland, aber vielleicht hätten Annamaria und ihr Sohn auch Lust, in den USA zu leben. Ich war in der Lage, den beiden eine gute Zukunft zu bieten. Ich könnte als Immobilienmakler arbeiten oder eine Konditorei kaufen. Annamaria und ich könnten uns ein neues Haus aussuchen. Für viele Europäer war Amerika ein geschätzter Lebensort. Annamaria war überrascht von diesem Vorschlag und wollte darüber nachdenken. Immerhin hatte sie in Deutschland einen guten Job als Lehrerin. Und sie liebte ihre Mutter, die immer zur Stelle war, wenn Annamaria sie brauchte. Könnte sie ihre Mutter so einfach allein lassen? Wir vereinbarten, in zwei Wochen noch mal darüber zu sprechen.

Annamaria schlug mir schließlich Folgendes vor: Sie wollte ihre Sommerferien bei mir in Kalifornien verbringen, danach wäre sie in der Lage, eine Entscheidung zu treffen. Ich war erfreut und zuversichtlich, denn ich war mir ziemlich sicher, dass es ihr bei mir in Kalifornien gefallen würde. Gesagt, getan.

Sechs Monate später holte ich Annamaria vom Flughafen in San Francisco ab. Sie war bezaubernd, noch viel hübscher, als ich sie in Erinnerung hatte. Wir lagen uns in den Armen, die Trennung war zu lange gewesen. Auf dem Parkplatz stand mein Van, in dem mein Schäferhund wartete. Annamaria reagierte ängstlich, denn auf Tilo war sie nicht vorbereitet. Anscheinend hatte sie mal schlechte Erfahrungen mit Schäferhunden gemacht.

Es war schon dunkel, als wir über die Golden Gate Bridge fuhren. Die Lichter der Skyline von San Francisco und die Brücke waren überwältigend. Annamaria war begeistert. Tilo lag ruhig auf einer Matratze im hinteren Teil des Vans und ließ sie nicht aus den Augen. Er war friedlich und freundlich und merkte wahrscheinlich, dass zwischen Annamaria und mir eine Aura der Liebe war.

Am folgenden Morgen erzählte mir Annamaria von ihrer Phobie gegen Schäferhunde. Es war die schlimmste Zeit ihres Lebens gewesen, als sie in der DDR im Gefängnis war. Nach Meinung der DDR hatte sie das ungeheure Verbrechen begangen, einen Fluchtversuch nach Westdeutschland zu versuchen. Die Flucht scheiterte. Dafür wurde sie zu zwei Jahren Haft verurteilt, musste aber nur ein Jahr absitzen. Dieses Gefängnis wurde von Schäferhunden bewacht, die Tag und Nacht bellten. Noch jetzt hatte sie Alpträume und hörte das Bellen der Hunde. Dieses Unheil war ihr immer noch so nahe, dass wir beschlossen, ein anderes Mal weiter darüber zu reden. Auch Tilo hatte ihren Schmerz bemerkt, kam zu ihr und schnupperte an ihrer Hand.

Die folgenden vier Wochen vergingen viel zu schnell. Annamaria und ich schwebten auf einer Wolke in einer Traumwelt. Wir waren eine Einheit und hatten das Gefühl, uns schon ewig zu kennen, deshalb entschieden wir zu heiraten. Lake Tahoe war die perfekte Bühne für unsere Trauung. In einer kleinen Kapelle östlich von Lake Tahoe, schworen wir uns ewige Treue und einander beizustehen in guten und schlechten Zeiten, tauschten Ringe und küssten uns. Jetzt waren wir Mann und Frau. Die Trauung verlief schnell und unkompliziert. Aber ich merkte, dass Annamaria mit dem unromantischen Vorgang nicht zufrieden war.

Schließlich fuhren wir wieder zurück nach San Francisco, um Annamarias Sohn zu besuchen. Er bewohnte ein schönes Apartment in der Nähe des Golden Gate Parks. Jan hatte in der Zwischenzeit einen Studienplatz an der Universität in San Francisco bekommen und eine Stelle als Assistent bei einem Professor. Damit konnte er sein Studium finanzieren. Wir wollten unser Glück mit ihm teilen. Als wir in seine Wohnung kamen und ich eine Flasche Sekt aus der Tüte holte und sie Jan in die Hände drückte, schaute er uns verwundert an. „Was ist los, Sekt zu dieser Tageszeit?" „Ja, Jan, du kannst uns gratulieren, wir haben soeben geheiratet", antwortete Annamaria. Jan fiel fast die Flasche aus der Hand. Wir lachten und umarmten uns.

Nachdem wir die Flasche geleert hatten, entschied Jan, dass wir unsere Hochzeit mit einem Wettlauf krönen sollten. Es sollte ein Familienlauf werden. Das war das perfekte Hochzeitsgeschenk. Jan wusste von einem Zehn-Kilometer-Lauf auf der traumhaften Insel Angle Island, der am folgenden Wochenende stattfinden sollte. Nachdem wir meiner Tochter Monica die Neuigkeit erzählt hatten, war es selbstverständlich, dass auch sie an dem Lauf teilnehmen würde, denn wir waren eine Lauffamilie.

Es war ein schöner Frühlingsmorgen, als wir mit der Fähre von Tiburon nach Angle Island fuhren. Ein Hauch von Nebel lag in der Luft und hinter der Golden Gate Bridge erschienen die ersten Sonnenstrahlen, typisch San Francisco. Angle Island war ein Blumenmeer. Annamaria, Monica mit ihrem Hund Macho, Jan mit seiner Freundin Kristy und ich zusammen gegen die schwierige Strecke von Angle Island. Selten kommt sich eine Familie so nah, als wenn sie gegen ein gemeinsames Hindernis kämpft. Die Strecke war nicht nur steil, sondern auch steinig und durchzogen von unzähligen Baumwurzeln. Man musste aufpassen, dass man nicht stolperte. Der Blick auf die Skyline von San Francisco und die einzigartige Flora von Angle Island belohnten uns für die Tortur.

Jan und ich verbrachten die ersten Kilometer Seite an Seite. Er dachte, dass ich als erfahrener Läufer eine gute Strategie hätte. Genau das sagte er, als ich ihn fragte, ob er schneller laufen könne. Seine Antwort war: „Na klar." Fakt war: Ich konnte nicht schneller laufen, sondern kämpfte mit meinen letzten Kräften. Also sagte ich zu Jan: „Lass dich von mir nicht aufhalten, zieh Leine." Achtzig Minuten später erreichte auch der Letzte von uns das Ziel. Jan war unter den ersten zwanzig von 200 Läufern, der Rest von uns landete im Mittelfeld. Wir waren stolz. Der Lauf war die perfekte Krönung für unsere Hochzeit. Der Tag ist unvergesslich.

In den folgenden Tagen besuchten Annamaria und ich Mendocino, Bodega Bay, Muir Woods und den Yosemite-Nationalpark, aber das Wichtigste war unser Beisammensein. Unsere Herzen waren schwer auf dem Weg zum Flughafen. Wir waren uns einig, dass die vier gemeinsamen Wochen die schönste Zeit in unserem Leben waren. Ich war mir sicher, dass Annamaria keine Einwände gegen ein gemeinsames Leben in Kalifornien haben würde. Aber zu dem Zeitpunkt wusste ich nicht, wie wichtig Annamaria ihre finanzielle Unabhängigkeit war. Sie war daran gewöhnt, ihr Leben allein zu meistern, in jeder Hinsicht. Als Lehrerin konnte sie die Bedürfnisse ihres Sohnes und ihre eigenen ohne Probleme erfüllen.

Obwohl ich meine Immobilienlizenz hatte und mit dem Handeln von Häusern gut verdienen konnte, war es für mich einfach, eine Entscheidung zu treffen: Eine Konditorei musste her. Ich wollte kein Immobilien-Mittelsmann sein, ich wollte etwas produzieren, mit meinen Händen. Seitdem ich die Bäckerei verkauft hatte, fehlten mir die Befriedigung, ein Produkt erfolgreich hergestellt zu haben, und das Feedback von zufriedenen Kunden. Ich hoffte, dass Annamaria meine Entscheidung teilen würde und vielleicht sogar Gefallen am Geschäftsleben fände. Vor ihrem nächsten Urlaub bei mir wollte ich eine gut laufende Bäckerei finden.

Die Vertreter waren wieder einmal eine sichere Quelle für Informationen. Sie gaben mir einige Namen von Konditoreien in verschiedenen Städten und wertvolle Ratschläge. Es waren genügend Bäckereien auf dem Markt, ich konnte wählerisch sein. Mit Tilo und einer Matratze im Van machte ich mich auf den Weg und schaute mir Geschäfte in Santa Rosa, Napa, San Rafael, San José, Monterrey und einige mehr an. Überall sprach ich mit den Besitzern über den Preis und die Einnahmen. Fand ich die Zahlen einigermaßen interessant, verlangte ich eine Prüfung der Bücher. Ich hatte keinen Stress, jede Menge Zeit und Geld.

Natürlich musste ich auch an die Interessen von Annamaria denken, es sollte ihr schließlich gefallen. Irgendwann fuhr ich nach Carmel, ein bezauberndes Küstenstädtchen mit europäischem Flair in der Nähe von Monterrey und Salinas. Carmel war ein Lieblingsort vieler deutscher Touristen. Ich war mir sicher, dass Annamaria sich in dieser Gegend wohlfühlen würde. Sie hatte öfter von Salinas und Monterrey gesprochen, von dem Schriftsteller John Steinbeck und seinem Buch „Die Straße der Ölsardinen".

Eine Konditorei in der ein Kilometer langen Fußgängerzone stand zum Verkauf. Die Straße war voll mit Touristen. Das Geschäft gefiel mir gut, mein Herz jubelte. Der Verkäufer und ich einigten uns über den Preis und die Zeit der Übernahme. Alles schien machbar. Es war zu gut, um wahr zu sein. Dann kam die Ernüchterung: der Mietvertrag. Ich sollte den bestehenden Vertrag übernehmen. Es war ein progressiver Mietvertrag, bei dem nur der Vermieter gewinnen würde. Er beinhaltete eine jährliche Mieterhöhung von fünf Prozent des Geschäftsumsatzes. Mit anderen Worten: Der Vermieter würde von meinem Fleiß und Erfolg profitieren. Doch ich wollte kein Sklave sein. Schade, aber ich tröstete mich, morgen war ein neuer Tag, vielleicht hatte ich morgen mehr Glück.

Weil viele Motels keine Hunde erlaubten, teilte ich die Matratze mit meinem Freund Tilo und wir schliefen im Van. Den Parkplatz am Strand von Monterrey habe ich noch in guter Erinnerung. Nach den hohen Tagestemperaturen war die kühle Meeresbrise ein willkommener Gast. Tilo und ich fühlten uns sehr wohl. Es war praktisch, dass es auf dem Parkplatz eine Toilette mit Waschgelegenheit gab. Tilo freute sich über einen Strandbummel. Zum Frühstück verspeisten wir Fischbrötchen.

Die folgenden Tage hatten den gleichen Ablauf. Aber ich fand kein Geschäft, das meinen Wünschen entsprach. Und wenn es mal so war, dann gab es meistens ein unerwartetes Hindernis, so wie bei der Bäckerei in Santa Cruz. Das Geschäft war ganz nach meinem Geschmack. Erstklassige Backwaren und erfolgreiches Restaurant, mitten in einer lebhaften Einkaufsstraße. Die Einnahmen waren hoch und der Verkaufspreis fair. Aber dann kam die Frage, warum verkauft jemand einen so gut laufenden Laden? Für mich bedeutete das mehr Recherche. Die einheimischen Ladenbesitzer gaben mir die Antwort. Diese Stadt war zu einem Magneten für Obdachlose geworden. Hier in Santa Cruz wurden sie mit offenen Armen aufgenommen und die Stadt tat ihr Bestes, sie zu versorgen, obwohl es nicht genug Unterkünfte gab. Natürlich war es eine sehr gute Sache, aber das Problem war, dass die Nachbarstädte von dieser Großzügigkeit wussten und sich ihrer eigenen Verantwortung entledigten, indem sie ihren Obdachlosen ein Busticket nach Santa Cruz kauften. Es war ein One-Way-Ticket. Die Obdachlosen waren nicht wählerisch und fanden für die fehlenden Unterkünfte eine Lösung: Blumenkästen. Leider standen diese Behälter mitten in der Einkaufsstraße. Das ursprüngliche Motiv der Stadt war gut, man wollte der Straße mit den Blumenkästen ein grünes Gesicht geben und den Konsum fördern. Aber jetzt bestand die Gefahr, dass die neuen Bürger dem Ansehen der Stadt schaden könnten. Die Proteste der Geschäftsleute fanden kein ernsthaftes Gehör bei den Politikern, mit dem Resultat, dass einige Läden geschlossen wurden.

Santa Cruz war eine Universitätsstadt, und wie in den meisten Uni-Städten gab es einen liberalen Stadtrat. Die normale Studienzeit dauerte vier Jahre. In dieser Zeit waren die Studierenden berechtigt, an den Stadtwahlen teilzunehmen. Es war allgemein bekannt, dass die Universitäten und deren Lehrpersonal eine liberale Einstellung hatten. So war es nicht erstaunlich, dass die Studierenden ähnlich wählten. Aber das Paradoxe an der Sache war, dass die Studierenden nicht lange mit ihren Wahlentscheidungen und den Konsequenzen leben mussten, denn nach vier Jahren Studium verließen sie die Stadt und die Einheimischen mussten sehen, wie sie mit den liberalen Gesetzen zurechtkamen. Ich fragte mich: „Ist das kluge Politik?"

36

Drei Monate hatte ich mit Tilo im Van gelebt, bis ich mich für eine Konditorei mit Restaurant in Sacramento entschied. Es war die Lage des Geschäfts, die mich überzeugte. Sacramento ist die Hauptstadt von Kalifornien und der Betrieb war in der unmittelbaren Nähe des Regierungsgebäudes und vieler Bürohochhäuser, in denen tausende Beamte ihren Job machten. Für mich bedeutete das ein reiches Reservoir potenzieller Kunden. Außerdem war über dem Geschäft ein Parkhaus mit sechs Stockwerken. Alle Parker mussten direkt am Eingang unseres Geschäfts vorbeigehen, wenn sie zu den Aufzügen wollten. Ich war mir sicher, dass ich mit meinem Können viele Kunden gewinnen würde. Meine Zuversicht wurde bestätigt, als ich die Backwaren sah. Die Inhaber waren Amateure, hier konnte ich einiges verbessern. Die Bücher bestätigten, dass trotz der dilettantischen Geschäftsführung am Ende des Monats Gewinn gemacht wurde. Meine letzten Bedenken lösten sich auf, als ich erfuhr, dass der Betrieb an Samstagen und Sonntagen geschlossen war. Klar, die Mehrzahl der Kunden waren Beamte aus den Bürohäusern und die hatten an den Wochenenden frei. Normalerweise war das Wochenende für Restaurants und Cafés die beste Zeit für Umsatz, hier waren es die Wochentage. Es konnte nicht besser sein, denn in all meinen Jahren in diesem Beruf hatte ich noch nie an den Wochenenden frei gehabt. Damit wäre ein geregeltes Familienleben möglich. Das musste Annamaria überzeugen.

Es war reiner Zufall, dass meine Tochter Monica zu dieser Zeit vor einer Berufsentscheidung stand. Sie hatte ihr Studium für Wirtschaft an der Universität in

Sacramento beendet und wollte in der Wirtschaft tätig sein. Mir hatte sie mal gesagt, dass sie gerne selbstständig arbeiten wollte. Also machte ich ihr das Angebot, meine Geschäftspartnerin zu werden. Monica war begeistert.

Am ersten Tag in unserem Geschäft wurden wir von einer Lawine überrollt. Der Laden brummte. Es war Mittagszeit. Wie eine Bienenschar schwärmten die Beamten aus auf der Jagd nach einem guten und schnellen Lunch. Serviererinnen, Koch, Bäcker und Küchengehilfe – alles in allem immerhin vierzehn Personen – versuchten, den Ansturm zu bewältigen. Die folgenden Wochen und Monate bestätigten uns, dass wir auf einer kleinen Goldmine saßen. Die freien Wochenenden waren für mich Bonuszeit. Ich nutzte diese Tage, um vorzuarbeiten, denn das bedeutete während der Arbeitswoche weniger Hektik und eine bessere Übersicht. Dementsprechend hatte ich mehr Zeit und Kontrolle für gute Produkte. Für eine solche Herausforderung lebte ich. Ich war in meinem Element. Hier war mein Zuhause. Jetzt musste ich nur noch Annamaria davon überzeugen.

Es war ein kühler Februartag im Jahr 1989, als ich Annamaria vom Flughafen abholte. Ich hatte Freudentränen in den Augen, die sechs Monate waren zu lang gewesen. Eine dicke Nebeldecke lag über dem Sacramento Valley, als wir uns der Stadt näherten. Ich hatte das Gefühl, dass sie nicht sehr von dieser Gegend beeindruckt war. Ich hoffte, dass es kein schlechtes Omen war. In der Zwischenzeit hatte ich ein Apartment in einer ansehnlichen Nachbarschaft gemietet, bevor wir beide zusammen ein Haus kaufen würden.

Ich hatte die Absicht, Annamaria so schnell wie möglich mit unserem Tagesablauf im Geschäft vertraut zu machen. Sie war nicht begeistert, als wir uns um vier Uhr morgens auf den Weg zur Arbeit machten. Ein dichter Nebel begleitete uns und drückte auf die Stimmung. Der Arbeitstag verlief nicht viel besser. Nur eine Woche später war mir klar: Das war nicht Annamarias Welt und würde es auch nie werden. Mit Tränen in den Augen gestand sie mir ihre Unzufriedenheit. Obwohl ich es erwartet hatte, war ich sehr enttäuscht. Wir versuchten, einander zu trösten. Alle meine Bemühungen, für uns ein neues Leben zu schaffen, waren vergeblich gewesen. Ich musste mir eingestehen, dass ich mit dem Kauf des Geschäfts zu voreilig gewesen war. Obwohl wir verheiratet waren, mussten wir uns wieder trennen und auf zwei verschiedenen Kontinenten leben, tausende Kilometer voneinander entfernt. Der Gedanke brachte mich fast zur Verzweiflung.

Drei Wochen später brachte ich Annamaria zum Flughafen. Es war der schwierigste Abschied in meinem Leben. Wir versicherten uns gegenseitig unserer Liebe, wussten aber nicht, was die Zukunft bringen würde. Die folgenden Wochen waren furchtbar. Auf einmal hatte alles keinen Inhalt mehr, das Leben war belanglos. Ich wirkte wie ein Zombie. Annamaria sagte mir, dass es ihr genauso gehe.

Mein Freund Tilo war meine Rettung. Wir waren allein, aber zusammen waren wir nicht ganz so einsam. Ich merkte, dass auch er Annamaria vermisste. Jedes Mal, wenn wir nach Hause kamen, ging er von Zimmer zu Zimmer, schnupperte am Bett und an Annamarias Sitzplätzen. Dann schaute er mich mit seinen treuen braunen Augen an, als ob er sagen wollte: „Tut mir leid, aber sie ist nicht hier." Die Telefongespräche zwischen Annamaria und mir waren der Höhepunkt eines jeden Tages. Wir vereinbarten, dass sie uns im Sommer während ihrer Ferien besuchen würde. Nun hatte ich wenigstens einen Lichtblick, an den ich mich klammern konnte. Doch die Zeit verlief zu langsam.

Wenn ich von der Arbeit nach Hause kam, war ich froh, dass Tilo zur Stelle war und mich begeistert begrüßte. Er war mein Freund und ständiger Begleiter in einer Zeit, als ich ihn wirklich brauchte. Trotz seiner Aggressivität gegen alles, was sich auf vier Beinen bewegte, war er sehr sensibel. Manchmal hatte ich das Gefühl, dass er einen sechsten Sinn hatte. Wie sonst könnte man Tilos Reaktion erklären, als wir meinen Freund Tommy besuchten. Er hatte uns zu seinem Geburtstag eingeladen. Ich wusste nicht, wie Tilo auf so viele Menschen reagieren würde. Als wir das Haus betraten, waren etwa fünfundzwanzig Gäste versammelt. Der Lärmpegel war relativ hoch: Fröhliche Musik und Gelächter zogen durch den Raum. Armer Tilo, dachte ich, so viel Lärm und so viele fremde Leute auf einmal. Ich befürchtete das Schlimmste. Aber dann kam die Überraschung: Tilo blieb ruhig und studierte die Anwesenden. Obwohl ihn niemand dazu aufforderte, ging er kurz danach an einen Tisch mit acht Gästen und setzte sich neben einen älteren, schwächlich aussehenden Mann und leckte fast andächtig an dessen Hand. In diesem Moment galt Tilos komplette Aufmerksamkeit dieser einen Person. Ich fragte mich: Warum gerade an den Tisch und neben diesen Mann? Niemand an diesem Tisch oder von den Gästen kannte Tilo. Später erfuhr ich, dass dieser Mann in einem fortgeschrittenen Stadium von Multipler Sklerose war.

Im Geschäft lief alles so, wie ich es erhofft hatte. Monica und ich hatten uns gut eingearbeitet, wir bekamen tolles Feedback von unseren Kunden und am Ende des Arbeitstages war die Kasse voll. Jeden Nachmittag nach meiner Arbeit machten Tilo und ich unsere Läufe im Hoffmann Park am American River Parkway. Dieser Trail ist ein Highlight von Sacramento. Vierzig Meilen schlängelt sich der Weg an der Seite des American River von der Sacramento-Altstadt bis nach Folsom, einem kleinen Städtchen östlich von Sacramento. Die Hoffmann-Sektion war nur ein Teil dieses Weges und befand sich in der Nähe meiner Wohnung.

Die Joggingstrecke führte uns rund um einen Golfplatz und war fast fünf Kilometer lang. Tilo und ich schafften zwei Runden. Leider war die Strecke an einigen Stellen etwas eng und dementsprechend schwierig, wenn uns Spaziergänger mit Hunden entgegenkamen. Es war wie eine Verschwörung, denn genau an dieser Stelle begegnete uns fast jedes Mal eine etwa vierzigjährige Frau mit ihrem aufgeprotzten Pudel. Die beiden passten gut zueinander: Primadonnas. Leider war der Pudel nicht an der Leine, lief frei herum und bellte uns an. Dies war eine Herausforderung für Tilo. Ich musste mich anstrengen, ihn an der Leine zu halten. Die Frau war empört. Sie schrie mich an: „Wieso kann man so einen aggressiven Hund überhaupt halten? Sie sollten ihn einschläfern lassen, der Hund ist verrückt!" Aber damit war sie nicht zufrieden, sondern hatte auch einige geringschätzige Bemerkungen für mich. Meinen Tilo einzuschläfern, das war für mich die größte Beleidigung, darum hatte ich auch einige passende Antworten für die Dame. Diese Szene war eine ungewollte Unterbrechung in unserer Joggingroutine, es war mir peinlich. Klar, einer von uns beiden hätte eine andere Zeit wählen können, aber ich wollte meine Routine nicht ändern. So ging es weiter, monatelang. Und dann kam ein Nachmittag vor Weihnachten. Man hätte ja erwarten können, dass an diesem Tag einer von uns etwas Besseres zu tun hatte. Aber hier war sie, ungefähr fünfzig Meter entfernt. Doch etwas war anders: Ihr Pudel war an der Leine. Ich wartete schon auf ihre Tirade und hatte einige gute Antworten parat. Es waren Leckerbissen. Aber dann kam die Überraschung. Sie schrie: „Heute nicht, morgen ist Weihnachten." Wir gingen aneinander vorbei und wünschten uns gegenseitig frohe Weihnachten. Danach habe ich die Frau mit ihrem Pudel nie mehr gesehen.

Manchmal nahm ich an Wochenenden an Joggingwettläufen teil. Diese Events waren die Gebühr von zwanzig bis sechzig Dollar wert, denn sie waren für Wohltätigkeitszwecke. In vielen Schulen mangelte es an Geld, sodass sie sich verschiedene Kunstklassen und Musikunterricht nicht mehr leisten konnten. Dank der Einnahmen dieser Läufe war es möglich, die Klassen weiterzumachen. Zusätzlich lernte man nette, gleichgesinnte Menschen kennen. Wir waren Leidensgenossen für einen guten Zweck.

Einer der schwierigsten und populärsten Wettläufe war der Dipsey-Trail-Lauf. Er ist der älteste Trail-Lauf in den USA. Aufgrund der Anforderungen und Schwierigkeiten der Strecke hatte man das Startfeld auf 1.500 Teilnehmer begrenzt. Das Rennen startete in Mill Valley, meiner alten Heimat, ging vorbei an den Hügeln von Mount Tamalpais, dann durch die Landschaft mit den majestätischen Redwood-Bäumen in Muir Woods und endete zwölf Kilometer später an der Pazifikküste in Stinson Beach. Es war ein unvergessliches Erlebnis. In gewissem Sinne war Jogging eine große Hilfe, denn damit war es für mich etwas leichter, über die Zeit ohne Annamaria zu kommen.

Der Sommer kam nicht schnell genug. Doch dann lagen Annamaria und ich uns endlich wieder in den Armen. Tilo tanzte um uns herum, als wir uns küssten. Wir waren glücklich und hatten vier unvergessliche Wochen miteinander. Der Höhepunkt für Annamaria war die Auszeichnung ihres Sohnes. Er hatte sein Studium erfolgreich mit Magna cum laude beendet. Darauf war nicht nur Annamaria stolz, sondern auch ich. Danach arbeitete er noch einige Jahre in San Francisco. Ich war überrascht, wie gut er sich bereits eingelebt hatte. Er bewohnte ein tolles Apartment in der Nähe des Golden Gate Parks.

Doch die vier Wochen vergingen zu rasch. Bei unserem Abschied schwor ich Annamaria, dass ich einen Weg für unsere gemeinsame Zukunft finden würde. Ich hatte einen Plan.

37

Kurz danach bemerkte ich, dass Tilo immer mehr Probleme mit seiner Hüfte hatte, er humpelte und ich konnte sehen, dass er große Schmerzen hatte. Dann bekam er an mehreren Stellen seines Körpers Tumore. Der Tierarzt sagte, dass es Krebs sei und Tilo sich nur noch quäle. Sein Ratschlag war: einschläfern. Ich war völlig verzweifelt. Ein Leben ohne Tilo, ohne meinen besten Freund, für immer. Es war die schwierigste Entscheidung in meinem Leben. Ich hatte keine andere Wahl: Ich musste Tilo von seinem Leiden erlösen. Ich vergesse nie seinen treuen Blick, als ihm der Arzt die letzte Spritze gab. Als ob er mich fragen wollte: „Muss das sein?" Ich werde Tilo nie vergessen, er ist mein Freund fürs Leben.

Annamaria war geschockt, als ich ihr von diesem schmerzhaften Verlust erzählte. Wir ließen unseren Tränen freien Lauf. Sie bereute, dass sie in dieser schwierigen Zeit nicht bei mir sein konnte. Tilo war der Dritte in unserem Bund gewesen. Ich fühlte eine große Leere. Der einzige Trost war der nächste Besuch von Annamaria. Aber bis dahin musste ich noch sechs lange Monate warten. Das wollte ich nicht. Also musste ich eine andere Lösung finden.

Ich hatte die Illusion gehabt, dass ich sie mit einem erfolgreichen Geschäft, einem neuen Haus und meiner Begeisterung beeinflussen könnte, hatte dabei aber nicht berücksichtigt, dass sie einen ganz anderen Berufs- und Lebensweg hatte als ich. Über dreißig Jahre war sie Lehrerin gewesen, einen Großteil davon in einer Schule für Problemschüler. In ihrem Leben waren Geld und Profit von geringer Bedeutung, ihr war das Wohl von Menschen und von ihren Schülern viel wichtiger. Diese Lebenseinstellung beeindruckte mich sehr und ich dachte viel darüber nach. In meinem Leben war Geld bisher immer der Maßstab für Erfolg gewesen. Ich war jetzt fast fünfzig Jahre alt und wusste, dass die Zeit gekommen war, intensiv über mein Leben zu reflektieren. Ich war finanziell einigermaßen unabhängig, sodass ich mir auch ein Leben in Deutschland, zusammen mit Annamaria, vorstellen konnte. Meine alte Heimat hatte mir bei meinem letzten Besuch sehr gefallen. Außerdem waren meine Eltern, meine Schwester und viele Verwandte dort.

Aber ich musste auch an Monica denken, denn ich konnte sie nicht mit dem Geschäft allein lassen. Wir waren im Jahr 1991 und zwei Jahre im Betrieb. Die Wirtschaft in Kalifornien lief auf Hochtouren. Es war sehr schwierig, gute Arbeitskräfte zu bekommen. Fast täglich kam einer von unseren vierzehn Angestellten nicht zur Arbeit mit der Folge, dass entweder Monica oder ich dieses Arbeitsloch füllen mussten. Monica tat mir leid, denn ihr Arbeitstag wurde immer länger, bis zu zwölf oder vierzehn Stunden. Klar, wir wurden mit Erfolg belohnt, aber ich sah, wie die Situation an meiner Tochter zehrte. Sie war zu stolz, mir das zu sagen. Als ich vorsichtig andeutete, dass wir den Laden mit einem guten Profit verkaufen könnten, merkte ich, dass sie kaum etwas dagegen hatte. Sie hatte sich überlegt, noch einmal zu studieren, um Lehrerin zu werden. Den Gewinn würde sie gut für ihr Studium gebrauchen können. Es war entschieden: Wir würden verkaufen.

Annamaria jubelte, als sie von meinen Plänen hörte. Wir waren uns treu geblieben, zwei Jahre lang, jetzt wurden wir belohnt. Wir waren glücklich. Kurz darauf hatten Monica und ich das Geschäft verkauft. Die Lage und der hohe Umsatz waren überzeugende Argumente.

38

Aber jetzt fehlte mir etwas. In den letzten dreißig Jahren war ich nie ohne Hausbesitz gewesen. Obwohl der Immobilienmarkt vor Kurzem noch auf schwammigem Boden gestanden hatte, gab es nun zarte Anzeichen, dass er sich wieder erholte. Mein Bauchgefühl sagte mir: Die Zeit ist reif. Prompt entschied ich, ein paar Häuser zu kaufen.

Pitt School Road ist die Hauptstraße von Dixon. Ich war schon fast hundertmal an diesem Schild vorbeigefahren, wenn ich über den Highway 50 in die Berge fuhr. Jedes Mal hatte ich die Bemerkung gemacht: „Was für ein komischer Name für eine Straße." Dixon war eine Kleinstadt mit etwa 10.000 Einwohnern. Es war schon erstaunlich, dass ich entschied, ausgerechnet in diesem Städtchen Immobilien zu kaufen. Natürlich hatte ich praktische Gründe, denn es gab dort schöne, gepflegte Nachbarschaften, eine schnell wachsende Einwohnerzahl, niedrige Preise und eine hohe Nachfrage nach Mietshäusern – eine gute Gelegenheit, Immobilien zu kaufen. Und schon fühlte ich mich wieder besser. Ich fand eine gute Gebäude-Managerin und gab ihr den Auftrag, sich um meine Mietshäuser zu kümmern. Für ihre Leistung erhielt sie acht Prozent der Miete. Sie hatte jetzt die Verantwortung und ich meine Ruhe in Deutschland. Nur neue Mieter wählte ich weiterhin selbst aus. Immerhin war es eine Gelegenheit, wieder in die zweite Heimat zu kommen.

Es war ein trüber Sommertag im Jahr 1993, als das Flugzeug in Düsseldorf landete. Der Nebel war so dicht, dass wir die Rollbahn erst sahen, als die Räder den Boden berührten. Ein Aufatmen ging durch die Reihen der Passagiere. Ich dachte an meine Zukunft, auch sie lag im Nebel. Ich wusste nicht, was mich erwartete. Würde alles gut gehen?

Annamaria empfing mich am Flughafen. Wir waren überglücklich und konnten kaum glauben, dass wir jetzt zusammenleben würden, auch wenn die Drei-Zimmer-Wohnung etwas klein für uns beide war, Hauptsache, wir waren endlich vereint. Schnell fanden auch meine Eltern Gefallen an Annamaria. Wir besuchten sie fast jedes zweite Wochenende und machten mit ihnen Autotouren an die Mosel und den Rhein, in die Eifel, den Hunsrück und den Westerwald. Meine Eltern hatten diese Gegenden noch nie gesehen, aber schon immer besuchen wollen. Ich war dankbar, denn mit der Ermutigung und Hilfe von Annamaria konnte ich meinen Eltern jetzt endlich etwas zurückgeben. Das Leben war gut.

Wie fast alle deutschen Einwanderer in den USA hatte ich nie die Absicht gehabt, eines Tages wieder in Deutschland zu leben. Aber ich hatte nicht mit Annamaria gerechnet. Zu meinem Erstaunen gefiel mir das Leben in der alten Heimat. Anders als in meiner Jugendzeit, als diese unsichtbare Wand der Angst immer vor mir gestanden und mich gelähmt hatte, in der fast jede meiner Aufgaben mit einer Drohung unterstrichen worden war, sah ich Deutschland jetzt mit anderen Augen. Die Angst war weg. Ich besuchte Schulkameraden und nahm an einem Klassentreffen teil.

Trotz der vielen vergangenen Jahre hatte ich manchmal das Gefühl, als ob ich nie weggewesen wäre.

40

Obwohl ich viele Angelegenheiten über das Internet erledigen konnte, musste ich für einen neuen Mieter in die USA fliegen, ich wollte präsent sein. Dann war das leere Haus meine Unterkunft. Ich hatte alles vorbereitet. Alle Sachen, die man für einen kleinen Haushalt brauchte, hatte ich in Vacaville in einer gemieteten Garage untergebracht, inklusive Auto. Es würde nicht länger als ein paar Stunden benötigen, diese Sachen in das leere Haus zu befördern. Eine neue Telefonverbindung dauerte in den USA nicht länger als einen Tag. Damit hätte ich eine Basis für alle geschäftlichen Dinge. Danach musste ich nur noch ein Inserat in die Zeitung setzen. Ich hatte keinen Druck und genügend Zeit, um einen guten Mieter zu finden. Danach besuchte ich meinen Steuerberater und erledigte meine Steuerpflichten. Schließlich standen noch andere wichtige Aufgaben an wie Bank und Versicherungen. Außerdem besuchte ich einmal im Jahr meine Mieter. Sie waren verantwortlich für die normale Instandhaltung der Häuser und sollten wissen, dass ich alles im Blick hatte.

Für die Reparaturarbeiten an den Mietshäusern war immer noch mein alter Freund Rudi zuständig, doch auch er brauchte ab und zu mal eine Anleitung. Normalerweise holte er mich vom Flughafen ab. Er war immer noch der schlesische Starrkopf. Mit seinem alten VW-Bus fuhr er beharrlich auf der schnellen Bahn des Highways, genau Tempo 65, Geschwindigkeitsgrenze. Ich glaube, der alte Bus konnte auch gar nicht schneller fahren. Es war mir peinlich, denn die Autos hinter uns blinkten mit ihren Lichtern, damit er die Fahrbahn wechselte und sie überholen konnten.

Aber Rudi kümmerte sich nicht darum. „Die dürfen ja sowieso nicht schneller fahren als 65." Rudi sah es als seine Aufgabe, die Fahrer zu erziehen.

Die Krönung meiner Reise war der Besuch bei meiner Tochter Monica. Sie war mittlerweile Lehrerin, hatte geheiratet und uns einen Enkel geschenkt. Er war zwei Jahr alt und hieß Jake. Das letzte Mal, als ich bei ihnen gewesen war, hatte Jake gerade seine ersten Gehversuche gemacht. Er nannte mich „Opa". Ich bedauerte, dass ich ihn nicht öfter sehen konnte, aber das „Opa" war immer in meinem Ohr und begleitete mich, wenn ich wieder in Deutschland war. Damit hatte ich einen besonderen Grund, so oft wie möglich in die USA zu reisen.

Ich war erfreut, als meine Tochter mich fragte, ob ich auf ihr Haus aufpassen würde. Es gehörten auch zwei Hunde und zwei Katzen dazu. Monica und ihr Mann Bob wollten eine Woche in Mexiko Urlaub machen, weg von der herben Sierra-Kälte, hinein in die erlösende, warme Sonne von Mexiko. Ihr Sohn Jake würde diese Zeit bei Oma Rita in Santa Rosa verbringen. In den letzten Jahren hatte ich selten die Gelegenheit gehabt, Monica behilflich zu sein, also übernahm ich diese Aufgabe sehr gern.

Monica wohnte in Nevada City, einem ehemaligen Goldgräber-Städtchen am Fuß der Sierra Nevada. Noch heute ist der Ort ein Magnet für viele Touristen. Das Haus im Chalet-Stil befand sich etwa zwei Meilen außerhalb von Nevada City inmitten von grandiosen Redwood-Bäumen. Der nächste Nachbar war ungefähr 200 Meter entfernt.

Just in dieser Zeit kamen beunruhigende Nachrichten über alle lokalen Medien: Ein Unwetter war auf dem Weg. Obwohl es in den letzten Wochen dort oben viel geschneit hatte, könnte dieser Sturm außergewöhnlich werden. Die Nachrichten waren voll mit Ratschlägen, wie man sich auf das Wetter vorbereiten sollte: Proviant zusammenstellen, Brennstoff für den Feuerplatz, Kerzen für Licht usw. Der Sturm könnte eine Woche anhalten, hieß es. Mir war bewusst, dass die Medien in solchen Fällen oft dramatisierten, darum nahm ich die Voraussagung nicht so ernst. Das war ein Fehler.

Das Haus lag auf einem Plateau. Eine 150 Meter lange, enge Einfahrt schlängelte sich hoch bis zum Haus. Als ich ankam, war der Weg an beiden Seiten eingerahmt von einer hohen, dicken Mauer aus Schnee, so hoch, dass man nicht darüber hinwegsehen konnte. Bob hatte den Schnee von der Einfahrt dorthin geschaufelt. Ich entschied, meinen Wagen unten am Anfang der Einfahrt zu parken.

Monica und Bob waren schon auf dem Weg zum Flughafen. Als ich die Haustür öffnete, wurde ich begrüßt von zwei bellenden Hunden und zwei misstrauischen Katzen. Auf dem Tisch im Wohnzimmer lag ein Zettel von Monica mit Tipps und Anweisungen, die mir als Hausherr auf Zeit helfen sollten, darunter auch die Namen der Tiere. Der größte und älteste war ein Dobermann mit dem Namen Macho, der Mischling war halb so groß und hieß Rocky. Der Kater Dixi war mir bekannt, denn er war mir in Dixon zugelaufen, als ich ein Haus vermieten wollte. Leider konnte er nicht wissen, dass ich nur für kurze Zeit in Dixon war. Ich war froh, als meine Tochter ihm ein Zuhause gab. Die andere Katze hieß Tina und war erst drei Monate alt. Hier hatte ich eine ganze Familie, und ich war der Patriarch. Ich konnte mal so richtig loskommandieren.

Es war siebzehn Uhr, draußen war es stockdunkel. Wolken zogen über den Horizont. Ich war etwas beunruhigt. Vielleicht waren die Hiobsbotschaften vom Unwetter ja doch berechtigt?

Macho und Rocky standen vor ihren Futternäpfen und schauten mich an, als ob sie sagen wollten: Weißt du nicht, dass jetzt Futterzeit ist? Nachdem ich meine neue Familie versorgt hatte, erwartete ich einen gemütlichen Fernsehabend. Aber ich hatte nicht mit Tina gerechnet. Diese kleine Katze war ein Unwetter und wirbelte durchs Haus wie ein Hurrikan. Sie hörte nicht auf meine Befehle und machte, was sie wollte. Sie kletterte auf den Esstisch, kratzte an den Möbeln und schaute mich herausfordernd an, als ob ich sie belohnen müsste. Von wegen „Ich bin der Patriarch." Tina war der Boss im Haus. Sogar die beiden Hunde hatten großen Respekt vor ihr. Anscheinend hatte meine Tochter noch keine Zeit gehabt, der Katze Manieren beizubringen.

Ich war froh, als der Abend vorbei war. Nicht nur die Katzen, auch die Hunde übernachteten im Haus. Nachdem ich die Hunde noch mal vor die Haustür gelassen hatte, machte ich mich fertig für die Nacht. Das Schlafzimmer befand sich in der ersten Etage. Die Tiere sollten unten bleiben. Von oben hatte ich einen tollen Blick auf die herrliche Winterlandschaft.

Das Bett war groß und komfortabel, ich fühlte mich wohl. Die frische Bergluft tat meiner Lunge gut. Aber kaum lag ich bequem, hörte ich die ersten Proteste der Tiere. Sie kratzten an der Tür und beschwerten sich mit lauter Stimme. Mir wurde klar, es war auch ihr Schlafzimmer. Jetzt hatte ich ein Problem, denn wenn es ums Schlafen geht, bin ich sehr sensibel. Es muss ruhig und still sein. Alle meine Versuche, die Tiere zu verscheuchen und auszutricksen, schlugen fehl. Das hier war ihr Haus und ich war nur der Gast. Fazit: Macho und Rocky schliefen unter dem Bett und Tina und Dixi oben drauf, mit dem Ergebnis, dass ich die ganze Nacht nicht schlafen konnte. Und ich hatte noch fünf Nächte vor mir!

Am Morgen erkannte ich, dass die Nacht erst der Anfang meiner Probleme gewesen war. Im Haus funktionierte das Licht nicht. Was nun? Die Hunde wollten raus und die Katzen wollten gefüttert werden. Ich schaffte es die Treppe herunter und öffnete die Haustür. Ein Schock: Ich sah nur Schnee, hoch bis zu meinem Bauchnabel. Wir waren total eingeschneit. Die beiden Hunde schauten mich an, als ob sie sagen wollten: „Was hast du denn jetzt angestellt?" Natürlich wollten sie pinkeln, aber wohin, wir waren eingemauert mit Schnee. Ich musste improvisieren. Im Haus gab es keine Schaufel, also nutzte ich einen kleinen Handfeger samt Schaufel und grub eine Furche am Haus entlang. Macho und Rocky waren erleichtert. Und die beiden Katzen hatten ja ihr Sandkästchen.

Zu meinem Horror stellte ich fest, dass wir einen totalen Stromausfall hatten. Keine Heizung, kein Radio und Fernsehen, nicht mal der Holz-Feuerplatz funktionierte, denn er wurde mit Blasluft angetrieben. Über den vollen Kühl- und Gefrierschrank brauchte ich mir keine Sorgen zu machen, denn das ganze Haus war ein Kühlschrank. Zum Glück funktionierte der Gasofen, denn hier oben in den Bergen, außerhalb der Stadt, nutzte man Propangas. Mittlerweile war es zehn Uhr und wir hatten Tageslicht. Wie lange würde der Stromausfall dauern? Ich ging durchs Haus und öffnete alle Schränke und Schubladen in der Hoffnung, etwas zu finden, das mir helfen könnte. Ich fand eine

Wärmflasche und Kerzen. Wenigstens konnte ich Wasser für die Wärmflasche kochen. Die ganze Zeit beobachteten mich meine vier Mitbewohner mit Argwohn. Sie wussten: Etwas stimmt nicht. Nur Tina wirbelte weiter durchs Haus, als ob es ein Spielplatz wäre.

Ich brauchte einen Plan, musste strategisch denken. Ungefähr zwanzig Meter entfernt vom Haus war eine Garage mit Handwerkszeug. Da musste ich hin. Das Ziel meines Vorhabens war eine große Schaufel. Noch nie in meinem Leben war eine Schaufel so wichtig gewesen. Nur mit diesem Utensil konnte ich uns einigermaßen von dem Schnee befreien. Zum Glück fand ich ein paar Gummistiefel in einem Wandschrank.

Eine halbe Stunde später erreichte ich mithilfe der kleinen Staubschaufel und allen Körperteilen, die mir zur Verfügung waren, die Garage und die Schaufel. Doch jetzt hatte ich ein anderes Problem: Meine Kleidung war durch und durch nass. Die Temperatur lag bei minus zehn Grad. Ich zitterte am ganzen Körper und brauchte schnell trockene Klamotten, aber ich hatte keine zweite Garnitur mitgebracht. Also stöberte ich durch die Schränke und Schubläden, bis ich Ersatzkleidung gefunden hatte. Jetzt schnell Wasser kochen und mich mit der Wärmflasche wieder aufwärmen.

Der Ausblick von der oberen Etage zeigte mir, dass wir komplett eingeschneit waren. Ich sah keine Einfahrt, kein Auto. Das war meine nächste Aufgabe, den Weg freischaufeln und mein Auto finden. Es würde Tage dauern und es würden die schwierigsten 150 Meter sein, die ich je gegangen war. Ich sah viele Hindernisse. Das größte Problem war: Wohin mit dem

Schnee? Die Schneewand entlang der Einfahrt war jetzt schon so hoch, dass ich mit einer vollen Schaufel nicht rüberkommen würde. Außerdem brauchte ich genügend trockene Kleidung zum Wechseln, denn nach zehn Metern Schaufeln wäre ich wieder platschnass. So viel Kleidung war nicht vorhanden, also musste sie getrocknet werden. Wie aber sollte ich die Klamotten trocknen, wenn kein Strom vorhanden und es im Haus kalt und nass war? Meine Hausgenossen verfolgten mein hektisches Treiben mit neugieriger Aufmerksamkeit. Nur Tina nicht. Sie war schon wieder auf dem Tisch und hatte eine brennende Kerze umgestoßen. Qualm und ein fauler Geruch zogen durchs Haus. Erst letzte Woche hatte mir Monica mit Stolz am Telefon von ihrer neuen Errungenschaft erzählt: ein antiker Tisch. Mittlerweile protestierten die mit Batterien betriebenen Feuermelder mit schrillem Pfeifen. Ich war am Verzweifeln und konnte nur aufschreien. Wie sollte ich das überstehen? Ohne Heizung, Fernsehen, Radio, keine Kommunikation mit der Außenwelt. Ich wusste noch nicht einmal, ob das Unwetter vorbei war.

Ich kam zu der Erkenntnis, dass Selbstmitleid mich nicht weiterbringen würde, ich musste reagieren. Zuerst Klamotten, so viel ich finden konnte. Im Notfall musste auch etwas von Monicas Kleidung herhalten, Hauptsache, sie war trocken. Meine Leidensgenossen waren auch nicht zufrieden mit ihrem ungewohnten Hausarrest. Die Garage war jetzt der beste Platz, hier konnten sie toben, ohne großen Schaden anzurichten.

Ich fragte mich, wie die Einheimischen mit dem Dilemma umgingen, denn weit und breit war nichts zu hören oder zu sehen, alle Lichter waren aus. Vielleicht waren sie im Winterschlaf. Ich war allein mit meinem Schicksal. Also ran an die Arbeit. Ich schaufelte zwei Stunden und schaffte erbärmliche zwanzig Meter. Schultern und Nacken protestierten, ich war durch und durch nass. Ich musste die Kleidung wechseln. Jetzt war wieder die Wärmflasche mein Retter und dann musste ich mich erholen. Aber ich wollte heute noch eine Schaufelschicht schaffen. Am Abend war ich total erschöpft. Trotz der unruhigen und fordernden Hausgenossen konnte ich so gut schlafen wie selten zuvor.

Die folgenden zwei Tage ging es schon etwas besser und ich eroberte sechzig Meter von der Einfahrt. Wenn es so weiterginge, würde ich am Samstag mein unsichtbares Auto erreichen, wenn es überhaupt noch da war. Ich wusste nicht, ob es in dieser Kälte anspringen würde und die Straßen befahrbar waren. Sonntagnachmittag sollte ich Annamaria vom Flughafen in San Francisco abholen. Ich hatte nur noch einen Tag, um meinen Wagen zu befreien. Die Strecke von hier bis zum Flughafen betrug vier Autostunden. Die Zeit wurde knapp.

Am Samstag hatten wir immer noch keinen Strom. Trotzdem war ich dankbar, dass es nicht mehr geschneit hatte und die Tiere sich einigermaßen an unsere Routine gewöhnt hatten. Mittlerweile hatte ich die Stelle erreicht, wo mein Wagen versteckt war. Mir war klar, dass ich jetzt vorsichtig mit der Schaufel umgehen musste, denn ich wollte keine Kratzer am Auto. Doch mit jedem vorsichtigen Versuch, den Schnee zu entfernen, berührte ich das Auto. Der Wagen würde voller Narben sein. Aber der Schnee musste weg, und das ging nur mit der Schaufel.

Bis jetzt hatte ich meine Nerven einigermaßen unter Kontrolle gehabt, aber jetzt explodierte ich und schrie so laut wie einst Tarzan im Urwald. Ich glaube, das Echo rauscht noch heute durch die Gipfel der Redwood-Bäume. Jedenfalls erweckte ich die Aufmerksamkeit eines Nachbarn. Ich wusste von Monica, dass die Bewohner in den Bergen einander behilflich waren, denn sie waren aufeinander angewiesen.

Robert schaute jung und kräftig aus und wollte wissen, wie er mir helfen könne. Monica hatte ihm von mir erzählt. Mit seiner Unterstützung konnte ich mein Auto am Samstagabend vom Schnee säubern. Aber was nutzte ein Fahrzeug, wenn es nicht ansprang? Die Batterie war tot. „Kein Problem", erklärte Robert. Er habe einen Jeep mit Vierradantrieb und morgen würde er mit einem Zündkabel kommen und Starthilfe geben. Falls die Wege noch glatt wären, würde er mich bei der Ausfahrt begleiten. Ich fühlte mich erlöst und konnte kaum glauben, dass wir es geschafft hatten.

Es war mein letzter Abend mit meinen Gastgebern und ich musste mir gestehen, dass ich sie etwas vermissen würde. Zusammen hatten wir unser Abenteuer erfolgreich überstanden. Morgen Abend würden Monica und Bob wieder aus Mexiko zurück sein. Ich schrieb ihnen einen Zettel: „Herzlich willkommen!" Wie versprochen war Robert am Sonntagmorgen mit Jeep und Kabel zur Stelle und begleitete mich, bis ich auf der Hauptstraße war. Er war mein Retter. Vier Stunden später lagen Annamaria und ich uns in den Armen.

41

Natürlich war das Hin und Her zwischen Deutschland und San Francisco anstrengend. Der Flug dauerte fast zwölf Stunden und war oft mit Umsteigen verbunden. Manchmal gab es auch eine Verspätung oder noch schlimmer: Der Flug wurde annulliert. Aber die Reisen hatten auch ihre guten Seiten: Ich lernte andere Menschen kennen. Irgendwie musste man sich die Zeit auf den langen Flügen vertreiben, also war eine nette Unterhaltung mit dem Nachbarn meistens eine gute Sache, ab und zu sogar eine Bereicherung. Ein Flugzeug ist ein kleiner Kosmos mit Menschen verschiedener Nationalitäten und Interessen. Einmal saß ein Brasilianer neben mir. Auf meine Frage, was er beruflich mache, antwortete er, dass er Scharfschütze sei. Ich wusste nicht, dass es so einen Beruf überhaupt gab. Dann erklärte er mir, dass Scharfschießen eine Sportart sei und er für sein Land an internationalen Wettbewerben teilnehme und schon bei vier Olympiaden gewesen sei. Dieser Mann lebte in einer Welt, von der ich nichts wusste. Ich war froh, dass er unterhaltsam war, die Zeit verging rasch und am Ende war es einer meiner schnellsten Flüge.

Eine ähnlich spannende Begegnung hatte ich, als ich einmal in Frankfurt auf meinen Anschlussflug nach Düsseldorf wartete. Diesmal hatte ich zwei Stunden Zeit. Mein Gaumen lechzte nach einem deutschen Bier und meine Neugier nach der Frankfurter Allgemeinen Zeitung. Ich setzte mich an einen kleinen Tisch und befriedigte meine Gelüste. Wie es das Glück so will, setzte sich ein etwa sechzigjähriger Mann an denselben Tisch. Ich wollte plaudern. „Wie ich in der Zeitung lese, ist die Kriminalität hier in

Deutschland fast so schlimm wie in den USA", fing ich an.

„Ja, Sie haben Recht", stimmte er eifrig zu. „Aber wissen Sie, ich fliege nach Amerika, nach San Francisco." Ich lachte und sagte: „Von dort komme ich gerade her." „Mein Sohn hat mir die Reise geschenkt als Dank, dass ich sein Studium finanziert habe. Er ist der Pilot." „Dann sind Sie ja in sicheren Händen", antwortete ich. „Wo wohnen Sie denn in Deutschland?" „In Koblenz." „Was für ein Zufall, da wurde ich geboren, und meine Eltern leben noch dort", sagte ich. „Ja, ich bin Musiker und spiele im Rheinland-Pfälzischen Orchester." „Dann sind Sie Künstler. Es freut mich, Sie kennenzulernen." Er zögerte einen Moment, ich konnte sehen, wie sich die Räder in seinem Kopf drehten. „Eigentlich lebe ich nicht direkt in der Stadt, sondern in einem kleinen Dorf in der Nähe von Koblenz. Das Dorf heißt Eitelborn." Ich war verblüfft und sagte: „Mein Vater kommt aus Eitelborn." Jetzt konnte er sich nicht mehr zurückhalten, sprang aus seinem Stuhl und jauchzte: „Jetzt sagen Sie mir nur nicht noch, dass Ihr Name auch Knopp ist?" Wir lachten und fielen uns in die Arme. Sehr wahrscheinlich waren wir weitläufig verwandt, denn in Eitelborn heißt fast jede zweite Familie Knopp. Leider hatten wir keine Zeit, uns weiter auszutauschen, denn just in dem Moment wurde sein Flug aufgerufen. Er wurde hektisch, entschuldigte sich und eilte davon.

Ein anderes Mal erlebte ich wegen eines Gipsverbandes etwas Merkwürdiges. Mein Mittel- und Zeigefinger wurden eigenständig und bogen sich in Richtung Handfläche, sie wollten nicht mehr gerade bleiben. Der Grund für diese Krümmung waren sehr wahrscheinlich die vielen Brötchen, die ich während meiner Lehrzeit mit der Handfläche schleifen musste. „Morbus Dupuytren" nannte es mein Arzt und entschied: „Operieren." Gesagt, getan. Obwohl es nur die Hand war, verpasste mir der Arzt einen dicken Gipsverband bis zum Ellbogen.

In der folgenden Woche wollte ich nach Düsseldorf fliegen. Wie immer war ich viel zu früh am Flughafen und wie immer hatte ich die gleiche Routine: „Bewegung, Bewegung". Ich ging hinunter zum nationalen Terminal und von dort immer geradeaus. Eine halbe Stunde später landete ich an der gleichen Stelle, an der ich gestartet war. Ich liebte diese Flughafenatmosphäre. Deshalb verbrachte ich meine ganze Wartezeit mit diesen Rundgängen, manchmal waren es vier. An diesem Tag war ich auf meiner zweiten Runde, als ein offiziell gekleideter Mann aus einer Seitentür gestürzt kam und mich mit hektischer Stimme fragte, was mit meinem Arm passiert sei. Ich war überrascht über seine Fürsorge und erklärte ihm den Grund für den Gipsverband. Ich wusste nicht, warum, aber er schien erleichtert zu sein, und verabschiedete sich höflich. Diese Begegnung machte mich stutzig, sie passte nicht. Erst als ich im Flugzeug saß, fand ich die Antwort: Die Sicherheitskräfte hatten mich auf den Überwachungskameras gesehen und waren misstrauisch geworden. Natürlich war es ungewöhnlich, dass jemand immer wieder die gleiche Strecke rund um den Flughafen ging. Er könnte ja etwas ausspionieren. Zusätzlich hatte ich den dicken Gipsverband, in dem eine Waffe oder etwas Explosives versteckt sein könnte. Ich schmunzelte, aber ich war froh, dass man es mit der Sicherheit ernstnahm.

42

Einige Monate später war es mal wieder soweit, der nächste Amerikaflug stand bevor. Mr. Höfler, einer meiner Mieter, war von Beruf Soldat und auf der Luftwaffenbasis im Nachbarort Fairfield stationiert. Kid, meine Gebäudemanagerin, informierte mich, dass die Luftwaffe ihn auf eine andere Basis versetzt hatte. Auch wenn Mr. Höfler einen Mietvertrag für drei Jahre unterschrieben hatte – das Militär hatte seine eigenen Gesetze, da kam man nicht gegen an.

Das Haus lag an der West H. Street. Diese friedliche, ruhige Straße war gut geeignet für eine Familie mit Kindern. Direkt gegenüber war ein Park mit vielen exotischen Pflanzen und Blumen und, ganz wichtig, einem Kinderspielplatz. Das Haus hatte drei Schlafzimmer, ein Wohnzimmer, zwei Badezimmer, Küche und Waschküche, insgesamt ungefähr 120 Quadratmeter, dazu einen schönen Garten. Rudi holte mich wieder vom Flughafen ab. Mit seiner Hilfe dauerte es nicht länger als drei Stunden, meine Sachen von der Garage ins Haus zu transportieren. Schon am nächsten Tag hatte ich meine Telefonverbindung und das Inserat für einen neuen Mieter in der Zeitung. Im Vergleich zu Deutschland gingen solche Angelegenheiten in den USA viel schneller und leichter.

Mein Nachbar Garry war von Beruf Autoverkäufer. Sein Haus war so ähnlich wie meins, er hatte es ein Jahr früher gekauft. Garry war freundlich, zugänglich und in bester Laune. Er hatte sein Haus für 175.000 Dollar gekauft, während des letzten Jahres war dessen Wert auf 220.000 Dollar gestiegen. Dies war auch der Grund, warum er so happy war. Das Haus war sein ganzer Stolz, es war nicht nur seine

Wohnung wie bei vielen Amerikanern, es war im wahrsten Sinne sein Bankkonto. Aber diesen Gewinn wollte er nicht so einfach liegen lassen, sondern er nahm einen 45.000-Dollar-Kredit von der Bank und kaufte sich einen neuen Jeep. Für die Bank war es ein gutes Geschäft, denn sie hatten sein Haus als Garantie. Die Folge war, dass Garry jetzt 45.000 Dollar mehr Schulden hatte, aber er und die Bank waren überzeugt, dass die Preise weiter steigen würden.

Ungefähr sechzig Prozent der Amerikaner besitzen ihr eigenes Haus, besser gesagt, die Bank besitzt es. Infolgedessen sind vierzig Prozent Mieter. Wenn die Preise der Häuser stiegen, profitierten die Besitzer, aber die Mieter blieben außen vor. Die Regierung und Präsident Clinton sahen in dieser Konstellation eine Ungerechtigkeit. Bis zu diesem Zeitpunkt hatten die Banken strenge Kriterien für den Kauf eines Hauses angelegt. Die Anzahlung musste wenigstens fünfundzwanzig Prozent des Verkaufspreises betragen und die monatlichen Raten des Käufers für die Hypothekentilgung durften nicht höher sein als ein Drittel seines monatlichen Gehalts. Mit diesen Bedingungen blieb der Immobilienmarkt stabil. Aber nun entschied die Regierung, dass mehr Gerechtigkeit sein müsse und machte Druck auf die Banken, diese Kriterien zu lockern. Auch Kleinverdiener mit wenig Eigenkapital sollten sich ein Haus leisten können. Zuerst wehrten sich die Banken, aber dann kamen sie zu der Erkenntnis, dass diese Idee eine gute Einnahmequelle für sie sein könnte. Für jeden Käufer bekamen die Banken Provisionen. Nicht nur die Banken verdienten an dem Verkauf eines Hauses, die Kette der Profiteure war sehr lang. Jetzt brauchte ein Käufer keine fünfundzwanzig Prozent Eigenkapital für die Anzahlung, sondern nur fünf Prozent und manchmal gar keins. Das hatte verheerende Konsequenzen, denn viele dieser Käufer hatten nicht genügend Einkommen, um ihre Hypotheken abzuzahlen. Die generöse Idee der Clinton-Regierung für mehr Gerechtigkeit wurde zum Monster.

Amerikanische Mieter waren und sind sehr mobil und bleiben meistens nicht länger als ein oder zwei Jahre in einem Haus. Darum musste ich fast jedes Jahr in die USA, um einen neuen Mieter zu finden. So war es auch mit dem Haus an der West H. Street. Jedes Mal erlebte ich das Gleiche mit meinem Nachbarn Garry. Mit strahlendem Gesicht begrüßte er mich, um mir mitzuteilen, dass unsere Häuserwerte weiter gestiegen seien. Er war wie im Rausch. Zugleich erzählte er mir von seiner neuen Kostbarkeit, einem neuen Auto für seinen Sohn oder die Tochter und von anderen Wünschen, die er sich schon immer erfüllen wollte. Geld war kein Problem mehr, sein Haus war ein Gelddrucker. Die Bank hatte nicht gezögert, ihm eine weitere Hypothek zu geben. Mittlerweile hatte er schon vier Hypotheken, eine gigantische Verschuldung. Aber der Wert seines Hauses schien ja auch gigantisch zu sein, das war seine Sicherheit.

Sechs Jahre vergingen, die Preise der Häuser stiegen und stiegen. Ich war begeistert. Doch ich wurde nachdenklich, denn diese Entwicklung entsprach nicht der Realität. Es konnte nicht so weitergehen, denn die Basis war nicht mehr vorhanden, der Immobilienmarkt bewegte sich auf schwammigem Boden. Die Kluft zwischen den Arbeitslöhnen und den Preisen der Häuser mit den derzeitigen Mieten war viel zu groß, das konnte nicht gut gehen. Es war an der Zeit, meine Häuser zu verkaufen. Mein Timing war perfekt, denn zu dieser Zeit überboten sich die Bewerber für ein Haus mit ihren Angeboten. Ich bekam den Preis, den ich wollte. Ein Jahr später hatte ich meine Häuser verkauft.

Kurz danach hörte man die ersten Missklänge über den Immobilienmarkt. Die Häuser verkauften sich nicht mehr so schnell und der Markt stockte. Die Preise sanken ins Bodenlose. 2008 war der Wert der Häuser wieder auf demselben Stand wie damals, als ich die Häuser in Dixon gekauft hatte. Die Wirtschaftskrise erschütterte die ganze Welt. Die Medien waren voll mit persönlichen Tragödien von Hausbesitzern, die ihre hohen Hypotheken nicht mehr zahlen konnten, der Wert ihrer Häuser betrug nur noch die Hälfte. Viele Besitzer konnten sich nur noch retten, indem sie auszogen und einfach ihre Darlehen nicht mehr tilgten. Die Banken wurden überflutet mit leer stehenden Häusern, die sie letztendlich versteigerten. Diese Versteigerungen waren wiederum Wasser auf die Mühlen für den Fall der Preise. Ich konnte mich nicht so richtig freuen. Zwar hatte ich die richtige Entscheidung getroffen, aber war es Logik oder einfach nur Glück? Obwohl ich im Geschäftsleben immer wieder erleben musste, dass zu viel Bescheidenheit ein Hindernis sein konnte, war diese Tugend, die mir mein Vater vorgelebt hatte, der Grund, warum ich nicht gierig war und die Häuser zur richtigen Zeit verkaufte.

Mein Nachbar Garry war der Pechvogel bei der ganzen Sache. Er hatte einen hohen Schuldenberg, denn er hatte sein Haus wie eine Geldquelle genutzt, indem er die wachsenden Profite immer wieder herausgenommen hatte, und jetzt war es nur noch die Hälfte wert. Garry schuldete der Bank 400.000 Dollar und sein Haus war nur noch 200.000 Dollar wert. Er war frustriert und wütend. „Die Banken sind schuld an meinem Schicksal", sagte er mir. Als ob sie ihn gezwungen hätten, sein Haus mit vier zusätzlichen Hypotheken zu belasten. Klar, er war das Opfer einer sehr naiven Politik geworden und der Gier der Banken. Aber Tatsache war auch, dass Garry die Verantwortung für seine eigenen Entscheidungen hatte und mit den Konsequenzen leben musste.

43

Mittlerweile war Annamaria in Rente. Wir hatten vereinbart, dass wir das Jahr teilten: Wir wollten sechs Monate in Deutschland leben und sechs Monate in Kalifornien. Also war es wieder mal an der Zeit, ein Haus zu kaufen. Die Preise waren so günstig wie selten.

Leisure Town war eine Senioren-Community in einem Stadtteil von Vacaville. Man musste wenigstens 55 Jahre alt sein, um dort leben zu dürfen. Normalerweise halte ich nicht viel von einer Nachbarschaft, die nur aus älteren Menschen besteht. Es ist langweilig, denn es fehlen die spielenden Kinder. Aber die Immobilienverkäuferin hatte ein einleuchtendes Argument: In Leisure Town gab es fast keine Kriminalität und keine Einbrüche. Außerdem kümmerte sich die Leisure Association um den Vorgarten, das Mähen und Wässern des Rasens und das Schneiden der Büsche. Dafür musste ich jeden Monat 100 Dollar zahlen. Dieses Angebot war maßgeschneidert für unsere Situation, denn so konnten wir unbesorgt mehrere Monate in Deutschland leben.

Die Einwohnerzahl in Leisure Town lag bei etwa 2.000. Hier lebten Menschen verschiedener Nationalitäten in Harmonie. Leisure Town war sehr stolz auf die kulturellen Angebote. Es gab Workshops für Malen und Töpfern, Schreibkurse, Tanzen, Yoga und anderes. Das Glanzstück von Leisure Town war der große Outdoor-Swimmingpool mit Sauna und Wirlpool. Hier traf man sich in der warmen Sommerzeit zum Schwimmen und Plaudern.

Es war das Jahr 2008 und ich war in meinem siebzigsten Lebensjahr. Ich musste lachen, denn als ich der Maklerin mein Alter sagte, bemerkte sie, dass es schön sei, endlich mal „junges Blut" in Leisure Town zu haben. Annamaria und ich entschieden uns für ein kleines Häuschen, das an einen Golfplatz grenzte. Dieser Golfplatz war die Krönung von Leisure Town, denn die meisten Häuser waren um den Platz herum gebaut. Dementsprechend hatte man einen fantastischen Ausblick auf eine immergrüne Landschaft. Das Haus hatte ein großes Wohnzimmer, zwei Schlaf- und zwei Badezimmer. Die nötigen Möbel und Utensilien hatte ich noch in einer Mietgarage. Zwei Tage später wohnten wir in unserem Haus. Die Nachbarn waren sehr zugänglich und freundlich. Sie gaben mir das Gefühl von Gemeinschaft, man half einander. Wir waren alle im selben Boot: Wir waren alt. Aber zusammen waren wir stark. Sie versprachen, so gut wie möglich auf unser Haus aufzupassen, wenn wir in Deutschland waren.

Drei Monate später waren wir wieder zurück in Düsseldorf. Annamaria und ich waren glücklich. Wir hatten die perfekte Konstellation. Doch dann erinnerte mich die Natur wieder mal daran, dass sie der Boss ist. Mit Rückenproblemen kannte ich mich gut aus, im Grunde war ich ein Experte darin mit mindestens fünfzig Jahren Erfahrung. Mittlerweile war mein Rücken in einem Zustand, in dem Widerstand und Hartnäckigkeit nicht mehr ausreichten, um die Schmerzen zu besiegen. Wahrscheinlich hatte mir der Sport all die Jahre geholfen, aber jetzt musste ich mich der Realität beugen. Arthritis in der Hüfte, lautete die Diagnose. All die Jahre hatte ich gegen mein Rückenproblem gekämpft, aber nun hatte ich zusätzlich auch ein Hüftproblem. Die einzige Hilfe gegen diese

Schmerzen war eine neue Hüfte. Ich entschied mich für eine Operation in den USA.

Mein Arzt sagte, dass ich nach der Operation Zeit und Hilfe für eine Genesung bräuchte. Ich war froh, dass Annamaria bei mir war. Aber ich wollte auch selbst etwas für den Erfolg der Operation tun. Von Bekannten und Freunden im Fitnessclub, die bereits eine Hüftoperation hinter sich hatten, erfuhr ich, dass die Ergebnisse sehr unterschiedlich ausfallen können. Manche hatten danach keine Schmerzen mehr, andere wiederum hatten noch mehr Probleme als vorher. Natürlich hat der Chirurg den wichtigsten Anteil am Erfolg oder Misserfolg, aber mir wurde klar, dass mein Verhalten als Patient ebenfalls eine beachtliche Rolle spielte. Übergewichtige und weniger sportliche Patienten hatten die größten Probleme nach der Operation, gut trainierte Patienten erlebten schnell eine deutliche Verbesserung. Klar, vor der Operation waren die Schmerzen einer defekten Hüfte beträchtlich, jede Bewegung tat weh, sodass die Muskeln immer schwächer wurden. Was also tun?

Ich muss gestehen, ich war sehr skeptisch, als ich zum ersten Mal die Leute mit den Walkingstöcken sah. Was machen diese komischen Vögel mit den Skistöcken, wir haben doch gar keinen Schnee? Jedenfalls hatte ich Vorurteile. Doch genau diese Stöcke waren die Lösung für meine Vorbereitung. Trotz meiner ständigen Schmerzen machte ich jeden Abend eine Stunde lang mithilfe der Stöcke meine Runden. Ich lernte einen guten, gleichmäßigen Walking-Rhythmus und hatte das Gefühl, als hätte ich die Unterstützung von zwei zusätzlichen Beinen. Ich brauchte keine Angst zu haben, dass ich nach der Hälfte der Strecke aufhören musste, wie es mir schon passiert war. Mein Freund Jack, ein Immigrant aus Hamburg, musste mich jedes Mal mit dem Auto abholen. Diese zwei Stöcke gaben mir das Gefühl von Freiheit, wie ich es lange nicht mehr gehabt hatte. Vor allem konnte ich jetzt meine Beinmuskeln trainieren und bemerkte deutliche Fortschritte. Fazit: Es war das ideale Training und die perfekte Vorbereitung für eine neue Hüfte.

In den ersten Tagen nach der Operation war ich hilflos. Ich konnte mich nicht anziehen, die ambulante Toilette musste geleert, Essen musste gekocht und unzählige Sachen, an die wir nicht gedacht hatten, mussten erledigt werden. Zwei Monate später musste Annamaria leider wieder zurück nach Deutschland, denn wir hatten dort eine Wohnung und Verpflichtungen. Doch mit ihrer Unterstützung wurde ich rasch wieder fit. Ich wäre gerne mitgeflogen, aber die Ärzte empfahlen mir, noch zwei Monate zu warten, weil sich nach einer Operation während des Fluges ein Blutstau entwickeln könne. Es sei noch zu riskant.

44

Meine Tochter Monica wohnte zwei Autostunden von mir entfernt in Nevada City. Sie hatte mir Hilfe angeboten, aber es war mir klar, dass es für sie sehr schwierig sein würde. Sie war Schuldirektorin und Zeit war bei ihr fast immer knapp. Aber ich hatte Zeit und konnte sie endlich mal wieder besuchen. Das passte perfekt in Monicas Pläne, denn sie hatte sowieso die Absicht gehabt, mich einzuladen. Sie hatte ihren Schülern die Aufgabe gegeben, eine Geschichte über ihre Großeltern zu schreiben. Dann wurden die Großeltern in die Schule eingeladen, die Geschichten wurden vorgelesen und anschließend sollten die Großeltern etwas Spannendes aus ihrem Leben erzählen. Und wie das Leben so ist: Die Vergangenheit holt dich immer mal wieder ein. Am ehesten dann, wenn du überhaupt nicht damit rechnest.

An dem Tag war das Klassenzimmer vollgestopft mit dreißig Schülern und noch mehr Großeltern. Spannung lag in der Luft. Wir alle erwarteten mit Neugier die Leckerbissen der Erlebnisse der Großeltern. Monica hatte festgelegt, dass zuerst ein Schüler seine Geschichte über den Opa oder die Oma vorlesen sollte, danach sollte dann die Oma oder der Opa erzählen.

Ein Schüler nach dem anderen las seinen Aufsatz vor und die angesprochenen Großeltern, meistens die Oma, erzählten. Ich schätze, dass die Großeltern im Durchschnitt so um die siebzig Jahre alt waren und vieles erlebt hatten in ihrem langen Leben. Umso verblüffter war ich über ihr gewähltes Thema: die Nazi-Zeit. Achtzig Prozent der Großeltern erzählten von ihren Erfahrungen während des Zweiten Weltkrieges.

Sie hatten damals große Angst, dass die Nazis auch die USA angreifen würden, und hatten sich auf eine Invasion vorbereitet, Bunker gebaut, Pläne für gerechte Verteilung von Lebensmitteln gemacht, sogar Notübungen in den Schulen durchgeführt. Die Großeltern berichteten davon, als ob es erst gestern passiert wäre. Bei den Kindern hinterließen die Geschichten einen enormen Eindruck.

In all den Jahren, in denen ich in den USA gelebt hatte, hatte ich noch nie von diesen Ängsten gehört. Klar, ich hatte schon etliche Gespräche mit Kriegsveteranen gehabt, die im Zweiten Weltkrieg gegen Deutschland gekämpft hatten. Aber von den Ängsten der zivilen Bevölkerung in den USA wusste ich nichts. Das musste ich erst mal verdauen. Weil meine Tochter die Gastgeberin war, hatte ich als ihr Vater das Privileg, als Letzter zu erzählen. Ich hatte die Absicht gehabt, etwas aus meiner Armeezeit zu schildern, aber jetzt hatte ich das dringende Bedürfnis, auf die Geschichten der Großeltern zu reagieren. Also musste ich improvisieren.

In ihren Gesichtern konnte ich erkennen, dass sie überrascht waren, dass ich die Kriegsjahre als Kind in Deutschland erlebt hatte. Ich berichtete von meinen Ängsten, von den Explosionen der Bomben, von Luftschutzkellern und Bunkern, vom Hunger, vom fehlenden Essen, von all den Qualen, die so ein Krieg auslöst. Zum Schluss erwähnte ich, dass alle ihre Ängste in den USA für mich in Deutschland Realität gewesen waren. Mein Fazit lautete: Auch Deutschland hatte seine Opfer, besonders Frauen und Kinder. Ich glaube, am Ende hatten wir alle etwas dazugelernt. Es war ein sehr lohnendes Erlebnis.

Für mich war es das Ende eines Kreislaufs. Fünfzig erfüllte Jahre hatte ich in den USA gelebt. Aber die Erinnerung an den Einmarsch der amerikanischen Soldaten in Arzheim und die Erlebnisse mit den GIs waren tief in mein Gedächtnis eingeprägt. Damals hätte ich nie gedacht, dass ich einige Jahre später in den USA leben würde. Dass ich selbst mal ein GI sein würde. Oder dass ich Kuchen und Pastete für einen Präsidenten der USA backen würde. Und jetzt lebte ich wieder – zumindest einen Teil des Jahres – dort, wo alles angefangen hatte: in Deutschland, am Rhein. Obwohl ich heute nicht mehr über den Rhein schwimmen kann, begleitet mich der Fluss, wenn ich meine Fahrradtouren mache.

Ich bin zu Hause.

Danksagung

Ich bedanke mich bei meiner Frau Marie Luise, die mich ermutigt und inspiriert hat, bei meiner Familie und den Menschen, die mich in meinem Leben begleitet und mein Leben bereichert haben. Besonderer Dank gilt meiner Lektorin Dr. Mechthilde Vahsen, die dieses Buchprojekt betreut hat.

Ich freue mich über eine Rezension.

© *2018 Heinz Knopp*

1. Auflage: Oktober 2018

Cover: Frank Ollig
Lektorat: Mechthilde Vahsen

ISBN: 978-3-7481-3212-7

Herstellung und Verlag:

BoD- Books on Demand, Norderstedt